Ronald Gleich/Andreas Klein (Hrsg.)

Der Controlling-Berater

Band 53

In-Memory-Datenbanken: Grundlage für eine effektivere Unternehmenssteuerung

Anwendungsmöglichkeiten und Migrationspfade am Beispiel von SAP HANA[R]

Ronald Gleich/Andreas Klein

Der Controlling–Berater

Band 53

Band-Herausgeber:
Ronald Gleich/Andreas Kramer/Martin Esch

In-Memory-Datenbanken: Grundlage für eine effektivere Unternehmenssteuerung

Anwendungsmöglichkeiten und Migrationspfade am Beispiel von SAP HANA[R]

Haufe Group
Freiburg • München • Stuttgart

Bibliografische Information der Deutschen Nationalbibliothek

Die Deutsche Nationalbibliothek verzeichnet diese Publikation in der Deutschen Nationalbibliografie; detaillierte bibliografische Daten sind im Internet über http://dnb.dnb.de abrufbar.

„DER CONTROLLING-BERATER" (CB)
ISBN 978-3-648-09487-7   ISSN 0723-3221   Bestell-Nr. 01401-0134

© 2018 Haufe-Lexware GmbH & Co. KG

Anschrift: Haufe-Lexware GmbH & Co. KG, Munzinger Straße 9, 79111 Freiburg,
Telefon: 0761 898-0, Fax: 0761 898-3990, E-Mail: info@haufe.de,
Internet: https://www.haufegroup.com
Kommanditgesellschaft, Sitz Freiburg
Registergericht Freiburg, HRA 4408
Komplementäre: Haufe-Lexware Verwaltungs GmbH,
Sitz Freiburg, Registergericht Freiburg, HRB 5557
Martin Laqua
Geschäftsführung: Isabel Blank, Sandra Dittert, Jörg Frey, Birte Hackenjos,
Dominik Hartmann, Markus Reithwiesner, Joachim Rotzinger, Dr. Carsten Thies.
Beiratsvorsitzende: Andrea Haufe
USt-IdNr. DE812398835

Redaktion Günther Lehmann (V. i. S. d. P.), Martin Esch (EBS Universität für Wirtschaft und Recht), Philipp Lill (EBS Universität für Wirtschaft und Recht), Laura Schlecht (EBS Universität für Wirtschaft und Recht), Julia Grass (Assistenz).
Herausgeber: Prof. Dr. Ronald Gleich, Geisenheim, Prof. Dr. Andreas Klein, Worms.
Fachbeirat: Dr. Michael Kieninger, Gemmrigheim, Dr. Walter Schmidt, Berlin, Klaus Spitzley, Weikersheim, Prof. Dr. Karl Zehetner, Wien.
Erscheint 5-mal pro Jahr (inkl. Arbeitshilfen Rechnungswesen, Steuern, Controlling Online und Kundendienstleistungen). Preis für das Abonnement („Der Controlling-Berater") je Band 68,48 EUR zuzüglich Versandspesen.

Druckvorstufe: Reemers Publishing Services GmbH, Luisenstraße 62, 47799 Krefeld.
Druck: Beltz Bad Langensalza GmbH, Am Fliegerhorst 8, 99947 Bad Langensalza.
Zur Herstellung dieses Buches wurde alterungsbeständiges Papier verwendet.

Vorwort

Der digitale Wandel hat die Geschäftswelt in enormem Maß verändert. Die damit einhergehende Datenmenge, die Mensch und Maschine tagtäglich produzieren, steigt in einem rasanten Tempo an. Da auch die Anzahl der Datenquellen zunimmt, müssen auch mehr Informationen als steuerungsrelevant betrachtet und in Entscheidungen einbezogen werden. Hinzu kommt, dass diese Entscheidungen schneller vollzogen werden müssen, da Tragweite und Reaktivität der Märkte zugenommen haben.

Daher ist es wichtig, dass Unternehmensentscheider rechtzeitig kurzfristigen Zugang zu allen steuerungsrelevanten Informationen erhalten. „Alle" bedeutet in diesem Zusammenhang, dass neben den bekannten, insbesondere finanziellen Unternehmensdaten, auch neue Datenquellen, wie z.B. Produktdaten oder externe Markt- und Umweltdaten, berücksichtigt werden müssen. „Rechtzeitig" bedeutet, dass diese Daten innerhalb kürzester Zeit analysiert und die Informationen „near-time" zur Verfügung gestellt werden – nicht erst zum Monatsabschluss.

Um eine bestmögliche Entscheidungsunterstützung zu gewährleisten, müssen Unternehmen den Entscheidern Zugriff auf diese Datenbestände ermöglichen. Dabei müssen auch neue Datenquellen soweit integriert werden, dass sie gemeinsam genutzt werden können und dennoch performant verarbeitbar bleiben.

In-Memory-Datenbanken können hierzu einen großen Beitrag leisten. Ihre innovative Speicherarchitektur ermöglicht es, große Datenmengen in kürzester Zeit zu verarbeiten. Die Vorteile dieser Technologie reichen von der Möglichkeit zur Etablierung von Echtzeitsimulationen und Forecasts, über die Verbesserung von Analysemöglichkeiten im Hinblick auf das Management Reporting bis hin zu einer Reduzierung des Planungsaufwandes – und erweitern somit insbesondere den Handlungsspielraum der Unternehmenssteuerung.

Als größter Anbieter von ERP-Systemen im deutschsprachigen Raum nimmt SAP mit der HANA-Datenbank eine Vorreiterrolle bei In-Memory-Datenbanken ein. Das Augenmerk vieler Controller ruht dabei insbesondere auf den Einsatzgebieten der auf HANA basierenden ERP-Lösung S/4HANA sowie der Datawarehouse-Lösung BW/4HANA.

Im vorliegenden Buch geben wir eine Einführung in das Thema der In-Memory-Technologie. Anhand von Use Cases, u.a. unter Verwendung von SAP S/4HANA, stellen wir die Möglichkeiten vor, wie diese Technologie im Controlling genutzt werden könnte.

Allen Leserinnen und Lesern wünschen wir eine interessante Lektüre mitzahlreichen Impulsen für die Gestaltung ihrer zukünftigen ERP-Struktur. Wir bedanken uns herzlich bei allen Autorinnen und Autoren, die bei der Erstellung der einzelnen Beiträge mitgewirkt haben.

Oestrich-Winkel, im März 2018

Prof. Dr. Ronald Gleich, Andreas Kramer und Martin Esch

Inhalt

Kapitel 4: Literaturanalyse

Die Autoren

Benedikt Böhme
Consultant im Competence Center Automotive bei Horváth & Partners Management Consultants in Stuttgart.

Dr. Christian Briem
Managing Consultant im Competence Center Financial Industries bei Horváth & Partners Management Consultants in Düsseldorf.

Julian Dombrowski
Consultant im Competence Center Organization & Operations bei Horváth & Partners Management Consultants in Düsseldorf.

Martin Esch
Wissenschaftlicher Mitarbeiter und Doktorand im Forschungsbereich Controlling und Innovation am Strascheg Institute for Innovation, Transformation and Entrepreneurship (SITE) der EBS Universität für Wirtschaft und Recht in Oestrich-Winkel.

Dominik Fuchs
Principal im Competence Center Organization & Operations bei Horváth & Partners Management Consultants in München.

Prof. Dr. Ronald Gleich
Vorsitzender der Institutsleitung des Strascheg Institute for Innovation, Transformation and Entrepreneurship (SITE) der EBS Universität für Wirtschaft und Recht in Oestrich-Winkel sowie geschäftsführender Gesellschafter der Horváth Akademie GmbH in Stuttgart.

Nicolas Göpfert
Consultant im Competence Center Organization & Operations bei Horváth & Partners Management Consultants in Stuttgart.

Markus Groeber
Wissenschaftlicher Mitarbeiter und Doktorand im Forschungsbereich Innovationsmanagement am Strascheg Institute for Innovation, Transformation and Entrepreneurship (SITE) der EBS Universität für Wirtschaft und Recht in Oestrich-Winkel.

Mathias Haas
Principal im Competence Center Organization & Operations bei Horváth & Partners Management Consultants in Stuttgart.

Mark René Hertting
Principal und Leiter Controlling & Finance für Versicherungen bei Horváth & Partners Management Consultants in München.

Martin Jandl
Senior Consultant und Themenverantwortlicher des Bereichs Finance Analytics PCS Beratungscontor Management Consulting GmbH in Hamburg.

Jörg Kaschytza
Seit 26 Jahren in Standardisierungs- und Harmonisierungsprojekten auf internationaler Ebene tätig. Seit 2017 ist er Director Business Transformation Advisory der SNP SE, leitet weltweit das SAP S/4HANA-Kernteam und ist in Deutschland zudem verantwortlich für die Bereiche Presales und Business Consulting.

Ralf Kothe
Principal und Leiter des Bereichs Finance bei PCS Beratungscontor Management Consulting GmbH in Hamburg.

Andreas Kramer
Manager bei der INFOMOTION GmbH in Stuttgart und verantwortlich für die herstellerübergreifende Beratung und Implementierung von Lösungen in den Bereichen Business Intelligence, Planung, Big Data und Analytics. Als ehemaliger Leiter des Gruppencontrollings eines Konzerns verfügt er zudem über operative Erfahrung in der Einführung und Anwendung von modernen Reporting- und Planungslösungen, allen voran der treiber- und maßnahmenbasierten Planung.

Philipp Lill
Strategic Project Manager im Bereich „Advanced Technologies" der KUKA AG in Augsburg sowie Wissenschaftlicher Mitarbeiter und Doktorand im Forschungsbereich Controlling und Innovation am Strascheg Institute for Innovation, Transformation and Entrepreneurship (SITE) der EBS Universität für Wirtschaft und Recht in Oestrich-Winkel.

René Linsner
Partner im Competence Center Controlling & Finance bei Horváth & Partners Management Consultants in Stuttgart.

Thorsten Lüdtke
Geschäftsführender Gesellschafter der BIPortal GmbH. Er hat in den letzten 15 Jahren zahlreiche Projekte als SAP BI-Architekt in Großkonzernen in Europa und China begleitet.

Dr. Martin Naraschewski
Vice President bei der SAP SE in Walldorf und verantwortlich für das weltweite Lösungsmanagement aller SAP Software-Lösungen für den Finanzbereich.

Dr. Peter Schentler
Principal und Leiter des Competence Center Controlling & Finance Österreich bei Horváth & Partners Management Consultants in Wien.

Prof. Dr. Christof Schimank
Partner und Gründungsmitglied von Horváth & Partners Management Consultants sowie Honorarprofessor an der EBS Universität für Wirtschaft und Recht in Oestrich-Winkel/Wiesbaden.

Laura Schlecht
Wissenschaftliche Mitarbeiterin und Doktorandin im Forschungsbereich Digitale Transformation am Strascheg Institute for Innovation, Transformation and Entrepreneurship (SITE) der EBS Universität für Wirtschaft und Recht in Oestrich-Winkel.

Prof. Dr. Uwe Schmitz
Vorsitzender der hochschulübergreifenden Kompetenzplattform Big Data Innovation Center sowie Studiengangsleiter Bachelor und Master Wirtschaftsinformatik der Fachhochschule Dortmund.

Tobias Stein
Business Analyst und Spezialist für Cyber Security und Industrie 4.0 bei der AVAGA GmbH in Kiedrich/Rheingau.

Marc Wiegard
Principal und Prokurist im Competence Center Financial Industries bei Horváth & Partners Management Consultants in Zürich.

Kapitel 1: Standpunkt

Das Experten-Interview zum Thema „Auswirkungen von In-Memory-Technologien und SAP S/4HANA auf das Controlling"

▦ Interviewpartner:

Dr. Martin Naraschewski, Vice President bei der SAP SE in Walldorf und verantwortlich für das weltweite Lösungsmanagement aller SAP Software-Lösungen für den Finanzbereich.

▦ Kurzbeschreibung des Unternehmens:

Die deutsche SAP SE ist weltweit einer der umsatzstärksten Software-anbieter. Die Tätigkeitsschwerpunkte des Konzerns liegen in der Entwicklung von Software zur Abwicklung sämtlicher Geschäftsprozesse eines Unternehmens, wie z.B. das Controlling und der Buchführung. Hauptsitz ist die baden-württembergische Stadt Walldorf.

Weltweit beschäftigt das Unternehmen 87.874 Mitarbeiter. Der Konzern-umsatz im Jahr 2016 lag bei rund 22,06 Mrd. Euro. Zudem sind dem Mutterkonzern SAP SE 120 Tochterfirmen unterstellt, darunter auch die SAP Deutschland SE & Co. KG.

Das Interview führten:

Laura Schlecht, Wissenschaftliche Mitarbeiterin und Doktorandin im Forschungsbereich Digitale Transformation am Strascheg Institute for Innovation, Transformation and Entrepreneurship (SITE) der EBS Universität für Wirtschaft und Recht in Oestrich-Winkel.

Philipp Lill, Strategic Project Manager im Bereich „Advanced Technologies" der KUKA AG in Augsburg sowie Wissenschaftlicher Mitarbeiter und Doktorand im Forschungsbereich Controlling und Innovation am Strascheg Institute for Innovation, Transformation and Entrepreneurship (SITE) der EBS Universität für Wirtschaft und Recht in Oestrich-Winkel.

▦ Hintergrund

Herr Dr. Naraschewski, würden Sie sich bitte kurz vorstellen und Ihr Aufgabenfeld bei der SAP SE beschreiben?

Dr. Naraschewski: Ich bin verantwortlich für das Solution Management aller Lösungen, die wir im Bereich Finance and Risk verkaufen. Andere Unternehmen würden das ggfs. als Produktmanagement bezeichnen. Das Produktspektrum deckt sowohl Buchhaltung, Treasury, Financial Operations als auch die Bereiche Compliance, Risk, Cyber Security und Datenschutz ab. Sozusagen alle Themenbereiche, die für einen CFO heutzutage auf der Agenda stehen.

Wie definieren Sie die Herausforderungen der Digitalisierung auf Ihr Unternehmen im Allgemeinen?

Dr. Naraschewski: Grundsätzlich gibt es bei den Herausforderungen der Digitalisierung für uns zwei Sichtweisen. Die erste betrifft unsere internen Abläufe, bei denen wir vor den gleichen Herausforderungen wie unsere Kunden stehen. Darüber hinaus stehen wir als Softwarelieferant im Digitalbereich natürlich vor der Herausforderung unser Produktportfolio auf dem aktuellsten Stand der Digitaltechnologie zu halten und unsere Kunden mit neuen digitalen Innovationen zu unterstützen.

Inwiefern verändert die Digitalisierung die Anforderungen der Kunden an die Lösungen der SAP?

Dr. Naraschewski: Insgesamt gibt es für Kunden einige Trends bzw. Veränderungen, die mit der Digitalisierung einhergehen. Erstens, alles wird schneller: Die Volatilität im Markt wird höher, alles ist besser „connected", Informationen werden schneller und besser sichtbar und darauf basierende Entscheidungen schnellergetroffen.

Punkt Nummer zwei umfasst, dass eine Vielzahl neuer Businessmodelle entstehen. Diese Businessmodelle müssen natürlich intern abgebildet werden. Insgesamt, und dieser Aspekt hat noch nicht einmal unbedingt etwas mit Digitalisierung zu tun, entwickelt sich in den meisten Industrien mit einem Produktgeschäft ein Mischgeschäft aus Produkt- und Servicegeschäft. Auch wir als Softwareprovider erleben das. Der Weg von der klassischen Lizenz, die früher auf DVD ausgeliefert wurde, hin zu einer Cloud-Lösung, die von ihrer Natur her ein Service und keine Software mehr ist.

Ein weiterer Punkt betrifft das Thema Kosten. Es entstehen neue Wettbewerber, die diese Technologien intensiv nutzen, dadurch gegebenenfalls Kostenvorteile erlangen und somit einen massiven Kostendruck auslösen, was wiederum weitere Veränderungsprozesse hervorruft. Auch die Globalisierung spielt hierbei eine entscheidende Rolle. Abschließend kommen durch technische Neuerungen auch neue Risiken ins Spiel. Das Thema Cyber Security wird zunehmend wichtiger, je mehr Geschäft über eine digitale Infrastruktur abgewickelt wird. Umso mehr gilt es darauf zu achten, die potentiellen Bedrohungen, welche immer vorhanden sein werden, entsprechend zu managen.

Wie definieren Sie die Herausforderungen der Digitalisierung speziell auf das Controlling/die Unternehmenssteuerung?

Dr. Naraschewski: Im Controlling würde ich sagen sind es zwei Herausforderungen. Erstens, Informationen müssen schneller und präziser zur Verfügung gestellt werden, damit notwendige Entscheidungen schneller und vor allem besser getroffen werden können. Zweitens, die Veränderung der Geschäftsmodelle hat natürlich auch massive Auswirkungen auf die Modellierung des Geschäfts und betrifft damit alle Buchhaltungs- und Controlling-Systeme.

Inwiefern beeinflussen diese Herausforderungen die SAP und deren Produktentwicklungszyklen?

Dr. Naraschewski: Wir versuchen unsere Kunden bestmöglich mit einer Software zu versorgen, die diese Probleme angeht. Hier setzen wir mit SAP S/4HANA an. Die wesentlichen Vorteile von SAP S/4HANA gehen genau in diese Richtung und betreffen die Unterstützung des Controllings durch ein besseres und schnelleres Reporting sowie eine höhere Flexibilität in der Datenanalyse.

In-Memory Technologien im Allgemeinen

Worin unterscheiden sich In-Memory Datenbanken aus technologischer Sicht von herkömmlichen Datenbanken?

Dr. Naraschewski: Bei der technischen Umsetzung gibt es einige wesentliche Unterschiede, auf die ich nicht näher eingehen möchte. Der entscheidende Unterschied für den Endanwender ist, dass In-Memory-Datenbanken schneller sind. Mit ihnen ist es möglich, Datenanalysen in Echtzeit durchzuführen. Dies war früher nicht möglich. Hier muss man zunächst verstehen, wie Unternehmenssysteme früher funktioniert haben, als Datenmengen auch schon sehr umfangreich waren. Ein Reporting per Knopfdruck war im Grunde genommen nur dadurch möglich, dass das System alle möglichen Reports vorab „on the shelf", wie man im Englischen zu sagen pflegt, sprich „auf Vorhalt", produziert hat. So musste folglich nur noch das Ergebnis abgerufen werden. Die Festplatten-Rechengeschwindigkeit konnte einen beliebigen, interaktiven Blick in die Daten, sozusagen per Knopfdruck, nicht ausführen. Die Architekturen waren dadurch zum „Vordenken" gezwungen, z. B. welche Arten von Anfragen ggfs. kommen könnten. Dadurch konnten sie das Ergebnis zwar schnell liefern, sollte die Fragestellung jedoch einmal von den ursprünglich vordefinierten abweichen, war es ad-hoc nicht möglich, hierzu einen Analysebericht zu liefern. Die heutige Flexibilität, beliebig Schnitte per Knopfdruck in sehr große Datenmengen zu legen, erlaubt dies sehr wohl.

Sie haben den Aspekt Echt-Zeit Reporting gerade indirekt angedeutet Was konkret versteht man unter Echtzeit-Reporting?

Dr. Naraschewski: Technologisch bedeutet das im Grunde, dass sobald im System der Knopf gedrückt wird, ein direkter Zugriff auf die operativen Daten erfolgt. Das soll ermöglichen, dass wir den Report hoffentlich innerhalb einer Sekunde, was auch „subsecond" genannt wird und als typischer Maßstab für interaktives Arbeiten gilt, angezeigt bekommen. Warum war das früher anders? Dafür gibt es zwei Gründe, wovon ich den ersten bereits genannt habe. Die Rechengeschwindigkeit ermöglichte es nicht, beliebige Rechenschritte „on the fly", also im Moment des Knopfdrucks, durchzuführen. Diese Rechnungen mussten vorab durchgeführt werden.

Der zweite Punkt betrifft die Trennung der Daten in die verschiedenen Daten-Silos, die wir in der Vergangenheit hatten. In einem Buchhaltungssystem lagen z. B. die Ursprungsdaten, deren Ergebnisse periodisch in ein Business-Warehouse repliziert wurden. Hier gab es einen Aktualitätsunterschied zwischen den Daten, die im Business-Warehouse angezeigt wurden und den tatsächlichen Daten, die im operativen System vorlagen.

Aus Finanzsicht ist der Echtzeitaspekt sicher weniger bedeutend, da sich Profitabilität typischerweise nicht auf einer minütlichen Basis ändert. Ausschlaggebend ist eher der Flexibilitätsaspekt, da ein Schnitt ad-hoc in die Daten gelegt werden kann. Wenn ich heute in einem Standardreport eine gelbe oder eine rote Ampel sehe, kann ich sofort nachsehen, was diese bedeutet und kann nachvollziehen, welcher Vorgang diese verursacht hat. Ursachen können somit auf Einzelebene, auf Produktebene und auf Kundenebene in einem interaktiven Suchprozess gefunden werden. Das bedeutet in letzter Konsequenz, dass selbst in einem Konzernumfeld die Profitabilität des einzelnen Produktes bzw. des einzelnen Kunden tagesaktuell analysiert werden kann. Dies ist sicher eines der wichtigsten Ziele im Controlling.

Worin sehen Sie die wesentlichen Vorteile von SAP S/4HANA?

Dr. Naraschewski: Eine wichtige Erkenntnis war, dass der eigentliche Fortschritt nicht alleine dadurch kam, dass eine klassische Datenbank durch eine In-Memory-Datenbank ausgetauscht wurde. Das, was wir mit SAP HANA anbieten, ist mehr als nur eine Datenbank, sondern eher eine Datenplattform. Hier kommen zwei zusätzliche Elemente ins Spiel, die über eine klassische Datenbank hinausgehen:

Erstens, in dieser Plattform können wir bereits Kernalgorithmen festlegen, welche mit Hochleistung bestimmte Berechnungen ausführen. Diese sind notwendig, um am Ende eine hohe Performance zu erzielen. Um eine signifikante Leistungssteigerung zu erhalten, muss oft die Architektur der Lösung verändert werden.

Und der zweite Aspekt?

Der zweite Punkt hat nicht zwingend etwas mit In-Memory zu tun und könnte ggf. auch in einer klassischen Datenbank bereitgestellt werden. Als Teil von SAP HANA haben wir ein virtuelles Datenmodell etabliert. Dieselbe semantische Datenbeschreibungssprache erlaubt den verschiedenen Anwendungen den Zugriff auf den gesamten Datenbestand der Datenplattform. Das bedeutet im Endeffekt, dass mehrere verschiedene Anwendungen auf der gleichen Plattform laufen können und sich sozusagen gegenseitig in die Daten, also quasi „in die Karten" schauen lassen.

Dies war früher anders. Früher hatte jede Anwendung ihre eigene Datendefinition und ihre eigene Datenbank, so dass Informationen über Schnittstellen, sprich von Anwendung zu Anwendung, ausgetauscht wurden. Dieser Prozess war aufwändig und in der Regel nur unter Detailverlust effizient möglich. Statt kompletten Datenmengen konnten nur Ergebnisse ausgetauscht werden.

Heute ist der gesamte Datenumfang in der Plattform verfügbar. Eine Buchhaltungslösung, eine Planungslösung, eine BI (Business Intelligence) und eine Reporting-Lösung können frei auf den gesamten Datenbestand zugreifen und sind somit vollends miteinander verknüpft. Theoretisch hätte man das auch mit klassischen Datenbanken ermöglichen können. Praktisch haben die verfügbaren Rechenleistungen dies oft nicht zugelassen.

Welche Potenziale können sich Unternehmen explizit davon versprechen, wenn sie auf diese neue Lösung umstellen?

Dr. Naraschewski: Aus der Finance-Perspektive können sich Unternehmen zwei Potenziale versprechen. Die erste betrifft die Effektivität. Effektivität im Sinne einer besseren Steuerung des Unternehmens, da Informationen schneller vorliegen und eine höhere Qualität haben. Der zweite Punkt betrifft die Automatisierung. Wenn alle Informationen in dieser einen Plattform gespeichert sind, kann in einem End-to-End-Prozess eine automatische Verbindung wesentlich leichter hergestellt werden. Das ist nicht zwingend ein Ergebnis von In-Memory. Wir haben aber beim Umbau unserer Lösungen zu SAP S/4HANA auch eine Menge in Richtung Automatisierung getan. Das ist ebenfalls ein wichtiger Aspekt für das Reporting. End-to-End Prozesse erlauben es, die Informationen an ihrem Ursprung aufzunehmen und sie nahezu in Echtzeit einem potenziellen Anwender zur Verfügung zu stellen, ohne dass viele manuelle Verarbeitungsschritte notwendig sind.

Inwiefern können die kaufmännischen und die operativen Unternehmensprozesse durch die Nutzung von In-Memory-Technologie optimiert werden?

Dr. Naraschewski: Am Ende können die strategischen und die operativen Unternehmensprozesse überall dort optimiert werden, wo es es einen Bezug zum Reporting gibt. Auf der Finance-Seite ist der Abschlussprozess ein entscheidendes Beispiel. Wie sieht Buchhaltung heute aus? Sie füllen das System einen ganzen Monat lang mit Buchungen und erst am Ende wird in dem Vorgang, den man als Monatsabschluss bezeichnet, die buchhalterische „Datenqualität" hergestellt. Viele Buchhaltungsprozesse sind in der Vergangenheit in der Tat so aufgesetzt worden. Abstimmungen, Klärungen offener Posten, Abschreibungen, Rückstellungen usw. wurden erst am Ende der Periode durchgeführt. Dies führte dazu, dass im Laufe der Periode das System in gewissem Umfang eine „Black-Box" darstellte. Es war zwar möglich, Zahlen in Echtzeit aus dem System herauszuholen, jedoch konnte man diese nur in Grenzen finanziell interpretieren, da noch keine saubere Abstimmung erfolgt war.

Das bedeutet, wenn die Sicht auf entscheidungsrelevante Daten auch während der Periode ermöglicht werden soll, müssen diese jeden Tag oder zu jedem anderen Zeitpunkt einen gewissen buchhalterischen Qualitäts- und Verarbeitungsgrad haben. Dies kann nur dadurch erreicht werden, dass insbesondere Abstimmungsprozesse kontinuierlich, z.B. täglich, durchgeführt werden. Dies wiederum hat zur Folge, dass der verbleibende Periodenabschluss deutlich schneller erreicht werden kann, da viele der Aktivitäten bereits während der Periode durchgeführt wurden. Ein Analyst bezeichnet dies als „Continuous Accounting" – das Zielbild, dass Buchhaltung kontinuierlich und nicht in Zeitscheiben erfolgt, welche oftmals auf Crunch-Aktivitäten am Ende der Periode hinauslaufen.

SAP und das Produkt S/4HANA

Auch wenn wir bereits ausgiebig über die Vorteile der HANA-Plattform und SAP S/4HANA gesprochen haben, könnten Sie nochmal die Charakteristika von SAP S/4HANA aufzeigen? Welche Erweiterungen umfasst das Produkt im Vergleich zu SAP R/3 oder ist dieses ganzheitlich neu entwickelt worden?

Dr. Naraschewski: SAP S/4HANA wurde nicht komplett neu geschrieben, jedoch hinsichtlich der neuen Architektur der Datenplattform sehr substanziell verändert und optimiert. Ein wesentlicher Punkt ist das Thema Nutzerschnittstelle, da das interaktive und schnellere Entscheiden am Ende nur funktioniert, wenn der Entscheider den Knopf selbst drücken kann, sprich wenn er den Drilldown eigenständig ausführt. Wenn der Entscheider wieder eine statische PowerPoint-Präsentation von seinem Controller zu sehen bekommt, in der nur die rote Ampel zu sehen ist und diesen fragen muss, was eigentlich hinter dieser Ampel steckt, ist dies nicht mehr interaktiv. Eine intensivere Beschäftigung mit entscheidungsrelevanten Informationen funktioniert nur, wenn man direkt im System arbeitet. Es ist entscheidend für den Erfolg von SAP S/4HANA, dass die CFOs und Manager im Business selbst an das System herangehen und sich dort mit den Zahlen beschäftigen. Im Grunde wurde dies erst mit der Revolution der Tablets möglich.

Die Revolution liegt hierbei in der Einfachheit der Bedienung sowie in der Tatsache, dass Manager diese Geräte in ihrem Tagesablauf stets mit sich führen.

Ein weiterer Aspekt ist vor allem für die IT von Relevanz. SAP S/4HANA kann nun nicht mehr nur on-premise betrieben werden, sondern wird von uns auch als Cloud-Lösung angeboten.

Die Konsolidierung von Daten, von einer herkömmlichen Datenbank in eine In-Memory Datenbank, könnte Unternehmen vor eine große Herausforderung stellen. Mit welchem zeitlichen Aufwand können Unternehmen hier (abhängig von der Unternehmensgröße) rechnen?

Dr. Naraschewski: Das hängt sehr davon ab, welche Voraussetzungen das Unternehmen heute hat und wie das Zielbild am Ende aussieht. Ich erzähle Ihnen, was wir bei SAP gemacht haben. Wir hatten ein Single-Instance ERP-System, in welchem der ganze SAP Konzern erfasst war. Dieses haben wir zu SAP S/4HANA upgegradet. In Summe hat dieses Upgrade ein paar Wochen Zeit in Anspruch genommen.

Eine Kernfrage dabei ist, inwieweit Unternehmen ihr System für ihre Zwecke modifiziert haben. Derartige Modifikationen müssen natürlich beim Upgrade nachgeführt werden. Allerdings haben wir festgestellt, dass gerade in Finance viele Modifikationen der Vergangenheit durch die flexibleren Reportingmöglichkeiten überflüssig geworden sind.

Wenn zusätzlich eine heterogene Systemlandschaft mit beispielsweise 60 ERP-Systemen existiert, was bei großen Konzernen durchaus üblich ist, ist der Umstellungsaufwand natürlich entsprechend größer, insbesondere wenn man diese Systeme in einem einzigen SAP S/4HANA System konsolidieren will.

Was würden Sie Unternehmen, welche aus mehreren Gesellschaften bestehen, raten? Wäre es sinnvoll SAP S/4HANA zuerst im HQ zu implementieren und anschließend graduell in den jeweiligen Gesellschaften?

Dr. Naraschewski: Selbst, wenn ein Unternehmen aus mehreren Gesellschaften besteht, was bei SAP auch der Fall ist, kann das heute schon in einem ERP-System abgebildet sein. Allerdings entspricht die Realität oft der Situation, dass viele Unternehmen, die aus mehreren Gesellschaften bestehen, auch verschiedene ERP-Systeme nutzen. Natürlich würde man erst einmal versuchen, die Sichtbarkeit in der Konzernzentrale zu erreichen und nicht Stück für Stück die einzelnen Backend-Systeme zu optimieren. Es kann allerdings durchaus sinnvoll sein, die Umstellung mit einem Tochtersystem zu beginnen, um dort in einem einfacheren Umfeld mit den Möglichkeiten von SAP S/4HANA vertraut zu werden, bevor man die gesamthafte Umstellung des Konzerns angeht.

Entstehen bei der Implementierung von SAP S/4HANA neue Schnittstellen (z. B. zusätzliche Dateneingaben) oder werden Schnittstellen reduziert?

Dr. Naraschewski: Beides. Wie ich vorhin beschrieben hatte, entfallen Schnittstellen zwischen den Anwendungen, wie z. B. zwischen einem Konsolidierungssystem und einem Planungssystem oder einem Buchhaltungssystem. Bei SAP S/4HANA greifen alle Anwendungen über die gleiche Schnittstelle auf die Plattform zu. Diese Schnittstelle ist natürlich erst einmal neu. Für Drittanwendungen wäre es eventuell interessant von klassischen Anwendung-zu-Anwendung-Schnittstellen auf die Integration über SAP HANA umzustellen.

Ist die Änderung eher intuitiv für den End-Nutzer, erfolgt also ein „learning by implementation" oder müssten Schulungen besucht werden?

Dr. Naraschewski: In Bezug auf das Reporting und die entsprechenden Reporting-Tools, die dem Management zur Verfügung stehen, müssen keine besonderen Schulungen besucht werden. Hier kann der Controller ein paar Hinweise geben, damit der Manager weiß, wie er beginnen muss. Zum großen Teil haben wir die Nutzerschnittstellen für transaktionale Prozesse so überarbeitet, dass diese sehr ähnlich sind. Hierfür wird ebenfalls keine große Schulung benötigt.

In manchen Fällen haben wir allerdings diese Gelegenheit genutzt, um Prozesse umfassender neu zu gestalten. Nachdem bei komplexen Prozessen auch komplexe Dateneingabefelder vorhanden sind, kann in solchen Fällen eine Schulung sinnvoll sein. Dies betrifft jedoch eher Power-User, die intensiv transaktional im System arbeiten. Die gute Nachricht ist hier, wenn Sie als Unternehmen umsteigen, sind sie nicht sofort gezwungen, die neuen Nutzerschnittstellen in Betrieb zu nehmen. Sie können selektiv entscheiden, wo Sie die neuen Benutzeroberflächen (UIs) zur Verfügung stellen. Typischerweise wird man dies zuerst bei den Gelegenheits-Usern tun, im Reporting für Manager sowie bei Self-Service Funktionalitäten, in denen der einzelne Mitarbeiter z. B. einzelne Bestellbestätigungen tätigt.

Herkömmliche Datenbanken verwalten ihre Daten zeilenbasiert. SAP HANA jedoch verwaltet Daten spaltenbasiert. Welche konkreten Auswirkungen haben diese?

Dr. Naraschewski: Für den Controller beschleunigt sich die Datenanalyse. Bei der spaltenbasierten Datenverwaltung werden die Datensätze nicht mehr hintereinander in die Datenbank geschrieben werden, sondern so umsortiert, dass gemeinsame Attribute aller Datensätze jeweils hintereinander abgelegt werden. So werden z.B. von allen Datensätzen die Ländercodes hintereinandergeschrieben, gefolgt von den Produktsegmentcodes, etc. Das hat zur Konsequenz, dass das System im Lesezugriff, welcher sich typischerweise an bestimmten Attributen orientiert, schneller Daten lesen kann. Der zu zahlende Preis dafür liegt darin, dass neue Datensätze bei allen Attributen, sprich in allen Spalten, eingetragen werden müssen, was wiederum einen erhöhten Zeitaufwand beim Schreiben verursacht. Allerdings sind das sehr detaillierte technische Aspekte, welche der End-User weder sieht noch spürt und sich somit nicht dafür zu interessieren braucht. Es handelt sich um eine weitere Maßnahme, die dazu beiträgt, dass die Datenbank schneller ist.

Nutzen von SAP S/4HANA für das Controlling/die Unternehmenssteuerung

Welche Veränderungen sehen Sie durch SAP S/4HANA in Bezug auf die Arbeit eines Controllers?

Dr. Naraschewski: Wenn System und Prozesse passend aufgesetzt sind, wird sich für den Controller eine Verschiebung – und das ist schon lange der Wunsch in den Unternehmen und in den Finanzfunktionen – weg vom Zusammentragen der Zahlen, vom Generieren von Reports, hin zur Interpretation, Modellierung, Simulation und zum Forecasting, führen. Dadurch entfällt viel an lästiger Arbeit. Sie können zudem viel flexibler mit Zahlen umgehen, können ebenfalls flexibler Analysen aufsetzen und Simulationen durchführen. Eine wichtige Veränderung, die wir alle erreichen möchten, ist die Verlagerung des Blicks von der Vergangenheit in die Zukunft. Daher wird es eine Bewegung zu höherwertigen Aktivitäten geben, sprich weg von einem reinen Sicherstellen der Datenqualität hin zur Beratung des Business als Geschäftspartner. Dieser Wunsch gilt seit Jahren als wichtiges Ziel. Die Finanzfunktionen wollen dies erreichen, sind aber in vielen Fällen noch zu sehr mit dem täglichen Geschäft beschäftigt.

Wie können mit Hilfe von SAP S/4HANA Unternehmensprozesse kurzfristig, mittelfristig und langfristig optimiert werden? Oder beschäftigt man sich bei der Implementierung mit den Unternehmensprozessen und überarbeitet diese nochmals?

Dr. Naraschewski: Im Bereich des Abschlusses haben wir Prozesse, die dadurch entstanden sind, dass Mitarbeiter einzelne Transaktionen nacheinander ausführen mussten. Diese haben wir in vielen Fällen in einer einzigen Transaktion verbunden. Auch durch die Art und Weise, wie das System gebaut ist, gibt es verschiedene Beispiele, bei denen manuelle Prozessschritte weggefallen sind.

Ein ganz anderes Beispiel betrifft den Bereich Forderungsmanagement. Es ist mittlerweile möglich, dass der Vertriebsmitarbeiter vor Ort beim Kunden durch sein Mobilgerät Zugriff auf sämtliche finanzielle Statusinformationen seines Kunden hat. Dies umfasst z.B. wann wurde welche Rechnung versendet, welche Rechnungen sind noch offen, wo herrscht ein Zahlungsverzug, wo existieren Unstimmigkeiten über die Rechnung, etc. Dies ermöglicht, dass der Vertriebsmitarbeiter in Echtzeit mit dem Kunden, die aktuelle Situation besprechen kann. Dadurch kann das Unternehmen, insofern gewünscht, einen Teil des Forderungsmanagementprozesses mit in den Vertrieb auslagern. In diesem Fall können sich ganz neue Prozesse ergeben.

Durch eine Einführung von SAP S/4HANA erfolgt keine Abgrenzung mehr zwischen Buchhaltung und Controlling. Was bedeutet dies konkret und inwiefern können Unternehmen hiervon künftig profitieren?

Dr. Naraschewski: Konkret heißt das, dass jede Buchung in einem universellen Journal verbucht wird. Ganz gleich, ob diese Buchung später aus Management-Reporting-Sicht oder aus Finanz-Reporting-Sicht betrachtet wird, das Analyseergebnis wird aus demselben Ursprungsdatensatz des universellen Journals heraus berechnet. Es führt sozusagen alles auf den gleichen Datenbeleg zurück, was jedoch nicht zwingend bedeutet, dass das Management-Reporting inhaltlich und sachlich gleiche Ergebnisse produzieren muss wie das Finanzielle. Auch wenn das Ergebnis auf eine andere Art und Weise erzeugt wird, wird dieses jedoch auf die gleichen Einzelbuchungen zurückgeführt. Das bedeutet, dass eine natürliche Abstimmung zwischen der Finanzbuchhaltung und der Unternehmenssteuerung, im Sinne der Konsistenz, ermöglicht wird. Die Konsistenz ist automatisch sichergestellt, wodurch es natürlich auch leichter ist, dieselbe Bewertung zu erhalten. Das muss jedoch nicht zwingend so sein. Die Freiheit diese anders zu gestalten besteht natürlich weiterhin.

Ausblick

Welchen Herausforderungen könnten In-Memory Technologien künftig gegenüberstehen?

Dr. Naraschewski: Die Technologie steht grundsätzlich jeder neuen speicher- und rechentechnologischen Herausforderung gegenüber, wie z.B. ob das zu verarbeitende Datenvolumen schneller wächst als die Rechenleistung. Konkret ist dies ein Thema, wenn man über das Internet-of-Things nachdenkt. Hier kann potentiell die Menge der Dateninputs in ganz andere Größenordnungen steigen. Seit den Anfängen beschäftigt die IT-Industrie dieses Problem, da wir auf der Basis schnellerer Rechner neue Möglichkeiten, neue Begehrlichkeiten und neue Anwendungsfälle kreieren, die wiederum neue Herausforderungen an die Rechenleistung mit sich bringen. Sie kennen das wahrscheinlich von ihrem Laptop oder PC. Wann immer Sie glauben, dass Sie jetzt einen schnellen Rechner haben, entstehen neue Anwendungsmöglichkeiten, die diesen stärker fordern. Ein paar Jahre später ist Ihr Rechner gefühlt nicht mehr so schnell.

Werden Ihres Erachtens nach In-Memory Technologien zukünftig für Unternehmen und insbesondere für das Controlling unumgänglich werden?

Dr. Naraschewski: Ja, dies würde ich als ziemlich absehbar bezeichnen. Wer kauft sich heute noch einen Laptop mit einer eingebauten klassischen Festplatte? Hier ist im Grunde der Übergang zu In-Memory schon weitestgehend im Gange.

Gibt es aus heutiger Sicht bereits Modernisierungsbedarf von Funktionalitäten? Wenn ja, wie würde dieser aussehen?

Dr. Naraschewski: Alles ist noch sehr neu. Die Innovationszyklen unterscheiden sich bei Enterprise-Software deutlich von bspw. einer Tablet-App. Die Komplexität der vorhandenen Lösungen in einer Unternehmenssuite hat eine ganz andere Größenordnung. Insofern sehe ich nicht schon wieder Modernisierungsbedarf.

Allerdings entsteht gerade das „next big thing", die künstliche Intelligenz. Wir haben bereits erste Lösungen, die Machine Learning verwenden. Davon wird es künftig noch eine ganze Reihe mehr geben. Ein Beispiel ist der systemgenerierte Umsatzforecast. Das gelingt bereits mit sehr guten Resultaten. Auch wenn das heute noch nicht die breite Realität ist und sich bisher eher eine Anzahl von Front Runnern damit beschäftigt, ist es doch nach den vielversprechenden Ergebnissen absehbar, dass dies zunehmend der Standard werden wird. Derartige systemgenerierte Forecasts werden natürlich den Dialog mit dem Vertriebsmanagement nicht ersetzen. Sie können ihn aber besser und flexibler unterstützen.

Diese Fragestellungen reizen uns momentan sehr. Von der Grundarchitektur her ist der Grundstein bereits gelegt. Allerdings wird sich in den Anwendungen, noch eine ganze Menge verändern.

Herr Dr. Naraschewski, herzlichen Dank für das sehr interessante Gespräch!

Kapitel 2: Grundlagen & Konzepte

In-Memory-Technologie: Grundlagen, Vorteile und Anwendungsmöglichkeiten

- Stetig steigende Datenvolumen („Big Data") bringen traditionelle relationale Datenbanksysteme an ihre Grenzen. Die Anwendung einer In-Memory-Technologie speziell im Reporting kann sinnvoll sein, bringt jedoch auch neue Herausforderungen mit sich.

- Dieser Beitrag gibt einen Überblick über die In-Memory-Technologie und grenzt diese von herkömmlichen Datenbanksystemen ab.

- Zum besseren Verständnis wird eine Bewertung der In-Memory-Technologie vorgenommen und Anwendungsbeispiele werden skizziert.

- Der Autor

Prof. Dr. Uwe Schmitz, Vorsitzender der hochschulübergreifenden Kompetenzplattform Big Data Innovation Center sowie Studiengangsleiter Bachelor und Master Wirtschaftsinformatik der Fachhochschule Dortmund.

1 Big Data als Chance und Herausforderung

Stetig steigende
Datenvolumen
als große Heraus-
forderung

Viele Unternehmen stehen vor der Herausforderung eine stetig steigende Menge an Informationen verarbeiten zu müssen, um letztlich die richtigen Informationen zum richtigen Zeitpunkt in der richtigen Form, Menge und Qualität dem richtigen Anwender zur Verfügung zu stellen.[1] Damit verbunden können betriebliche Entscheidungsprozesse durch entsprechende IT-Technologien, die diese Menge an Informationen verwalten, verkürzt und effizient unterstützt werden. Trotz des steigenden Datenvolumens besteht ein Anspruch darin, sämtliche Unternehmensdaten vollständig, korrekt, konsistent und mit kurzen Antwortzeiten (in wenigen Sekunden) auswerten zu können. Die traditionellen relationalen Datenbanksysteme stoßen bei diesen Anforderungen häufig an Ihre Grenzen.

Neue Quellen für Unternehmensdaten bilden bspw.

- das Smart Grid (für Versorger, Energiewirtschaft),
- die Kennzeichnung von Waren mit Radio Frequency Identification (für Handel oder Transport),
- die Datenerfassung über die Gesundheitskarte (für Gesundheitsbranche) oder auch
- die Erfassung und Überwachung von Serviceprozessen.

Während die reine Erhebung und Speicherung der Daten mit verfügbaren Technologien umsetzbar ist, gerät die Verarbeitung, Aufbereitung (Veredelung), Analyse und Verbreitung derartiger Datenbestände zur Herausforderung. Bisherige Ansätze stoßen dabei an ihre Grenzen, was sich in niedriger Performance oder hohen Systemkosten niederschlägt. Der Umgang mit dem anwachsenden Datenvolumen stellt eine zunehmende Herausforderung für die Unternehmen dar.

Steigende
Hauptspeicher-
kapazitäten
und neue
Technologien

Neue Technologien, die u. a. Einzug in Anwendungen wie die der Business Intelligence finden, sollen hier unterstützen.[2]

Technologien, wie steigende Hauptspeicherkapazitäten und ein damit verbundenes In-Memory Data Management, spaltenorientierte Datenbanken, steigende Rechenkapazitäten durch Cloud Computing und Multicore-Architekturen oder Appliances (Integrierte abgestimmte Hardware-/Softwarelösung) sowie serviceorientierte Architekturen, können hier als Beispiel angeführt werden.

Dadurch ergeben sich große neue Potenziale im Umgang mit Informationen. Die bis dato existierende Trennung zwischen operativen (OLTP) und analytischen (OLAP) Datenbeständen soll hierdurch aufgehoben werden

---

[1] Vgl. Schmitz, 2006, S. 170 ff.
[2] Vgl. Schmitz, 2011, S. 227 ff.

und rechenintensive fortgeschrittene Prognose-, Simulations- und Optimierungsverfahren zur Analyse und robusten Entscheidungsfindung werden ermöglicht. Eine Sicherstellung der Verfügbarkeit der Business Informationen erfolgt nutzergerecht durch Methoden des Service Managements auf neuen, ggf. kooperativen Plattformen.

Als Beispiele für solche Anwendungen können genannt werden:

* technische und betriebswirtschaftliche Planungssysteme (z.B. zur strategischen Investitionsplanung für Energieanlagen),
* Echtzeitaufbereitung entscheidungsrelevanter Informationen (Real-Time Business Intelligence),
* Kooperationsplattformen zur Verbreitung (CSCW- und Wissensmanagementsysteme),
* Simulation von IT-Servicemanagementprozessen als Einführungs-, Optimierungs- und Trainingshilfsmittel,
* Configuration Management Systeme (CMS) mit einer Configuration Management Database (CMDB) und weiteren Datenbanken als zentralem Informationssystem aller internen und externen IT-Services.

Damit verbunden ist die Methodik zum Aufbau derartiger Systeme, die sich im Spannungsfeld zwischen den Geschäftsprozessen des Unternehmens und der verfügbaren IT-Technologie bewegt.

Im Folgenden soll der Einsatz von In-Memory-Technologien durch Nutzung großer Hauptspeicherkapazitäten in Verbindung mit spaltenorientierten Datenbanken und Multiprozessoren untersucht werden.

2 Definition und Abgrenzung von In-Memory-Technologien

2.1 Grundlagen der In-Memory-Technologie

Unter In-Memory-Technologie (auch In-Memory-Computing) versteht man im Allgemeinen das Speichern und Verwalten der Daten im Hauptspeicher. Bei traditionellen Datenbankensystemen werden die Daten ausschließlich auf der Festplatte gespeichert und bei Abfragen von dort gelesen. Dies bedeutet, dass nur ein Bruchteil der Daten im Hauptspeicher verwaltet wird. Mit dem Einsatz der In-Memory-Technologie werden die gesamten Daten entweder direkt im Hauptspeicher gehalten oder beim Programmstart von der Festplatte komplett in den Hauptspeicher geladen. Somit können lesende Zugriffe weitaus schneller erfolgen als bei traditionellen Datenbanksystemen, da keine I/O-Zugriffe (Input/Output) auf die Festplatte erfolgen.

Daten im Hauptspeicher speichern und verwalten

Die traditionellen relationalen Datenbanken (RDBMS) unterscheiden sich in vielen Aspekten von In-Memory-Lösungen. So verwenden diese Datenbanksysteme eine „Disk" als Datenspeicher. Für eine Datenverarbeitung werden die Daten von der Disk in den Hauptspeicher geladen. Diese Operationen stellen meist einen Engpass im System dar. Aus diesem Grund sind die RDBMS bei der Analyse großer Datenmengen häufig nicht in der Lage, benötigte Abfragen schnell durchzuführen. Die Zugriffslücke zwischen Hauptspeicher und Festplatte ist zwar weggefallen, aber es besteht immer noch eine Barriere zwischen den Prozessoren mit ihrem lokalen CPU-Cache und dem Hauptspeicher (s. Abb. 1). Diese Blockade wird als „Memory Wall" bezeichnet.[3]

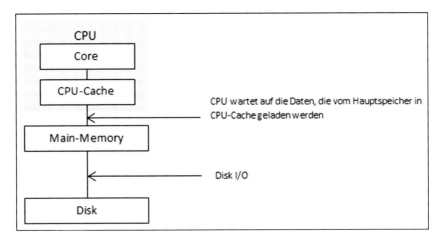

Abb. 1: Technische Architektur der RDBMS[4]

Beschleunigung der Datenverarbeitung

Die Verwendung eines großen Hauptspeichers im Rahmen der In-Memory-Technologie bietet gegenüber der Festplatte große Performance-Vorteile hinsichtlich der Zugriffszeiten und Datentransfer. Der Hauptspeicher ist aktuell der schnellste und geeignete Speichertyp, der sehr große Datenmengen halten kann. Daten im Hauptspeicher können ca. 100.000 Mal schneller verarbeitet werden als auf der Festplatte.[5]

Jedoch sind genügend verfügbare Hauptspeicherkapazitäten und die Bereitstellung schneller Prozessoren nicht alleine ausreichend um die Datenverarbeitung so zu beschleunigen, dass Anwender tatsächlich Informationen in Echtzeit erhalten. Um den Datentransfer zu verkürzen, empfiehlt es sich zusätzlich, die **Datenbewegung** sowohl innerhalb der Datenbank als auch zwischen der Datenbank und der Anwendung durch Nutzung einer

---

[3] Vgl. Boncz et al., 2008, S. 77-85.
[4] Vgl. Plattner/Zeier, 2011, S. 56.
[5] Vgl. Vey et al., 2013, S. 9.

spaltenorientierten Speicherung und der Verwendung von Kompressions-methoden zu minimieren. Weitere Geschwindigkeitsvorteile können durch Techniken wie Parallelisierung und Partition erreicht werden. Diese Aspekte sollen im Folgenden näher untersucht werden.

2.2 Datenhaltung im Hauptspeicher

Durch die Haltung der Daten im Hauptspeicher entstehen zwar große Performance-Vorteile hinsichtlich der Zugriffszeiten, jedoch besteht eine erhöhte Gefahr für einen möglichen Datenverlust bei einem Strom-ausfall. Daher ist eine Datenpersistenz sicherzustellen, die neben Atomarität und Konsistenz ein bedeutsames Kriterium für den Einsatz einer In-Memory-Technologie darstellt. So kann der Hauptspeicher allein die Datenpersistenz in einer In-Memory-Datenbank (IMDB) nicht gewährleisten. Im Fall eines Energieverlustes würden die gesamten Dateninhalte im Hauptspeicher verloren gehen. Um die Datenpersistenz zu garantieren ist zusätzlich zum Hauptspeicher ein nichtflüchtiger Speicher, wie z. B. eine Festplatte, notwendig.[6]

SavePoints zur
Datensicherung

Für die Gewährleistung der Datensicherung in einer IMDB können SavePoints (Snapshots) und Logs genutzt werden. So kann der aktuelle Zustand der Datenbank im SavePoint gespeichert und in regelmäßigen Zeitabständen in den nichtflüchtigen Speicher geschrieben werden. Sämtliche zwischenzeitlichen Änderungen werden als Logs in einer Logdatei im nichtflüchtigen Hauptspeicher gespeichert. Nach einem Stromausfall kann durch den SavePoint der aktuellste Zustand der Datenbank wiederher-gestellt werden. Alle Änderungen, die zwischen dem Zeitpunkt des Strom-ausfalls und der letzten SavePoint-Sicherung entstanden sind, werden in einer Logdatei gesichert und können somit bei Bedarf wiederhergestellt werden. Abb. 2 verdeutlicht diesen Sachverhalt.

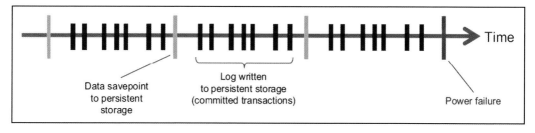

Abb. 2: Beispiele für Logs und Savepoints[7]

---

[6] Vgl. Vey et al., 2013, S. 9.
[7] Vgl. Vey et al., 2013, S. 12.

Andere mögliche Techniken zur Lösung dieses Problems sind bspw. die Nutzung von Batterien bzw. Akkus bei einem Stromausfall, um den Speicher weiterhin mit Strom versorgen zu können. Evtl. Hardwarefehler lassen sich durch Fehlererkennungs- und Korrekturmaßnahmen sowie den Einsatz von Redundanzen eliminieren. Allerdings müssen auch bei dem Einsatz solcher Techniken Sicherheitskopien erstellt werden.[8]

2.3 Minimierung der Datenbewegungen

Der nächste Faktor zur Beschleunigung der Datenverarbeitung ist die Minimierung der Datenbewegungen sowohl innerhalb der Datenbank als auch zwischen der Datenbank und der Anwendung. Um dies zu erreichen, können Techniken wie **Kompression** oder**spaltenorientierte Speicherung** eingesetzt werden.

Kompressionsmethoden zur Speicherbedarfsreduktion

Der Einsatz von großen Hauptspeicherkapazitäten ist i. d. R. sehr kostenintensiv. Durch den Einsatz von **Kompressionsmethoden** lässt sich der Speicherplatzbedarf reduzieren, was die Kosten für die benötigte Hauptspeicherkapazität reduziert. Gleichzeitig können durch die Kompression Geschwindigkeitsvorteile erzielt werden.[9]

Bei der Anwendung solcher Kompressionsmethoden können in Verbindung mit der Nutzung von sog. „Bibliotheken" Textwerte in der Spalte einer Tabelle durch Positionsschlüssel (Zahlen) der Bibliothek ersetzt werden. Praktisch wird jeder Wert einer Spalte in der Bibliothek einmal eingefügt, sodass kein Wert mehrfach auftritt. Bei jeder Verwendung dieses Wertes wird der Positionsschlüssel in der Spalte eingetragen. Durch die Verwendung von Bibliotheken für Textwerte verringert sich so der Speicherbedarf für eine Tabelle, weil jeder Textwert der Tabelle nur einmal gespeichert werden muss und bei jedem weiteren Ereignis nur ein Verweis auf die Positionsschlüssel in der Bibliothek nötig ist. Die Effizienz von solchen Kompressionstechniken ist bei Datenmengen mit wenigen unterschiedlichen Attributswerten besonders sinnvoll. Im Falle von Datenmengen mit vielen unterschiedlichen Attributswerten sind solche Kompressionsmethoden dagegen nicht sehr effektiv.[10] In diesem Fall werden die Bibliotheken für die Textwerte sehr groß und der Kompressionseffekt sehr gering.

Die Nutzung einer Spaltenorientierte Kompression ist dann hilfreich, wenn alle Daten innerhalb einer Spalte denselben Datentyp haben und eine ähnliche Semantik aufweisen. Bei einer zeilenorientierten Speicherung hingegen lässt sich eine Kompression schwerer durchführen, weil in einem Datensatz i. d. R. Werte vieler verschiedener Typen gespeichert sind.

---

[8] Vgl. Grzan, 2002, S. 51.
[9] Vgl. Plattner/Zeier, 2011, S. 64.
[10] Vgl. Vey et al., 2013, S. 10.

So ist festzustellen, dass die Kompressionsrate vom Datentyp, Anzahl unterschiedlicher Werte einer Spalte und Anzahl von NULL-Werten abhängig ist. Allgemein kann festgehalten werden, dass Kompressionsfaktoren von 8 bis 10 durchaus realistisch und in Einzelfällen sogar noch deutlich höhere Raten möglich sind. Entscheidend bei Kompression ist aber, dass kein Datenverlust entsteht und eine Balance zwischen Kompression und Dekompression besteht. So sollte die gewonnene Rechengeschwindigkeit durch die Kompression deutlich höher sein als die aufgewendete Rechenleistung für die Dekompression der Daten bei einer Analyse.[11]

Im Gegensatz zu klassischen zeilenorientierten Datenbanken (zeilenorientierte Speicherung), wo die Daten zeilenweise in Tupeln gespeichert werden, werden die Daten in spaltenorientierten Datenbanken (**spaltenorientierte Speicherung**) tupelübergreifend in separaten Spalten gespeichert. Beim Durchsuchen einer Tabelle nach bestimmten Attributen wäre bspw. in einer zeilenorientierten Datenbank das Folge-Attribut das nächste Attribut in der nächsten Spalte, während in einer spaltenorientierten Datenbank das nächste Attribut in derselben Spalte ist. Abb. 3 zeigt hierzu einen Vergleich.

Zeilenorientierte und spaltenorientierte Datenbanken im Vergleich

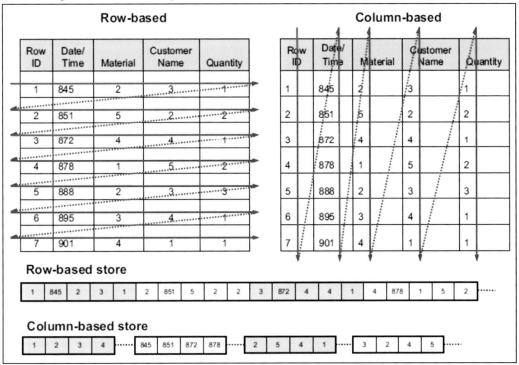

Abb. 3: Spalten- und Zeilenorientierte Datenbanken[12]

---

[11] Vgl. Veit/Saake/Sattler, 2012, S. 68.
[12] Vgl. Vey/Bachmeier/Krutov, 2013, S. 14.

Bei einer transaktionalen Verarbeitung in einem operativen System ist eine zeilenorientierte Datenbank vorteilhaft, da dort einzelne Datensätze mit wenigen Zeilen bearbeitet werden. Eine spaltenorientierte Datenbank ist besonderes bei analytischen Applikationen (OLAP) vorteilhaft, wenn aus sehr großen Datenmengen nur wenige Attribute abgefragt werden, da für die Anfrage unnötige Spalten nicht geladen werden müssen. Der Vorteil einer spaltenorientierten Speicherung ist, dass nicht jedes einzelne Attribut eines Datensatzes gelesen wird bis das gewünschte Attribut in der Zielspalte erreicht ist, sondern dass nur einmal auf die Zielspalte zugegriffen wird um die gewünschten Attribute zu lesen. Allein durch die Reduzierung der zu lesenden Datenmenge kann so ein großer Geschwindigkeitsvorteil erreicht werden.[13]

Für Unternehmen, die sowohl spaltenorientierte als auch zeilenorientierte Speicherung für ihr Tagesgeschäft benötigen, ist der Einsatz von hybriden Datenbanken sinnvoll. In hybriden Datenbanken können die Daten sowohl zeilenorientiert als auch spaltenorientiert gespeichert werden. Somit können Unternehmen von den Vorteilen beider Speicherarten profitieren.

Im Folgenden sollen nun die Techniken **Parallelisierung** und **Partition** zur Beschleunigung der Datenverarbeitung kurz untersucht werden.

2.4 Parallelisierung und Partitionierung

Methoden zur Leistungs-steigerung

Unter **Parallelisierung** im Kontext von Datenbanksystemen versteht man die Nutzung der Verarbeitungskapazität zahlreicher Prozessoren zur Leistungssteigerung. Ein Ziel besteht darin die Bearbeitungszeit von Transaktionen und Abfragen (sog. Queries) zu verkürzen, um inakzeptable Antwortzeiten durch eine sequenzielle Bearbeitung zu vermeiden.

Die Leistung eines Prozessors bzw. dessen Taktfrequenz hängt entscheidend von der Anzahl seiner Kerne (Core) bzw. Verarbeitungseinheiten ab. Die Performance eines Prozessors kann i.d.R. nur durch eine parallele Verarbeitung (parallel processing) gesteigert werden, weil die Performance eines Kernes immer unverändert bleibt. So kann beispielsweise bei der Durchsuchung einer Datenbanktabelle nach bestimmten Werten die Tabelle in Untertabellen unterteilt und auf die Kerne des Prozessors **partitioniert** werden, die dann die Suchabfrage parallel ausführen. Im Vergleich zur Bearbeitung der Abfrage in einem Single-Kern-Prozessor kann damit die Bearbeitungszeit um einen Faktor reduziert werden, welcher zu der Anzahl der Kerne des Prozessors nahezu äquivalent ist. Dieses Prinzip gilt ebenfalls für ein **Multi-Prozessor-System.** So könnte ein System mit 10 8-Kerne-Pro-

---

[13] Vgl. Rahm, 1996, S. 1.

zessoren die Bearbeitungszeit bspw. nahezu um den Faktor 80 reduzieren. Die Möglichkeit einer Parallelisierung kann mit verschiedenen Architekturen umgesetzt werden.[14]

3 Anforderungen an den Einsatz einer In-Memory-Technologie

Die Anforderungen an den Einsatz einer In-Memory-Technologie können in verschiedene Kategorien strukturiert werden, z.B. betriebswirtschaftliche Anforderungen (u.a. einmalige oder laufende Kosten) oder technische Anforderungen (Performance etc.). Für die Untersuchung der Anforderungen an den Einsatz einer In-Memory-Technologie und den damit verbundenen Erfüllungsgrad sind Kriterien zu definieren. Folgend werden einige Kriterien beispielhaft erläutert.

Anforderungs-kriterien

3.1 Technische Anforderungen

Die **Echtzeit-Analyse** ist die Fähigkeit eines Systems, strukturierte sowie unstrukturierte Daten aus unterschiedlichen Quellen in Sekundenschnelle zu analysieren und die richtigen Daten zur Verfügung stellen.[15] Die Fähigkeit zur Echtzeit-Analyse ist ein wichtiges Kriterium bei der Bewertung einer IMDB. Damit verbunden ist die Möglichkeit, aus den gegebenen Informationen neue Daten zu erzeugen, auszuwerten oder komplexere Berechnungen durchzuführen.

Die **Reaktionszeit** ist die Zeit, die eine Lösung benötigt, um die Antwort auf eine Abfrage zu geben oder auf eine Anfrage zu reagieren. Die kurzen Reaktionszeiten einer IMDB resultieren überwiegend aus der Tatsache, dass die Daten bereits im Hauptspeicher vorhanden sind. Die Reaktionszeiten einer In-Memory-Lösung liegen i.d.R. im Bereich weniger Sekunden, teilweise sind Differenzen verschiedener In-Memory-Lösungen nur im Bereich von Millisekunden feststellbar.[16]

Die **Verfügbarkeit** ist eine Kernfunktion einer IMDB. Ihre Aufgabe ist es, eine schnelle Bereitstellung und die Sicherheit der Datenbank im Falle eines Systemausfalls, eines Fehlers oder eines Schadens zu gewährleisten. Das Ziel besteht in einer vollautomatischen Hochverfügbarkeit einer IMDB, dessen Erfüllungsgrad entscheidend von den zur Verfügung stehenden Datenbank-

---

[14] Vgl. Plattner/Zeier, 2011, S. 72.
[15] Vgl. Plattner/Zeier, 2011, S. 10.
[16] Vgl. Plattner/Zeier, 2011, S. 9.

replikationsmechanismen (s. u.) bestimmt wird. Des Weiteren kann auch eine redundante Bereitstellung von Ressourcen (Hardware, Software) dieses Ziel unterstützen.

Die **Skalierbarkeit** beschreibt, wie die Leistung eines Systems durch das Hinzufügen von Ressourcen (z. B. weiteren Rechnern) in einem definierten Bereich zunimmt. Es existieren verschiedene Skalierungsarten wie scale-up oder scale-out Verfahren. Bei einem Scale-up-Verfahren wird der Arbeitsspeicher des Rechners erhöht, während bei einem Scale-out-Verfahren mehrere Rechner in einem Systemverbund kombiniert werden, um so eine Lastverteilung zu erreichen. Dabei können einzelne Datenbanktabellen spezifischen Rechnern zugeordnet werden.

3.2 Betriebswirtschaftliche und sonstige Anforderungen

Der **Administrationsaufwand** bezieht sich auf die Verwaltung von Zugriffen auf ein System, die Wartung, die Installation und die Überwachung einer Lösung. Der Administrationsaufwand ist u. a. abhängig von der Komplexität der Systemlandschaft und kann durch die Bereitstellung verschiedener Administrationsinstrumente reduziert werden. Dazu gehören bspw. Instrumente zur Installationsunterstützung und Konfiguration des Systems, zur Verwaltung der Datenbanktabellen und Indizes oder zur Benutzerverwaltung und Verwaltung der Zugriffskontrolle.

Mithilfe einer **Datenbankreplikation** können Daten aus verschiedenen Datenbanken miteinander abgeglichen werden. Zur Vermeidung eines Datenverlustes, bspw. bei einem Systemabsturz, unterstützen In-Memory-Datenbanken Funktionen, wie Replikationen, Transaktionslog oder SavePoints (s. o.). So werden geänderte Daten in regelmäßigen Abständen mit dem persistenten Speicher synchronisiert.[17]

Zu unterscheiden sind eine synchrone und asynchrone Replikation. Bei einer synchronen Replikation wartet das primäre System auf das Ende einer Transaktion und der damit verbundenen Antwort bspw. in Form eines Protokolls aus dem sekundären System. Dieser Modus garantiert eine sofortige Konsistenz zwischen beiden Systemen. Jedoch kann eine Verzögerung durch die benötigte Zeit für die Datenübertragung und Persistenz im sekundären System auftreten. Sollte die Verbindung mit dem sekundären System getrennt werden oder das sekundäre System abstürzen, kann das primäre System nach einem kurzen, konfigurierbaren Timeout den Betrieb wiederaufnehmen. Das sekundäre System bleibt zwar bestehen, es wird aber nicht sofort das empfangene Protokoll übermitteln. Um eine wachsende Liste von Protokollen zu vermeiden, werden inkrementelle

---

[17] Vgl. Stirnimann/Ott, 2012, S. 24-26.

Daten-Schnappschüsse asynchron in bestimmten Zeitintervallen aus dem primären System an das sekundäre System übertragen. Abhängig von der verwendeten IMDB können weitere Varianten unterschieden werden.

Der Umfang an möglichen **Schnittstellen** beeinflusst maßgeblich die Leistungsfähigkeit einer IMDB und die Einsatzszenarien. So unterstützen Schnittstellen u. a. eine einfache Verbindung zu externen Anwendungen, um eine störungsfreie Kommunikation aufbauen zu können.[18]

Hierzu gehören standardisierte Datenbankschnittstellen wie Open Database Connectivity (ODBC) oder Java Database Connectivity (JDBC).

4 Bewertung

4.1 Chancen

Der Einsatz einer IMDB kann zu deutlichen Vorteilen im Bereich der Real-Time-Analyse führen, wenn ausreichende Systemressourcen verfügbar sind. Ein Vorteil der In-Memory-Technologie im Vergleich zu einer RDBMS ist, dass durch die permanente Datenhaltung im Hauptspeicher die Antwortzeiten bei Berichtsauswertungen erheblich verkürzt werden können. Dies gilt insbesondere bei der Auswertung großer Datenmengen. So können z. B. 10 000 Anfragen pro Stunde gegen eine Datenmenge von 1,3 Terabyte mit Antwortzeiten von weniger als einer Sekunde bearbeitet werden.[19]

Vorteile der In-Memory-Technologie

Um diesen Vorteil ohne Einschränkung nutzen zu können, ist ein genügend großer und auf die zu erwartende Datenmenge abgestimmter Hauptspeicher obligatorisch. Bei der In-Memory-Technologie wird somit die Kapazität der Datenbank auf die Hauptspeicherkapazität beschränkt.

Ein Vergleich der RDBMS mit einer IMDB zeigt, dass die für eine RDBMS wichtigen Operationen, wie Aggregationen, nicht mehr benötigt werden. Dies reduziert die Komplexität der Analyse, da alle Aggregations-Abfragen aus einer spaltenorientierten In-Memory-DBMS beantworten werden können. Dadurch vereinfacht sich u. a. die Datenanalyse erheblich.

Beim Einsatz einer In-Memory-Technologie besteht ein wesentlich höheres Risiko eines Datenverlustes bspw. bei einem „Servercrash", da die Daten im Hauptspeicher nur „flüchtig" gehalten werden. Eine Ausnahme bietet die Verwendung eines NVRAM (Non-volatile RAM), bei dem der Dateninhalt ohne externe Energieversorgung erhalten bleibt. Bei diskbasierten Datenbanken ist dagegen die Gefahr eines Datenverlustes bei einer Abschaltung der Stromversorgung sehr gering.

---

[18] Vgl. Bi, 2009, S. 5.
[19] Vgl. Plattner/Zeier, 2011, S. 208.

Ökonomische
Effekte

Zur Erhaltung einer hohen Verfügbarkeit einer IMDB – besonders im Falle von Störungen – können diverse Datenreplikationsmechanismen (s.o.) genutzt werden. Dazu werden zusätzliche Ressourcen benötigt, um Backups sichern zu können und somit die Persistenz der Daten und Transaktionssicherheit zu gewährleisten. Am Markt verfügbare In-Memory-Datenbanksysteme unterstützen in ihrer Architektur verschiedene Backup-, Datenwiederherstellungs- und Ausfallsicherungssysteme, um Datenverluste zu vermeiden. Zudem können Hybrid-Lösungen eingesetzt werden. Diese Art von Datenbanken wird als sog. hybride In-Memory-Datenbank bezeichnet.[20] Derartige Datenbanksysteme können Daten sowohl im Hauptspeicher als auch auf Festplatten speichern.

In der Literatur werden einige ökonomische Effekte beim Einsatz einer IMDB hinsichtlich ihrer Realisierungswahrscheinlichkeit und Zurechenbarkeit diskutiert. Folgend sind einige Beispiele für mögliche positive ökonomische Effekte aufgeführt.[21]

- Wegfall von Ausgaben für Datenqualitätssicherung bei Extraktions-Transformations-Lade-Prozessen (ETL),
- eine schnellere Verfügbarkeit analytischer Informationen
  - am Point of Sale, z.B. Call Center oder Flughafen-Gate, und so höhere Ausschöpfung von Kundenwertpotenzial,
  - bei der Reklamationsbearbeitung und somit eine Erhöhung der Kundenbindung bei Kunden mit einem hohen Wertbeitragspotenzial,
- schnellere Sperrung von Konten bei Missbrauchsverdacht oder Verdacht auf Forderungsausfall und somit eine Verringerung von Einzahlungsverlusten,
- schnellere Reaktion auf Preisschwankungen an Finanz-und Rohstoffmärkten,
- Verringerung von Out-of-Shelf-Problemen im Handel (in Kombination mit RFID),
- schnellere Reaktion auf Gerüchte in sozialen Netzwerken,
- eine höhere Motivation der Nutzer durch geringere Wartezeiten sowie
- ein positives Image durch schnellere Verarbeitung von Kundenanfragen.

Neben den o.g. Vorteilen ergeben sich auch Vorteile bei Simulationen, Vorhersagen und Szenarienbildungen, da mehr Daten aus internen und externen Quellen zur Erstellung von Vorhersagen herangezogen werden können. Dadurch steigt die Aussagekraft der erstellten Prognosen, die u.a. in Planungsprozessen des Controlling Anwendung finden. Ebenfalls ist ein

---

[20] Vgl. Cole, 2017, S. 1.
[21] Vgl. Meier/Scheffler, 2017, S. 10.

Einsatz i.V. mit Frühaufklärungssystemen sinnvoll, um Veränderung in der Unternehmensumwelt frühzeitig festzustellen, bspw. wenn sich in sozialen Netzwerken ein sog. „Shitstorm" gegen das eigene Unternehmen ankündigt.

4.2 Risiken

Jedoch kann der Einsatz von In-Memory-Datenbanken auch Nachteile beinhalten. So bedingt die Integration von In-Memory-Lösungen in ein Unternehmen ggf. erhebliche Migrationskosten. Weiterhin entstehen Kosten für den Erwerb der notwendigen Hardware (insbesondere für den Hauptspeicher) sowie Kosten für System- und Datenmigrationen. Ein wichtiger Kostenfaktor sind auch die teilweise hohen Lizenzkosten.

Nachteile der In-Memory-Technologie

Dazu kommen die für IT-Projekte typischen Kosten für:

- Implementierung,
- Aufbau neuer Schnittstellen,
- Konfiguration,
- Testing,
- Schulungen sowie
- Supportleistungen.

Der Einsatz einer IMDB führt evtl. auch zu einer Zunahme der Komplexität der Systemadministration und bedingt ggf. auch Anpassungen im Rechenzentrum zur Klimatisierung der neuen Hardware.[22]

5 Fazit

Der wesentliche Vorteil für den Einsatz von In-Memory-Datenbanken ist die schnelle Verarbeitung großer Datenmengen. Obwohl Abfragen mit kurzer Antwortzeit möglich sind, leiden In-Memory-Datenbanken oft unter einer eingeschränkten Skalierbarkeit, hohen Hardwareanforderungen und dem Risiko, Daten bei einer Störung zu verlieren.

Jedoch erfordert das exponentielle Datenwachstum in vielen Unternehmen den Einsatz leistungsstarker Datenbanksysteme. Insbesondere durch die zunehmende Sammlung von unstrukturierten Daten und Informationen in den Unternehmen wachsen die Herausforderungen zur Bewältigung der großen Datenmengen, welche aktuell unter dem Begriff „Big Data" diskutiert werden. Solche enormen Datenmengen können von herkömmlichen Speichersystemen oder Datenbanksystemen nicht mehr ausreichend

---

[22] Vgl. Meier/Scheffler, 2017, S. 10.

schnell verarbeitet und analysiert werden. Der Einsatz der relativ neuen In-Memory-Technologie bietet Ansätze zur Lösung dieses Problems.

6 Literaturhinweise

Bi, Research and application of SQLite embedded database technology, wseas transactions on computers, 2009/8, S. 83–92.

Boncz/Kersten/Manegold, Breaking the wall in MonetDB, Communications of the ACM – Surviving the data deluge, 2008/12, S. 77–85.

Cole, Hybrid embedded database merges on-disk and in-memory data management, http://www.embedded.com/electronics-news/4135733/Hybrid-embedded-database-merges-on-disk-and-in-memory-data-management, Abrufdatum 10.9.2017.

Meier/Scheffler, Ökonomisch sinnhafte Bewertung von In-Memory-basierten betrieblichen Informationssystemen, 2011.

Ott/Steinmann, In-Memory Datenbanken im Vergleich, in Computerwoche, 2012/3, S. 24–26.

Plattner/Zeier, In-Memory Data Management: An Inflection Point for Enterprise Applications, 2011.

Rahm, Parallele Datenbanksysteme, http://dbs.uni-leipzig.de/abstr/pdbs.html Abrufdatum 25.9.2017.

Schmitz, Konzepte für eine Real Time Information Supply Chain, in Mönchengladbacher Schriften zur wirtschaftswissenschaftlichen Praxis, Jahresband, S. 227–240, 2010/11.

Schmitz, Konzeption eines wertorientierten Führungsinformationssystems – Anforderungen, Aufbau, Instrumente und Implementierung, 2006.

Veit/Saake/Sattler, Data Warehouse Technologien, 2012.

Vey/Bachmeier/Krutov, SAP In-Memory Computing on IBM eX5 Systems, 2012.

In-Memory-Technologien: Potenzielle Auswirkungen auf die Unternehmenssteuerung

■ Der anhaltende Preisverfall im Bereich von Speichertechnologien führt zur zunehmenden Nutzung von In-Memory-Technologien in Unternehmen.

■ Für Unternehmen bieten sich durch diese Technologie weitreichende Potenziale im Hinblick auf Effizienzsteigerung und Prozesstransparenz.

■ Die Unternehmenssteuerung profitiert durch höhere Agilität, die einfache Verarbeitung großer Datenmengen sowie der Reduzierung manueller Tätigkeiten im Bereich der Datenaufbereitung und der Visualisierung.

- ■ **Die Autoren**

Markus Groeber, Wissenschaftlicher Mitarbeiter und Doktorand im Forschungsbereich Innovationsmanagement am Strascheg Institute for Innovation, Transformation and Entrepreneurship (SITE) der EBS Universität für Wirtschaft und Recht in Oestrich-Winkel.

Laura Schlecht, Wissenschaftliche Mitarbeiterin und Doktorandin im Forschungsbereich Digitale Transformation am Strascheg Institute for Innovation, Transformation and Entrepreneurship (SITE) der EBS Universität für Wirtschaft und Recht in Oestrich-Winkel.

Martin Esch, Wissenschaftlicher Mitarbeiter und Doktorand im Forschungsbereich Controlling und Innovation am Strascheg Institute for Innovation, Transformation and Entrepreneurship (SITE) der EBS Universität für Wirtschaft und Recht in Oestrich-Winkel.

Prof. Dr. Ronald Gleich, Vorsitzender der Institutsleitung des Strascheg Institute for Innovation, Transformation and Entrepreneurship (SITE) der EBS Universität für Wirtschaft und Recht in Oestrich-Winkel sowie geschäftsführender Gesellschafter der Horváth Akademie GmbH in Stuttgart.

1 Relevanz von In-Memory-Technologien

In Zeiten, in denen Menschen jährlich mit neuen Schlagwörtern rund um das Thema Digitalisierung konfrontiert sind, deren korrekte Deutung auf den ersten Blick schwierig erscheint, ist der Begriff In-Memory-(IM)-Computing fast selbsterklärend. Daten werden nicht wie bei konventionellen Datenbanken auf Festplatten-Datenträgern gespeichert, sondern direkt im Hauptspeicher (Memory) des Systems vorgehalten. Diese Art der Speicherung erlaubt wesentlich kürzere Zugriffszeiten, was Rechenvorgänge in beträchtlichem Maß beschleunigt.

Verarbeitung von Daten in Echtzeit

Damit leisten In-Memory-Technologien keinen Beitrag zur Digitalisierung im eigentlichen Sinne (der Überführung von Daten in diskrete Werte), sondern zur Weiterentwicklung und Optimierung der Verarbeitung bereits digitalisierter Daten. Diese Optimierung erfolgt durch den Einsatz einer besser geeigneten Speichertechnologie. Die dadurch entstehenden Vorteile sind vielseitig, betreffen jedoch vorwiegend Unternehmensbereiche, zu deren Haupttätigkeiten die Datenverarbeitung gehört. Aufgrund der Tatsache, dass das Controlling traditionell sehr datenintensive und detaillierte Analysen zu seinen Aufgaben zählt, wird dieser Unternehmensbereich folglich auch schwerpunktmäßig von dieser technologischen Neuerung beeinflusst und sieht sich neuen Herausforderungen gegenübergestellt.

Doch woher kommt die Veranlassung für Optimierung in diesen Bereichen? Über diese Frage soll das nächste Kapitel Aufschluss geben.

1.1 Wegbereiter der Technologie

Eine begünstigende Entwicklung zur Etablierung von In-Memory-Technologien in der Unternehmenspraxis ist der anhaltende Preisverfall im Bereich von Speichertechnologien. Während man für Festplattenspeicher noch vor einigen Jahren hohe Investitionen tätigen musste, sind hohe Kapazitäten heute wesentlich erschwinglicher. Dieser Preisverfall führte zur Beseitigung von Speicherplatzengpässen und gab Unternehmen und Anwendern die Möglichkeit, Daten zu sammeln, selbst wenn deren Sinn und Nutzen nicht unmittelbar erkennbar war.

Preisverfall von Speichertechnologien

Eine ähnliche Entwicklung ist im Bereich der Arbeitsspeicherpreise zu beobachten. Neben der Speicherung größerer Datenmengen ermöglichen günstige Speicherpreise somit auch neue Verarbeitungstechnologien in Form von In-Memory-Computing.

1.2 Technologieinduzierte Veränderungen in der Lösungslandschaft

Eine namhafte Anwendung dieser innovativen Technologie ist SAP S/4HANA, eine In-Memory-basierte ERP-Business-Suite. Diese Lösung stellt, nach den Vorgängern SAP R/3 (1992) und Business Suite (2004), eine weiterentwickelte Business Suite zur Verfügung, die auf der SAP-eigenen In-Memory-Entwicklungsplattform, SAP HANA (High Performance Analytic Appliance) aufbaut.

Der Buchstabe S in SAP S/4 steht dabei für „simple". Dieses Prinzip zieht sich insb. in der aktuellen Version durch die gesamte Lösung. Nach der Entwicklung der HANA-Plattform repräsentiert SAP S/4HANA die logische Konsequenz der Weiterentwicklung konventioneller ERP-Systeme in Richtung einer Echtzeit-Verarbeitung großer Datenmengen.

Das System bildet die Basis für vielseitige Optimierungsansätze, insb. in folgenden Bereichen:

- Individualisierung von Produkten und Optimierung von Produktionsprozessen;
- Optimierung und Personalisierung des Kundenerlebnisses durch z.B. Live-Tracking und Echtzeitinformationen zum bestellten Produkt;
- Integration verschiedener Vertriebskanäle (z.B. Online und On-Site);
- Wissensmanagement (z.B. Versorgung der mobilen Vertriebsmitarbeiter mit den richtigen Produktinformationen).

Nutzen lässt sich S/4HANA sowohl in der Cloud, als On-Premise-Lösung als auch in einer hybriden Umgebung.

Aus den beschriebenen technischen Möglichkeiten ergeben sich Potenziale für die Unternehmenssteuerung zur Realisierung von Wettbewerbsvorteilen und Effizienzsteigerungen, welche in **Kapitel 2** vorgestellt werden. Nichtsdestotrotz würde eine Umstellung auf In-Memory-Technologie Unternehmen vor diverse Herausforderungen stellen. Auf diese wird näher in **Kapitel 3** eingegangen. Zur strukturierten Darstellung der Potenziale, die sich innerhalb der einzelnen Prozesse der Unternehmenssteuerung durch In-Memory-Technologie ergeben, wird das IGC-Controlling-Prozessmodell in **Kapitel 4** herangezogen. Zusätzlich dazu erfolgt eine Abgrenzung zu herkömmlichen Datenbanken.

2 Potenziale von In-Memory-Technologien am Beispiel SAP S/4HANA

In-Memory-Technologien beherbergen ein vielseitiges Spektrum an Potenzialen für Unternehmen und eröffnen neue Perspektiven für die Unternehmenssteuerung. Dieses Kapitel soll im folgenden Aufschluss über diese Potenziale geben und wird zugleich die Datenbanktechnologie SAP HANA als Anwendungsbeispiel näher beleuchten.

2.1 Verändertes Anwendungsumfeld durch die digitale Transformation

Die unternehmerische Wertschöpfungskette wird nachhaltig von Megatrends wie der digitalen Transformation beeinflusst, denn gerade diese erfordert, dass Daten und Informationen schneller und präziser zur Verfügung stehen, als dies in früheren Zeiten der Fall war. Aktuelle Themen wie Industrie 4.0, Internet der Dinge oder Big Data verlangen von Unternehmen eine holistische Umstrukturierung ihrer Prozessstruktur. Insb. der Aspekt der Prozesstransparenz kristallisiert sich in Zeiten des digitalen Wandels als unabdingbar heraus.

Damit Unternehmensprozesse beschleunigt und unternehmensrelevante Entscheidungen optimiert werden können, ist es erforderlich, dass Daten und Informationen weitestgehend vollumfänglich und unmittelbar dem Management vorliegen. Die Aspekte der digitalen Transformation sowie der daraus resultierende geänderte Informationsbedarf führen zu einer weitreichenden Veränderung im Organisationsablauf.[1] In-Memory-Technologien wie bspw. SAP S/4HANA stellen für Unternehmen eine Lösung dar, diesen neuen Anforderungen gerecht zu werden. Inwiefern dies möglich ist, wird in den folgenden Abschnitten dezidiert adressiert.

Insb. **Big Data**, also besonders umfangreiche und komplexe Datenmengen, welche aufgrund der Digitalisierung entstehen, müssen so verarbeitet werden, dass sie dem jeweiligen Unternehmen einen mehrwertstiftenden Beitrag liefern. Dieser Punkt stellt jedoch oft eine Herausforderung für viele Unternehmen dar. Nur durch eine **Aufbereitung** dieser **großen Datenmengen**, kann Prozesstransparenz entlang der gesamten Wertschöpfungskette ermöglicht werden.[2]

Sinnvolle Verarbeitung von Big Data

---

[1] Vgl. Hofmann/Linsner/Poschadel, 2017, S. 106–107.
[2] Vgl. Koglin, 2016, S. 32–33; vgl. Hofmann/Linsner/Poschadel, 2017, S. 106–107.

2.2 Verkürzung von Zugriffs- und Antwortzeiten

Die Nutzung von In-Memory-Technologien kann zur Bewältigung von Big Data beitragen. Denn grundsätzlich bieten diese den Vorteil, dass Daten in einer effizienteren und dynamischeren Art und Weise ausgewertet und analysiert werden können, als dies bei klassischen Datenbanken bisher der Fall war.[3]

Zurückzuführen ist dies auf eine **differenzierte Art der Datenspeicherung**. Bisher wurden Festplatten zur Datenspeicherung herangezogen, was bei der Verarbeitung der Daten zu einem vergleichsweise hohen zeitlichen Aufwand führte. Künftig können durch die Speicherung direkt im Hauptspeicher sowohl **Zugriffszeiten** als auch **Antwortzeiten verkürzt** werden. Letztendlich können dadurch Unternehmensprozesse optimiert werden, indem das Auswerten von Daten auf eine beschleunigte und vereinfachtere Art und Weise erfolgen kann.[4]

Prozess-
transparenz
entlang
der gesamten
Wertschöpfungs-
kette

Letztendlich wirkt sich dies positiv auf die Unternehmenssteuerung aus. Zum einen können interne und externe Daten in strukturierter und unstrukturierter Form wesentlich einfacher analysiert und visuell dargestellt werden und zum anderen liegen die neusten Geschäftsinformationen unmittelbar vor.[5] Dies ermöglicht Unternehmen das **systematische und informationsbasierte Ableiten operativer Entscheidungen**, wodurch erhöhte Prozesstransparenz gewährleistet werden kann.

2.3 Auswertung und Analyse in Echtzeit

Eine renommierte Anwendung der In-Memory-Technologie ist SAP S/4HANA, welche ein integriertes Unternehmenscontrolling mithilfe von **Echtzeitanalysen** ermöglicht und somit zu einer Vereinfachung der Unternehmenssteuerung beiträgt.

Bis dato war für das Erstellen von Echtzeitanalysen ein zusätzliches SAP Business Warehouse System (SAP BW) erforderlich, das zur Aufbereitung von Daten, Analysen oder anderweitigen Berichten herangezogen werden musste. Mit der Einführung von SAP S/4HANA ist es nicht mehr erforderlich, sich auf gesonderte BW-Systeme berufen zu müssen, da diese bereits in SAP S/4HANA selbst integriert sind. Somit erfolgt ein **exaktes Reporting**, da adäquate und aktuelle Geschäftsinformationen unmittelbar vorliegen.[6]

---

[3]   Vgl. https://www.haufe.de/controlling/controllerpraxis/it-trend-in-memory-datenbank-turbo-fuer-controlling-analysen_112_70776.html, Abrufdatum 26.11.2017.

[4]   Vgl. https://www.haufe.de/controlling/controllerpraxis/it-trend-in-memory-datenbank-turbo-fuer-controlling-analysen_112_70776.html, Abrufdatum 26.11.2017.

[5]   Vgl. Koglin, 2016, S. 32–33, S. 79.

[6]   Vgl. Koglin, 2016, S. 79.

2.4 Ersetzung von Zweikreissystem durch Einkreissystem

Mit der Einführung von SAP S/4HANA wird das bisherige **Zweikreis-system** durch ein **Einkreissystem** ersetzt, welches eine Zusammenfüh-rung von internem und externem Rechnungswesen anstrebt. Durch die Verschmelzung von Controlling und Accounting und den dadurch entstehenden „Single Point of Truth" sind folglich keine Abstimmungen mehr zwischen beiden Bereichen erforderlich, so dass sich die Per-formance im Unternehmen erheblich optimieren lässt.[7]

Einkreissystem führt zu optimierter Performance

Verwaltet werden sämtliche Daten künftig in einem Universal Journal, einem integrierten Buchungsbeleg, was dazu führt, dass das Berichtswesen von mehr Prozess- und Informationstransparenz profitiert. Dies führt letzten Endes dazu, dass der bisher bestehende Grad an Komplexität konsequent reduziert wird und Abschlusszeiten wesentlich verkürzt werden. Im Umkehrschluss können so entscheidungsrelevante Daten und Informa-tionen unter dem Gesichtspunkt „Qualität" optimiert werden.[8]

2.5 Interaktive Darstellung und Verwendung von Daten

Werkzeuge, wie z.B. SAP Lumira, unmittelbar angeknüpft an SAP S/4HANA, dienen darüber hinaus zur Veranschaulichung von Daten, in Form von **Schaubildern und Storyboards**. Insb. Big Data können durch Ad-hoc-Analysen individueller, übersichtlicher und flexibler in einer visuell aggregierten Form dargestellt werden als bisher. SAP Business-Objects Analysis im Gegensatz, wird dazu verwendet, um **Daten inter-aktiv zu analysieren**. So können bspw. Reporting-Cockpits erstellt oder Drill- und Dice-Operationen auf eine flexible Art ausgeführt werden.[9]

Die einhergehende Flexibilität und Übersichtlichkeit von Informationen führt folglich zu einer Optimierung des Management Reportings, da unternehmensrelevante Entscheidungen auf eine effizientere Art und Weise getroffen werden können, als dies herkömmlich der Fall war. Auch Buchungsbelege müssen in Zukunft nicht mehr aufwendig bearbeitet und in Systeme eingepflegt werden, so dass diese ebenfalls in Echtzeit eingesehen werden können.

Mobile Geräte wie Smartphones oder Tablets sind heutzutage fester Bestandteil des Alltags. SAP Fiori ermöglicht Unternehmen den **Zugriff auf SAP S/4HANA von mobilen Geräten** in Form von Applikationen („Apps"). Deren Nutzung stellt somit eine attraktive Option für das Funktionscontrolling und speziell für den Vertrieb dar, da Mitarbeiter

Apps ermöglichen den Zugriff auf SAP S/4HANA von unterwegs

---

[7] Vgl. Deloitte, 2016; vgl. Eilers, 2016, S. 187.
[8] Vgl. Deloitte, 2016; vgl. Eilers, 2016, S. 187.
[9] Vgl. Koglin, 2016, S. 80–83.

künftig auch bei externen Kundenterminen Zugriff auf die für das Verkaufsgespräch notwendigen Daten haben werden.

Zusammenfassend können somit folgende Aspekte direkt bzw. indirekt als eine Folge des Einsatzes von In-Memory-Technologien gesehen werden:

- Verkürzung von Zugriffszeiten;
- Verringerung von Antwortzeiten;
- Auswertung und Darstellung von Big Data in Echtzeit;
- Ersetzung des Zweikreissystems durch Einkreissystem;
- Interaktive Analyse von Daten;
- Nutzung auf mobilen Endgeräten.

3 Potenzieller Handlungsbedarf im Zusammenhang mit In-Memory-Technologien

Nebst einigen Potenzialen stellen In-Memory-Technologien Unternehmen auch vor Herausforderungen. Zielfestlegung, Planung und Steuerung sind zentrale Begrifflichkeiten des Controllings und zugleich Tätigkeiten, die eine solide Datenbasis als Grundlage erfordern. Veränderungen, die mit der Implementierung bzw. Nutzung von In-Memory-Technologien einhergehen, haben einen enormen Einfluss auf eine Vielzahl von Unternehmenstätigkeiten. Diese lassen sich in vier Dimensionen einteilen: Strategie, Technologie, Finanzierung & Mensch. Diese werden in den nachfolgenden Teilkapiteln näher beleuchtet.

3.1 Strategische Aspekte im Kontext einer In-Memory-Umstellung

Strategie ist entscheidend

Am Anfang einer potenziellen Umstellung auf In-Memory-Technologien stehen **strategische Überlegungen**, die mit zahlreichen Fragestellungen einhergehen (s. Abb. 1).

Fragestellung	Empfehlungen
Können die neuen Auswertungsmöglichkeiten, die In-Memory-Technologien bieten, gewinnbringend in allen Unternehmensprozessen eingesetzt werden?	Ein sinn- und maßvoller Einsatz ist eine entscheidende Voraussetzung für den Erfolg der Technologie im Unternehmen.
Welche speziellen Anforderungen des Unternehmens oder der Branche sind bei der Konzeption eines Systems zu berücksichtigen?	Adaptionen müssen auf das jeweilige Unternehmen spezifisch zugeschnitten werden. Der mit der Konzeption verbundene, hohe technologische Aufwand empfiehlt den Aufbau internen Expertenwissens.

Fragestellung	Empfehlungen
Welche zusätzlichen Optimierungspotenziale für bestehende Prozesse ergeben sich durch die Umstellung?	Die tiefgreifende Veränderung durch die Einführung eines In-Memory-Systems sollte als Chance für Optimierungen bestehender, möglicherweise ineffizienter Arbeitsabläufe verstanden werden.
Welche potenziellen Risiken ergeben sich durch die Umstellung?	Geeignete Präventionsmaßnahmen gilt es, im Vorfeld zu treffen und Fallback-Pläne zu entwickeln.
Ist eine stufenweise Implementierung der Technologie sinnvoll?	Aufgrund der tiefgreifenden Strukturveränderungen im Unternehmen, die durch die Einführung der Technologie hervorgerufen werden, ist, je nach Unternehmensspezifika, u. U. eine stufenweise Implementierung anzustreben.
Wie können die erforderlichen Kompetenzen auf Seiten der Mitarbeiter sichergestellt werden?	Die frühzeitige Einbeziehung aller beteiligten Mitarbeiter in ein ganzheitliches Schulungskonzept, in dem Sinn und Nutzen der Technologie anschaulich und zielgruppengerecht vermittelt wird, ist entscheidend für die Akzeptanz der Technologie und die Nutzung der sich aus ihr ergebenden Potenziale.

Abb. 1: Strategische Fragestellungen bei einer Umstellung auf IM-Technologien

3.2 Organisatorische Aspekte im Kontext einer In-Memory-Umstellung

Die Einführung von In-Memory-Technologien hat weitreichende Auswirkungen auf die informationstechnologische Infrastruktur eines Unternehmens. Klassische Datenbanken wie Oracle oder DB2 haben ausgedient und werden ersetzt. Dies führt unweigerlich zu Herausforderungen im Bereich der **Migration** von Daten. Ferner bleibt zu klären, wie sich das In-Memory-System in die bestehende Infrastruktur einfügen lässt.

Migration als Herausforderung

Prinzipiell sollten sich Unternehmen somit auf erhebliche Migrationskosten einstellen, da z. B. im Falle von SAP bisher bestehende SAP-ERP-Systeme zu einem SAP S/4HANA-System migriert werden müssten, was in letzter Konsequenz zu einem erhöhten zeitlichen sowie technischen Aufwand führen wird. Insbesondere stellt die dadurch anfallende Datenmigration Unternehmen sowie das Controlling vor eine weitere Herausforderung, da

Prozesse kurz- oder mittelfristig verlangsamt oder eingeschränkt werden könnten, bis eine finale Konsolidierung erreicht werden kann.[10]

Hinzu kommt, dass eine Umstellung auf SAP HANA bzw. S/4HANA üblicherweise nicht unmittelbar in jeder Unternehmensgesellschaft erfolgen wird. Des Weiteren ist es erforderlich, dass in jedem dieser Unternehmensteile entsprechende Vorbereitungen getroffen werden, um individualisierte und auf das jeweilige (Teil-)Unternehmen abgestimmte Lösungen zu finden.

Dieser Prozess kann sich über einen langwierigen Zeitraum erstrecken, da bedingt durch einen anfallenden Migrationsaufwand, einer Implementierung nur schrittweise nachgekommen werden kann. Dies wiederum kann zu Einschränkungen des globalen Management Reportings führen, da partiell in den einzelnen Betrieben noch mit herkömmlichen ERP-Systemen gearbeitet wird. Daraus lässt sich schlussfolgern, dass Unternehmen einer **erhöhten Komplexität** gegenüberstehen sowie einen erhöhten Kosten- und Zeitaufwand in Betracht ziehen müssen, um ein einheitliches und konsolidiertes Berichtwesen (nach der Implementierung) auszusetzen.[11]

3.3 Finanzielle Herausforderungen

Zusätzlich dazu sind **Haupt- bzw. Arbeitsspeicher** im Verhältnis zu regulären Festplatten auch heute noch relativ **kostspielig**. Ein weiterer Schwachpunkt des Arbeitsspeichers stellt dessen **Dauerhaftigkeit** dar. Da es sich hierbei um ein nicht-persistentes System handelt, können bei einem Absturz die gespeicherten Daten vollständig verloren gehen. Um einen entsprechenden **Datenverlust** zu vermeiden, müssen aufwendige Sicherungen erfolgen, was wiederum einen erhöhten Kostenaufwand darstellt.

Neben den im Vergleich zu konventionellen Technologien erhöhten Aufwendungen für die Hardware selbst, können bei In-Memory-Technologien höhere **Lizenzgebühren** anfallen. Auch Aufwendungen, die mit der zuvor bereits erwähnten Migration der Daten einhergehen, müssen von Unternehmen berücksichtigt werden.

Auch wenn die Implementierung von In-Memory-Technologien wie z. B. SAP S/4HANA weitreichende Optimierungsmöglichkeiten für Unternehmen sowie für die Unternehmenssteuerung darstellt, sollten die erheblichen Investitionskosten stets mit berücksichtigt werden.

---

[10] Vgl. Eilers, 2016.
[11] Vgl. Eilers, 2016.

3.4 Mensch als zentrale Komponente für Veränderungen

Im Mittelpunkt jeder Veränderung im Unternehmen steht der Mensch, da ihm als Anwender einer veränderten Technologie eine Schlüsselrolle zukommt. Daher kommt der Beachtung der folgenden 4 Stellhebel (s. Abb. 2) eine besondere Bedeutung zu, um unerwünschten Auswirkungen auf die Anwender vorzubeugen.

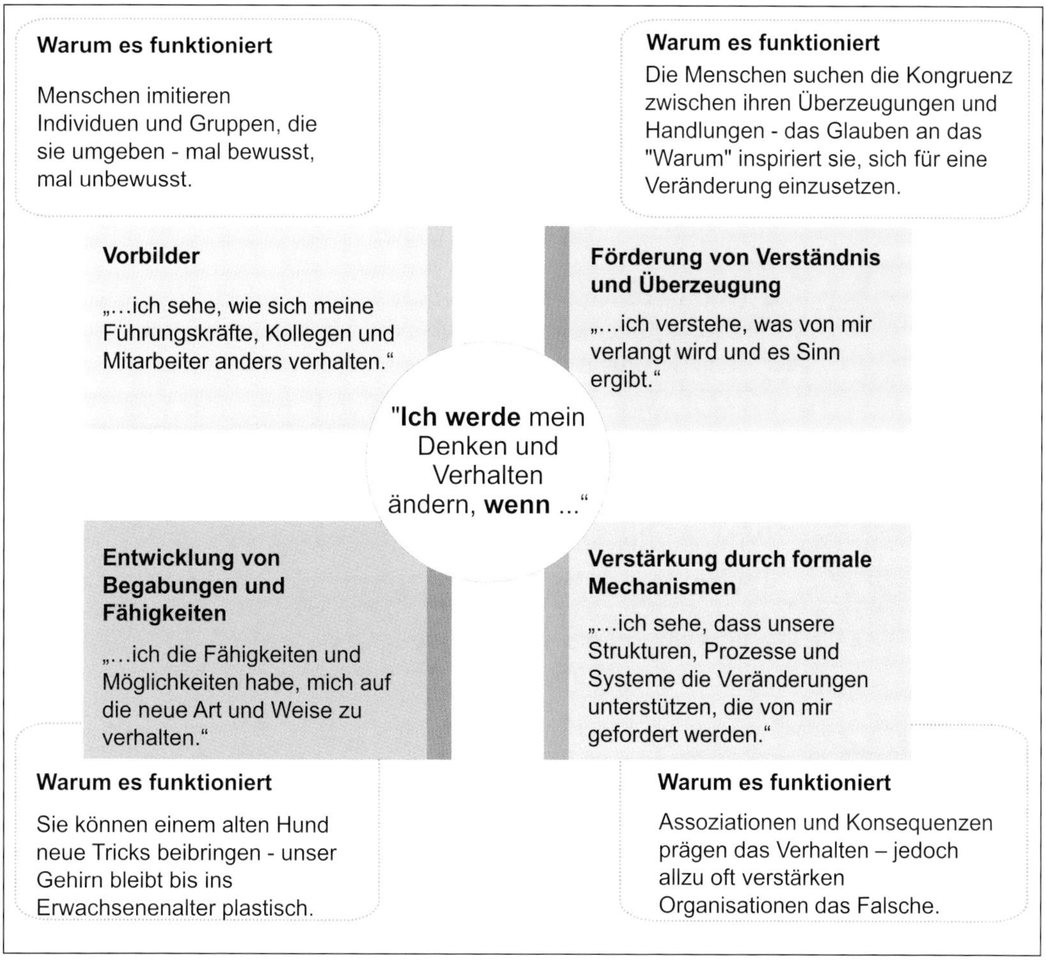

4 Hebel für Veränderung

Warum es funktioniert

Menschen imitieren Individuen und Gruppen, die sie umgeben - mal bewusst, mal unbewusst.

Warum es funktioniert

Die Menschen suchen die Kongruenz zwischen ihren Überzeugungen und Handlungen - das Glauben an das "Warum" inspiriert sie, sich für eine Veränderung einzusetzen.

Vorbilder

„...ich sehe, wie sich meine Führungskräfte, Kollegen und Mitarbeiter anders verhalten."

Förderung von Verständnis und Überzeugung

„...ich verstehe, was von mir verlangt wird und es Sinn ergibt."

"Ich werde mein Denken und Verhalten ändern, **wenn** ...“

Entwicklung von Begabungen und Fähigkeiten

„...ich die Fähigkeiten und Möglichkeiten habe, mich auf die neue Art und Weise zu verhalten."

Verstärkung durch formale Mechanismen

„...ich sehe, dass unsere Strukturen, Prozesse und Systeme die Veränderungen unterstützen, die von mir gefordert werden."

Warum es funktioniert

Sie können einem alten Hund neue Tricks beibringen - unser Gehirn bleibt bis ins Erwachsenenalter plastisch.

Warum es funktioniert

Assoziationen und Konsequenzen prägen das Verhalten – jedoch allzu oft verstärken Organisationen das Falsche.

Abb. 2: Die 4 Hebel der Veränderung[12]

---

[12] Vgl. Basford/Schaninger, 2016.

Entscheidend ist es, bei der Einführung von In-Memory-basierten Anwendungen alle Mitarbeiter mit auf den neuen Weg zu nehmen. Dies geschieht durch:

- **Vorbilder:** Vorbilder in Form von Führungskräften und Kollegen sollten aktiv für die Potenziale des neuen Systems werben und damit einhergehende Veränderungen proaktiv ansprechen.
- **Förderung von Verständnis und Überzeugung:** Verständnis für Sinn und Zweck der Umstellungen ist entscheidend. Der anschaulichen Vermittlung der in Kapitel 2 angeführten Potenziale kommt daher eine hohe Bedeutung zu.
- **Entwicklung von Begabungen und Fähigkeiten:** Die Weiterentwicklung der Kompetenzen der Anwender stellt eine unverzichtbare Voraussetzung für die völlige Entfaltung der Potenziale dar. Daher sind gezielte Strategien im Hinblick auf Schulungsmaßnahmen für Mitarbeiter von großer Bedeutung.
- **Verstärkung durch formale Mechanismen:** Schließlich sollten formale Strukturen, Systeme und Prozesse die Mitarbeiter bei der Umsetzung der Veränderungen unterstützen.

Der Mensch spielt somit eine zentrale Rolle für den Erfolg von In-Memory-Technologien im Controlling.

4 Potenzielle Auswirkungen von In-Memory-Technologien auf das IGC Controlling-Prozessmodell

4.1 Vorstellung des Controlling-Prozessmodells der International Group of Controlling (IGC)

Das Controlling-Prozessmodell (s. Abb. 3) wird definiert als eine zweckorientierte, vereinfachte Abbildung, die die Aktivitäten im Prozess der Zielfindung, der Planung und Steuerung darstellt. Es definiert den Input, der zur Abwicklung der Prozesse notwendig ist, und den Output, der an andere Prozesse übergeben wird (Schnittstellen). Es dient der Dokumentation, Analyse, Gestaltung und Kommunikation der Controllingprozesse sowie der Zuweisung von Verantwortlichkeiten bzw. Rollen.[13]

Basis des Prozessmodells ist das Controller-Leitbild der IGC: „Controller leisten als Partner des Managements einen wesentlichen Beitrag zum nachhaltigen Erfolg der Organisation."[14] Es impliziert damit die hohe Management-Mitverantwortung, die dem Berufsbild des Controllers zukommt. Diese über die ausführenden Controllingaufgaben hinaus-

---

[13] IGC (Hrsg), 2017, S. 21.
[14] Vgl. IGC (Hrsg.), 2017, S. 3.

gehende Rolle ist entscheidend für die vollständige Darstellung der In-Memory-Potenziale.

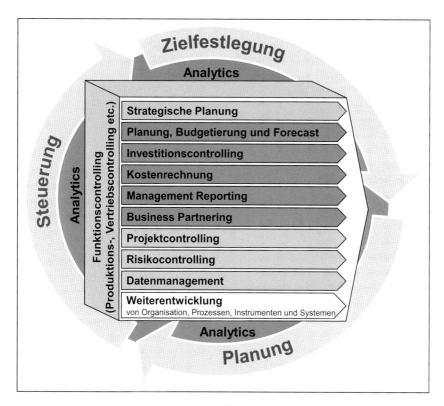

Abb. 3: IGC Controlling-Prozessmodell 2.0[15]

Im nachfolgenden Teilkapitel wird jeder der im Controlling-Prozessmodell definierten Prozesse analysiert und der Grad der Veränderung des jeweiligen Prozesses durch den Einsatz von In-Memory Technologien abgeschätzt.

---

[15] Quelle: IGC (Hrsg.), 2017, S. 20.

4.2 Implikationen der In-Memory-Technologie auf Hauptprozesse

Controlling-prozess	...auf Basis konventioneller Technologien	...auf Basis von In-Memory-Technologien

Strategische Planung	• Aufwandsintensive Erstellung der Planung durch teilautomatisierte Verarbeitung und Analyse von Daten und die Verwendung unterschiedlicher Planungstools ohne technische Verknüpfungen
	• Änderung von grundlegenden Planungsprämissen resultiert in signifikantem Mehraufwand
		• Agilere strategische Planung, gekennzeichnet durch:
		  • die Bereitstellung und automatisierte Verarbeitung von aktuellen und historischen Daten
		  • eine jederzeit zuverlässige Planung mit kurzen Antwortzeiten („Real-time"-Auswertung)

Planung, Budgetierung und Forecast	• Deterministischer Planungsansatz mit dem Ziel einer zeitpunktorientieren Betrachtung • Integration der operativen Planung mit anderen Teilplänen (z.B. Vertriebs- oder Produktionsplanung) birgt Gefahren für Inkonsistenzen • Teilweise automatisierter, politisch beeinflusster Forecasting-Prozess, der u.a. auf den Intuitionen der Verantwortlichen beruht, führt zu Inkonsistenzen im Ergebnis • Rechenleistung nicht ausreichend, um komplexe Forecast-Modelle (inkl. Simulationen) zeitgerecht zur Verfügung zu stellen	• Dynamischer bzw. risikoadjustierter Planungsansatz angereichert mit Simulationen aus denen zielgerichtete Maßnahmen abgeleitet werden können • Lückenlose Verknüpfung/Verzahnung zur strategischen Planung, da evtl. Anpassungen/Veränderungen unmittelbar bis auf granulare Ebene berechnet werden können • Transparenzerhöhung und Komplexitätsreduzierung durch die Minimierung von systemischen Schnittstellen • Einkreissystem ermöglicht verkürzte Abschlusszeiten • Stringente und strukturierte Verwendung von statistischen Analysemethoden zur Validitätserhöhung des Forecasts • Etablierung von komplexen Echtzeit-Simulationen und die unmittelbare Anpassung dieser Szenario-Modelle an die veränderte Unternehmensumwelt

Controlling-prozess	...auf Basis konventioneller Technologien	...auf Basis von In-Memory-Technologien
Investitions-controlling	• Vorhaltung von investitions-bezogenen Daten in heteroge-nen Datenbanken • Herausfordernde und zeitauf-wendige Auswertungen über den aktuellen Stand von Inves-titionsprojekten durch manuelle Datenaggregation	• Ständige Verfügbarkeit aller er-forderlicher Investitionsdaten ermöglicht Echtzeit-Auswertun-gen über den Fortschritt von Investitionsprojekten (z. B. Plan-Ist-Vergleiche) • Kontinuierliche Überwachung des Investitionsprojektstatus er-möglicht frühzeitige Definition von Maßnahmen bei etwaigen Abweichungen

Kostenrechnung	• 2 Formen der Ergebnisrechnung:
	  • buchhalterische
	  • kalkulatorische
	• Verzögerung der Abschlusszei-ten durch verschiedene Quell-systeme
		• Schaffung von Transparenz und beschleunigte Abwicklung durch Einkreissystem („Single Point of Truth")
		• Verkürzte Abschlusszeiten

Management Reporting	• Entscheidungsrelevante Infor-mationen liegen nicht unmittel-bar vor
	• Datenhaltung in verschiedenen Systemen
	  • Aufwendige Datenaufberei-tung
	  • Aufwendige Visualisierung
		• Analysierte und aufbereitete Echtzeitinformationen zur un-mittelbaren Entscheidungs-unterstützung des Top-Manage-ments
		• Erhöhte und gesamtheitliche Prozesstransparenz
		• Etablierung eines dynamischen Management-Cockpits mit indi-viduellen Analysemöglichkeiten

Business Partnering	• Bereitstellung valider Informa-tionen als Grundlage für Ent-scheidungen zeitaufwendig durch manuelle Aggregations- und Aufbereitungsarbeiten • Handlungsalternativen konnten oft nicht frühzeitig erkannt werden • Ad-hoc-Analysen als Herausfor-derung aufgrund fragmentierter Datenbasis	• Entscheidende Verbesserung durch eine höhere Validität und wesentlich schnellere Bereitstel-lung der im Controlling gene-rierten Informationen • Ad-hoc-Analyse in einem dyna-mischen Management-Tool • Handlungsalternativen können schnell und ggf. präventiv er-kannt werden

Controlling-prozess	...auf Basis konventioneller Technologien	...auf Basis von In-Memory-Technologien
Projekt-controlling	• Vorhaltung von projektbezogenen Daten in heterogenen Datenbanken • Herausfordernde und zeitaufwendige Auswertungen über den aktuellen Stand von Projekten durch manuelle Datenaggregation	• Ständige Verfügbarkeit aller erforderlicher Daten ermöglicht Echtzeit-Auswertungen über den Fortschritt von Projekten (z.B. Plan-Ist-Vergleiche) • Kontinuierliche Überwachung des Projektstatus ermöglicht frühzeitige Definition von Maßnahmen bei etwaigen Abweichungen
Risiko-controlling	• Eingehende Analyse aller potenzieller (Chancen und) Risiken aufgrund komplexer Datenaufbereitung zeitaufwendig • Quantifizierung von (Chancen und) Risiken als Herausforderung	• Validierung und Quantifizierung von (Chancen und) Risiken durch Nutzung von Szenario- und Analysemodellen
Daten-management	• Erfordernis einer aufwendigen Informationsaufbereitung zur übersichtlichen und inhaltlich korrekten Darstellung	• Aufwendige Arbeiten zur Datenaufbereitung werden wesentlich reduziert oder entfallen gänzlich • Informationen können dem Management präziser, übersichtlicher und mit geringer Fehleranfälligkeit zur Verfügung gestellt werden
Weiterentwicklung der Organisation, Prozesse, Instrumente und Systeme	• Sukzessive Weiterentwicklung von Organisations- und Prozesslandschaften, durch aufwendige Datenaufbereitung und -analyse	• Optimierung der organisatorischen sowie prozessualen Unternehmenslandschaft durch vereinfachte, einheitliche und effizientere Informationsbereitstellung
Funktions-controlling	• Gefahr der Bildung von Insellösungen und Datensilos durch verschiedene betriebliche Funktionen • Redundante und inkonsistente Datenhaltung • „Multiple points of truth"	• Vermeidung von Redundanzen und Widersprüchlichkeiten in den Unternehmensdaten • Berücksichtigung funktionsspezifischer Anforderungen • Reduzierung erforderlicher Abstimmungen zwischen einzelnen Funktionen • Erhöhung der Datenvalidität

Abb. 4: Vergleich von konventionellen und In-Memory-Technologien in Bezug auf Hauptprozesse des IGC-Prozessmodells

Zur Intensität der allgemeinen Veränderung in den einzelnen Controlling-Prozessen, die mit der Einführung von In-Memory-Technologien einhergehen, wurden zusätzlich 32 Controlling-Experten befragt. Hierbei wurde deutlich, dass sich durch die technologische Neuerung alle Prozesse verändern, wenn auch nicht in gleichmäßiger Intensität. Als am stärksten betroffen wurden von den Experten die Bereiche Planung, Budgetierung und Forecast (73 von 100 Skalenpunkten), Management Reporting (70) und Datenmanagement (70) identifiziert. Die weiteren Ergebnisse der Experteneinschätzung stellt Abb. 6 übersichtlich und strukturiert dar.

Controlling-Prozess	Veränderungsgrad durch die Nutzung von In-Memory
Strategische Planung	◖
Planung, Budgetierung und Forecast	◕
Investitionscontrolling	◖
Kostenrechnung	◖
Management Reporting	◕
Business Partnering	◖
Projektcontrolling	◖
Risikocontrolling	◖
Datenmanagement	◕
Weiterentwicklung von Organisation, Prozessen, Instrumenten und Systemen	◗
Funktionscontrolling (Produktions-, Vertriebscontrolling etc.)	◖
Legende: keine: ○ gering: ◔ mittel: ◖ hoch: ◕ sehr hoch: ●	

Abb. 5: Einfluss von In-Memory-Technologien auf die Prozesse des Controlling-Prozessmodells

5 Zusammenfassung

Nebst einigen Herausforderungen eröffnen In-Memory-Technologien zahlreiche Optimierungsansätze im organisationalen Umfeld, welche weitreichende positive Auswirkungen haben können. Die durch In-Memory-Technologien ermöglichten Automatisierungsansätze können besonders in der Unternehmenssteuerung eingesetzt werden, um Prozesse effizienter zu gestalten.

Besonders hervorzuheben ist, dass das Forecasting durch die Nutzung von In-Memory erheblich verbessert werden kann, da statistische Analysemethoden zur Validitätserhöhung herangezogen werden können. Weiterhin erlauben die neuen Anwendungsmöglichkeiten neben einem verbesserten Management-Reporting auch eine Erhöhung der Transparenz im Unternehmen, da Schnittstellen systematisch reduziert bzw. minimiert werden können. Ferner können Informationen durch diverse Visualisierungsmöglichkeiten einfacher aufbereitet werden.

Unternehmen sollten sich den durch In-Memory-Technologien offerierten Möglichkeiten annehmen, um Potenziale zur Entwicklung von Wettbewerbsvorteilen nicht unbeachtet zu lassen. Nichtsdestotrotz, müssen bei einer Implementierung bzw. Umstellung auf bspw. SAP S/4HANA strategische sowie organisationale Aspekte beachtet werden. Ebenfalls sollten Mitarbeiter frühzeitig in den Umstellungsprozess eingebunden werden, um dadurch den größtmöglichen Nutzen für das gesamte Unternehmen zu erzielen und den Erfolg der Technologie im Unternehmen zu gewährleisten. Bspw. könnten bereits frühzeitig Schulungen zum korrekten Umgang mit den neuen IT-Lösungen angeboten werden.

Die Technologie sollte als aussichtsreiche Chance gesehen werden, um eine umfangreiche Analyse von komplexen Datenmengen zu ermöglichen. Unternehmen sollten dabei beachten, dass sich eine Umstellung über einen längeren Zeitraum hin erstrecken kann. Daher ist es umso wichtiger, sich bereits frühzeitig intensiv mit der Technologie auseinander zu setzen und abzuwägen, ob eine Umstellung angesichts der Anforderungen des Unternehmens als innovativ und vorteilhaft angesehen werden kann.

6 Literaturhinweise

Deloitte, Zerschlagen Sie den Knoten der Komplexität SAP S/4HANA Finance, https://www2.deloitte.com/content/dam/Deloitte/de/Documents/technology/SAP_Finance.pdf, Abrufdatum 30.11.2017.

Basford/Schaninger, The four building blocks of change, https://www.mckinsey.com/business-functions/organization/our-insights/the-four-building-blocks–of-change, Abrufdatum 31.10.2017.

Eilers, SAP S/4HANA: Neue Funktionen, Einsatzszenarien und Auswirkungen auf das Finanzberichtswesen, in Gleich/Grönke/Kirchmann/Leyk (Hrsg.), Konzerncontrolling 2020 –Zukünftige Herausforderungen der Konzernsteuerung meistern, 2016, S. 183–200.

Eiselmayer/Gackstatter/Gleich/Grönke/Heimel/Löhnert/Losbichler/Michel/Möller/Niedermayr/Ropers/Schulze/Thiele/Tretter/Waniczek/Zechmann, Controlling-Prozessmodell 2.0 – Leitfaden für die Beschreibung und Gestaltung von Controllingprozessen, in International Group of Controlling (IGC), 2. Aufl. 2017, S. 9–63.

Haufe Online Redaktion, IT-Trend In-Memory-Datenbank: Turbo für Controlling-Analysen, https://www.haufe.de/controlling/controllerpraxis/it-trend-in-memory-datenbank-turbo-fuer-controlling-analysen_112_70776.html, 2012, Abrufdatum 26.11.2017.

Hofmann/Linsner/Poschadel, SAP S/4HANA – Revolution oder Evolution in der Unternehmenssteuerung?, in Kieninger (Hrsg.), Digitalisierung der Unternehmenssteuerung – Prozessautomatisierung, Business Analytics, Big Data, SAP S/4 HANA, Anwendungsbeispiele, 2017, S. 105–122.

Koglin, SAP S/4HANA – Voraussetzungen – Nutzen – Erfolgsfaktoren, 2016.

Digitalisierung des Finanzbereichs mit SAP S/4HANA

- Der CFO ist ein echter „Tausendsassa". Die Aufgabe, für finanzielle Transparenz in einem Unternehmen zu sorgen, erfordert ein gutes Verständnis von den verschiedenen Bereichen in einem Unternehmen, gute Berichtsprozesse ein hohes Maß an organisatorischer Vernetzung sowie eine solide Finanz-IT.

- Die „Digitalisierung", als Schlagwort und gleichzeitig große und vielfach unklare Zukunftsvision, sorgt für Verunsicherung und Aufbruchsstimmung gleichermaßen. Auch damit muss sich der CFO befassen, wobei er sich möglicherweise schon mitten im digitalen Wandel befindet. Die Frage ist also, wie er die Entwicklung für seinen Bereich selbst steuern kann, statt getrieben zu werden.

- Das neue ERP-Produkt der SAP, SAP S/4HANA, wird ebenfalls mit dem Schlagwort „Digitalisierung" vermarket. Gleichzeitig herrscht auch hier reichlich Verunsicherung. Insbesondere die Nutzendiskussion in den Finanzbereichen wird intensiv geführt. Für die einen ist es nur eine technische Evolution, andere sehen gar eine fachliche Revolution.

- Beide Begriffe sollen nachfolgend zusammengeführt und hinsichtlich der Bedeutung für den Finanzbereich, ausgehend von den Möglichkeiten unter SAP S/4HANA, untersucht werden.

■ **Der Autor**

René Linsner, Partner im Competence Center Controlling & Finance bei Horváth & Partners Management Consultants in Stuttgart.

1 Digitalisierung als Treiber für neue Geschäftsmodelle?

Gerade technologische Fortschritte sind starke Treiber für massive industrielle Veränderungen, mit erheblichen Auswirkungen auf Unternehmen. Dies wird insbesondere anhand der bekannten Stufen der „Industrialisierung" deutlich.

1.1 Industrie 4.0 treibt neue Geschäftsmodelle

Mit dem Stichwort „Industrie 4.0" wird die 4. Welle der Industrialisierung bezeichnet. Diese umfasst die vollständige Vernetzung von Maschinen und Produktionsnetzwerken sowie das Verarbeiten und Speichern großer Datenmengen („Big Data"). Heute wird auch vom „Internet der Dinge" gesprochen, womit nicht mehr nur die Vernetzung von Computern gemeint ist, sondern die Vernetzung einer Vielzahl von „intelligenten" Gegenständen jeder Art. Z.B. Küchengeräte, Werkzeuge, Autos, Container, Produktionsanlagen usw. Hinzu kommt die Möglichkeit komplexere Algorithmen einzusetzen, bis hin zur Schaffung selbstlernender Programme (Künstliche Intelligenz). Hierfür ist insbesondere der massive Anstieg an verfügbarer Rechenleistung ausschlaggebend, sowie der erhebliche Ausbau an Speicherkapazität und die damit verbundene Möglichkeit große Datenmengen („Big Data") zu verarbeiten.

Big Data, Vernetzung, künstliche Intelligence kombinieren

In Summe eröffnen sich für die Unternehmen mit der 4. industriellen Revolution ganz neue Chancen, aber auch Risiken. Produkte und Services können z.B. genauer auf den Kunden zugeschnitten werden, weil dessen Vorlieben besser analysiert und verstanden werden. Der Kunde wird so (ohne es zu merken) Teil des Wertschöpfungsprozesses (bzw. Teil des Produktionsprozesses), z.B. beim Online-Shopping, wenn er nicht nur den gewünschten Artikel aussucht, sondern auch direkt die Rechnungsstellung veranlasst, die Zahlung online durchführt, den Versandprozess anstößt und auch Teile der Logistik (die „letzte Meile") übernimmt, wenn er die Ware z.B. in einer Paketstation abholt. Antwortzeiten im Service werden reduziert, da die Informationstechnik einen „Rund-um-die-Uhr"-Zugriff möglich macht.

All das sind Chancen sowohl im „Business to Business" („B2B") als auch im „Business to Consumer" („B2C") neue und intensivere Kundenbeziehungen einzugehen, sowie Prozesse zu beschleunigen und Wartezeiten zu verkürzen.

Die Veränderungen bedeuten aber auch ein Risiko für etablierte Unternehmen, wenn diese nicht schnell genug reagieren und neue Mitbewerber aufkommen. Als Paradebeispiel gelten in Deutschland die ehemals etablierten Versandhändler wie Quelle oder Neckermann. Beide wurden vom Online-Handel geradezu überrollt. Kundenbeziehungen können in einer digitalen Welt auch leichter wechseln, weil der Grad der Anonymität steigt und eine ggf. persönliche Beziehung verloren geht. Ein neuer Wettbewerber kann sich in etablierte Kundenbeziehungen drängen. So stehen z.B. Banken in Gefahr, durch digitale Geschäftsmodelle den direkten Kontakt zum Kunden zu verlieren. Jahrzehntelang gepflegte Beziehungen über Filialen verblassen. Banken drohen eine reine „Prozessabwicklungsindustrie" im Hintergrund zu werden, weil Online-Banking die Kundenbeziehung anonymisiert und gleichzeitig Firmen wie z.B. Amazon als Online Versandhändler über Amazon Pay auch Zahlprozesse organisiert.

Infolge dessen dehnen viele Unternehmen ihre eigene Geschäftätigkeit aus und versuchen neue und natürlich auch digitale Geschäftsmodelle zu etablieren. Daimler gründete z.B. Car-to-go, eine Online-Plattform inkl. Fahrzeugpool für das unkomplizierte Mieten von Kleinwagen in verschiedenen Großstädten.

Anhand des aktuellen Trends der Digitalisierung lässt sich sehr leicht der unternehmerische Wandel, aber auch der Druck zu diversifizieren erkennen.

1.2 Herausforderungen für den CFO

Transparenz, Harmonisierung und Flexibilität kombinieren

Der CFO steht damit vor besonderen Herausforderungen. Er muss nicht nur finanzielle Transparenz für die etablierten Geschäftsmodelle sicherstellen, sondern auch neue Geschäftsmodelle in die finanzielle Steuerung eines Unternehmens integrieren. Hinzu kommt eine weitere Herausforderung, die Heterogenität der Finanzsysteme. Neue Geschäftsmodelle werden durch die Neugründung von Einheiten aufgebaut, manche Unternehmen wandeln sich im Laufe der Jahrzehnte, durch Zu- und Verkäufe von Unternehmensteilen massiv (z.B. Siemens). Finanzsysteme müssen dann manchmal schnell, vorbei an den etablierten (aber ggf. etwas schwerfälligeren Systemen) aufgebaut oder integriert werden. Zudem verlangen insbesondere die digitalen Geschäftsmodelle an der Kundenschnittstelle auch neue Systeme zur Abwicklung der Kundentransaktionen. Die Folge ist häufig ein großes Potpourri an Finanzsystemen.

Der CFO soll also immer wieder neue, immer häufiger auch digitale Geschäftsmodelle verstehen und einheitlich steuern, und er muss gleichzeitig immer wieder seine technische Basis, die betriebswirtschaftlichen Systeme harmonisieren, um schnell und zuverlässig finanzielle Informationen zur Steuerung des Unternehmens verfügbar zu haben.

Eine Studie von 2015[1] nennt unter den Top 10 Maßnahmen im Finanzbereich alleine 4, die auf „Standardisierung", „Integration" und „Analyse" abzielen, also exakt die genannten Themen umspannen:

- Systemlandschaft standardisieren,
- Controlling und Accounting systemtechnisch integrieren,
- Controlling und Accounting organisatorisch integrieren und
- BI-/Advanced-Analytics-Tools einführen.

Im Weiteren wollen wir uns daher vor allem mit der technischen Basis, den ERP-Systemen auseinander setzen. Das allerdings nicht ohne auch den fachlichen Nutzen vor dem Hintergrund der genannten Herausforderungen zu beleuchten.

2 Technische Neuerungen als Treiber für fachliche Innovationen?

SAP S/4HANA ist das neue ERP-System der SAP, welches den bisherigen Standard, das R/3-System ablösen wird. Schon der Namenszusatz verrät, dass das neue ERP der SAP technologisch weiterentwickelt wurde. Die HANA Datenbank, als Basis für die ERP Applikation ersetzt die bislang relationale Datenbank, welche von verschiedenen Anbietern (z.B. Oracle, IBM oder Microsoft) sein konnte. HANA (= High Performance Analytic Appliance, englisch für Hochleistungsanalyseanwendung) steht für ein neues technisches Verfahren der Datenhaltung. Zum einen werden die Daten vollständig im (flüchtigen, aber sehr schnellen) Arbeitsspeicher gehalten, also „in-Memory". Zum anderen erfolgt eine spaltenorientierte Datenhaltung (statt bislang zeilenorientiert). Dieses Verfahren soll „OLAP" (Online Analytical Processing) und „OLTP" (Online Transaction Processing) vereinen und vor allem die Auswertung großer Datenbestände massiv beschleunigen.

Neue IT für den CFO

Beides lässt nun eine völlig neue Art der Datenstrukturierung zu. In der Vergangenheit waren sehr viele Tabellen für das ERP-System nötig, weil die vielen Informationen in kleine verarbeitungsfähige Portionen „aufgeteilt" werden mussten. Die höhere Geschwindigkeit der HANA Datenbank erlaubt nun die Verwendung weniger, sehr großer Tabellen.

Die Folge ist eine massive Reduktion an Speicherplatz durch das Beseitigen von Indizes und redundanten Informationen. Kombiniert mit neuen Algorithmen zur Datenkompression, benötigt S/4HANA im Vergleich zu R/3 nur noch einen Bruchteil des zuvor benötigen Speicherplatzes (s. Abb. 1).

---

[1] Horváth & Partners CFO Panel Studie, 2015.

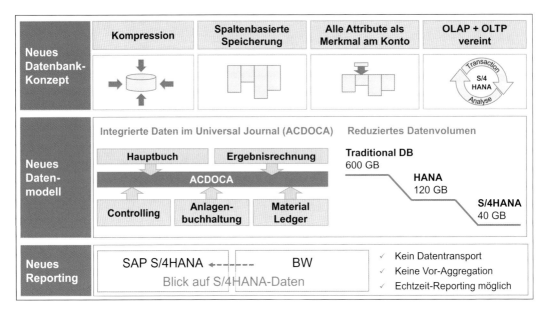

Abb. 1: Das neue technische Konzept von S/4HANA

Eine Tabelle für
alle Finanzdaten

Eine neue große Tabelle, die vor allem für den Finanzbereich wichtig ist, ist die sog. „ACDOCA" (Accounting, Controlling Documents Actuals). Diese umfasst nun alle aktuellen Informationen („Istdaten") aus dem Hauptbuch, der Ergebnisrechnung, dem Controlling, der Anlagenbuchhaltung, bzw. aller Nebenbücher sowie viele Informationen aus dem Material Ledger. Insgesamt wird nun mit SAP S/4HANA die Logistik eng mit Finanzen verbunden. Zielsetzung ist vor allem auch eine hohe Prozessintegration auf Ebene der SAP-Anwendung.

Neben der Integration der Istdaten („Actuals"), werden nun in ähnlicher Logik die Plan- und Konsolidierungsdaten verwaltet. Die entsprechenden Tabellen heißen dann ACDOCP („Planning") und ACDOCC („Consolidation").

Letztere wird für vor allem auch für das Central Finance relevant. Das Central Finance System ist vereinfacht dargestellt ein S/4HANA-System, welches als übergeordnete Instanz aufgesetzt wird. Darunterliegende Systeme z.B. SAP S/4HANA, SAP ERP bzw. R/3, sowie auch Non-SAP-Systeme können angebunden werden. Daten werden auf Ebene des Buchungsbelegs repliziert und stehen dann im Central Finance zur weiteren Nutzung zur Verfügung (z.B. Cash Management, Reporting, Konsolidierung).

Für viele große Konzerne dürfte das Central Finance tatsächlich auch die Instanz sein, über die aus Berichtsperspektive auf die Unternehmensdaten zugegriffen wird, da auf diese Weise relativ elegant heterogene Systemlandschaften in einen „One-Finance"-Ansatz integriert werden können.

Zusammenfassend lässt sich festhalten, dass die zunächst relativ „triviale" technische Veränderung, nämlich das Einführen einer neuen, sehr viel schnelleren Datenbank, auch eine weitere technische Änderung induzierte: die Reorganisation des Datenmodells und damit der Datenhaltung. Diese Veränderungen spielen sich allerdings für den durchschnittlichen Anwender aus dem Fachbereich „unter der Oberfläche" ab. Maximal der IT-Bereich könnte durch die Reduktion des Speicherbedarfs hier einige Kostenvorteile erzielen.

Die Frage ist also, welche Vorteile der Fachanwender, bzw. am Ende der CFO von diesen technologischen Fortschritten hat? Im Weiteren soll dieser Punkt näher beleuchtet werden.

3 Fachliche Innovation des neuen SAP S/4HANA-Systems

Aus den zuvor genannten technischen Veränderungen ergeben sich auch fachliche Veränderungen. Diese sind teils eine direkte Folge des neuen Datenmodells wie z.B. die Harmonisierung des internen und externen Rechnungswesens durch das Universal Journal (auf Basis der Tabelle ACDOCA), teilweise aber sind diese auch indirekt entstanden. So musste z.B. die Funktionalität der buchhalterischen Ergebnisrechnung massiv ausgebaut werden, damit die Zusammenführung der Accounting- und Controllingdaten auch praktisch genutzt werden kann. In den folgenden Unterkapiteln sollen diese und andere Neuerungen genauer erläutert werden. Zusammenfassend lassen sich die Änderungen in 7 Aspekte einteilen:

Innovationen für Accounting und Controlling

- Harmonisierung des Rechnungswesens,
- „neue" Anlagenbuchhaltung,
- Belegaufteilung in der Profitcenter-Rechnung,
- Einführung des zentralen Geschäftspartners,
- Monatsabschluss, Berichtswesen und die neue Oberfläche „Fiori" und
- Integration der Planung.

Entlang der typischen Bereiche innerhalb der CFO-Organisation, Accounting und Controlling sollen diese nun näher betrachtet werden.

3.1 Bedeutung für das Accounting

Einige Neuerungen, die allgemein (auch durch die SAP) mit Bezug auf das Accounting genannt werden, sind bei genauerer Betrachtung gar

Das neue Hauptbuch im Accounting

nicht so neu, haben aber vielfach dennoch bisher wenig Beachtung gefunden. Die meisten der nachfolgend zu nennenden Aspekte sind schon durch den „New General Ledger" (das neue Hauptbuch) eingeführt worden.

Zunächst wird z.B. die Ledger Technologie für das neue SAP S/4HANA-System empfohlen. Die Alternative dazu ist die Verwendung verschiedener Kontenbereiche zur Abbildung paralleler Bewertungen wie z.B. HGB und IFRS. Im vorliegenden Fall würde dann ein Kontenbereich für IFRS Bewertungen angelegt, einer für HGB Bewertungen und einer für alle jene Buchungen die in beiden Bewertungsbereichen gleich sind. Eine vollständige Bilanz setzt sich dann immer aus 2 Kontenbereichen zusammen.

Ledger hingegen zeigen immer das vollständige Bild. D.h. es gibt einen IFRS, einen HGB und bei Bedarf auch weitere Ledger (z.B. für Steuern). Mit Blick auf S/4HANA empfiehlt sich die Nutzung der Ledgertechnologie, da dann auch die neuen Funktionalitäten der Anlagenbuchhaltung genutzt werden können, sowie z.B. die IAS 15 Unterstützung gegeben ist.

Echtzeitintegration der Anlagenbuchhaltung

Mit Blick auf die Anlagenbuchhaltung wird nun unter SAP S/4HANA von einer „Echtzeitintegration" gesprochen. Diese schon mit Einführung des neuen Hauptbuchs unter R/3 verfügbare Funktionalität bedeutet, dass eine automatische Erfassung und Fortschreibung neu zugegangener Anlagen für alle angelegten Bewertungsbereiche automatisch (bzw. parallel) erfolgt. Im „alten Hauptbuch" bzw. bei Verwendung der kontenbasierten Logik für verschiedene Bewertungsbereiche, müssen hingegen alle parallelen Bewertungen manuell gebucht werden. Weiterhin sind nun alle Abschreibungen aufgrund der Integration über die ACDOCA transparent z.B. auf Ebene Kostenstelle je Anlage sichtbar.

Über den „Belegsplit" ist nun (wie auch schon für R/3 unter Verwendung des New GL) die Aufteilung der Bilanzpositionen nach Profit Center möglich. Im Rahmen des Dokumentensplits wird dabei in Echtzeit analysiert, welcher Geschäftsvorfall (z.B. eine Kreditorenrechnung) gebucht wird. Je nach Geschäftsvorfall wird dann basierend auf dem Umlageschlüssel eine Buchung erzeugt, die auf Geschäftsbereichsebene einen Null-Saldo generiert und die Werte auf verschiedene Profit Center aufteilt. Alle Belege werden auf Profit-Center-Ebene gebucht, weshalb die Möglichkeit besteht, die Bilanz zu segmentieren. Die Belegaufteilung ist damit auch in Echtzeit z.B. auf einem Kundenauftrag verfügbar. Die Buchung z.B. einer Forderung wird auf die relevanten Profit Center aufgeteilt und in der ACDOCA auf detailliertester Ebene direkt angezeigt. Damit sind diese Informationen sofort im Hauptbuch zu finden.

Wie schon einleitend genannt, sind die genannten Punkte keine SAP S/4HANA spezifischen Neuerungen, sondern durchaus auch schon unter R/3 unter Einführung des neuen Hauptbuchs vorhanden gewesen.

Neu hingegen sind die Ansätze nun künstliche Intelligenz (SAP spricht von „Machine Learning") über ein neues Produkt („Leonardo") in das Accounting zu integrieren. Anwendungsfall ist z. B. die Belegauszifferung im Cash Management, welche zukünftig nicht nur in höherer Qualität ablaufen soll, sondern sich auch durch Lernen und Selbstoptimieren automatisch an neue Situationen anpassen kann und damit insgesamt deutlich geringere manuelle Nacharbeiten erfordern soll. Ähnliche Anwendungsfälle sind im Bereich der Intercompany Abrechnung denkbar und sollen zukünftig sukzessive viele transaktionale Prozess unterstützen (z. B. im Rahmen der Abschussprozesse). Zielsetzung ist es hier in Zukunft zunehmend ohne manuelle Eingriffe auszukommen. Neben einer deutlichen Ressourcenersparnis geht es dabei auch um die ständige Verfügbarkeit und die höhere Qualität.

Machine Learning im Accounting

Ebenfalls sehr weitreichend sind die fachlichen Auswirkungen mit Blick auf die Zusammenführung von Accounting und Controlling in der Tabelle ACDOCA und der Einführung der buchhalterischen Ergebnisrechnung. Beides soll im nachfolgenden Abschnitt beschrieben werden.

3.2 Bedeutung für das Controlling

Die wichtigste Neuerung für das Controlling ist sicherlich die Zusammenführung mit dem Accounting in einer gemeinsamen Sicht über die Tabelle ACDOCA (s. Abb. 2). Diese zunächst vermeintlich sehr technische Änderung hat doch sehr weitreichende fachliche Implikationen.

Controlling und Accounting vereint

Zuallererst bedeutet das, dass die Kostenarten „verschwinden" bzw. durch das Konto „abgelöst" werden. Diese Veränderung war nötig, da es in einer gemeinsamen Datensicht nicht beider Informationen redundant bedarf. Damit wird aber das Konto auch für den Controller wichtig, der sich nun mit dem Buchhalter enger abstimmen muss.

Empfehlenswert ist nun die Nutzung der buchhalterischen Ergebnisrechnung für das Controlling, die zwar bisher auch schon verfügbar war, aber aufgrund der vielen funktionalen Defizite eher ein Schattendasein geführt hat. Nachteile bisher waren z. B. die fehlende Aufteilung der Cost of Goods Sold (COGS) in die verschiedenen Kostenelemente oder die fehlende Möglichkeit parallele Bewertungen abzubilden, um nur 2 zu nennen.

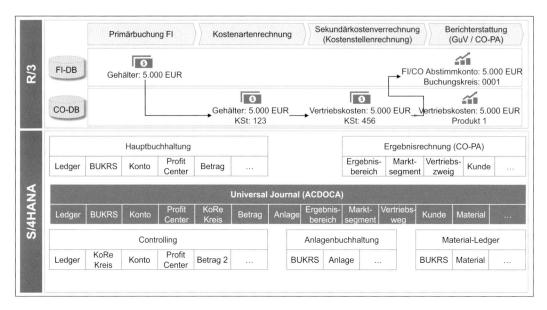

Abb. 2: Zusammenführung von Accounting und Controlling in einer Tabelle

Jetzt mit SAP S/4HANA sind umfassende Funktionalitäten verfügbar, die es bislang nur in der kalkulatorischen Ergebnisrechnung gab oder die sogar darüber hinausgehen. Mengeninformationen, wie z.B. die Auftragsmenge sind nun auch in der buchhalterischen Ergebnisrechnung sichtbar und eine differenzierte Deckungsbeitragsrechnung gemäß Elemente Schema ist auch aus der buchhalterischen Sicht über den COGS Split möglich. Abweichungen werden nach Kategorien in Sachkonten geführt, was eine verbesserte Abweichungsanalyse nunmehr auch auf Sachkontenebene möglich macht. Noch in Entwicklung befindet sich die Möglichkeit statistische SAP SD Konditionen im Detail zu buchen.

In Summe bedeutet dies eine weitreichende Harmonisierung zwischen SAP FI und CO. Die zeitlichen Einsparungen aufgrund der nun nicht mehr nötigen Abstimmprozesse zum Periodenende können dabei ganz erheblich sein, da „Überleitungsbrücken" und ggf. manuelles Nachbuchen im Berichtswesen entfallen. Gleichzeitig sind auch für das Accounting wesentlich mehr Informationen verfügbar, da sämtliche Merkmalsausprägungen des CO auch mit Bezug zum Konto ausgewertet werden können. D.h. für beide Seiten, Accounting und Controlling wird mehr Transparenz auf Basis eines identischen Datenbestands geschaffen. Analysen sind schneller möglich, offene Fragen lassen sich leichter klären und leidige Diskussionen über „richtige" und „falsche" Zahlen gehören der Vergangenheit an. Zudem ergeben sich auch Vorteile für das Berichtswesen, welches nun auf Basis detailliertester Informationen komplett flexibel aufgebaut werden kann. Der hoch aggregierte Top-Management-Bericht nutzt die gleiche Zahlenbasis wie der operative Kostenstellenbericht.

Neu ist weiterhin die Integration der Planung über das SAP BPC embedded. Die Istdaten stehen auf Basis der Tabelle ACDOCA zur Verfügung, während die Plandaten in die Tabelle ACDOCP geschrieben werden. Neben dem eigenen Speicherort für Plandaten, gibt es noch einen eigenen Stammdatenbereich, so dass auch geplante Struktur-änderungen abgebildet werden können. Die hohe Integration führt dazu, dass z. B. keine extra Ladeläufe in ein extra (SAP BW-)System nötig sind. Auch gibt es mit Blick auf die Ist-Aufsetzdaten keine Differenzen.

Planung integriert

Dass Istdaten dabei zwangsweise in höchster Granularität (Ebene Buchungsbeleg) zur Verfügung stehen, mag zunächst wie ein Makel aussehen, da die Planung normalerweise weniger granular erfolgen sollte. Dies lässt sich nun aber in Kombination mit verbesserter Rechenleistung auch positiv nutzen. Über analytische Methoden und statistische Modelle können diese Detaildaten z. B. eine erste Hochrechnung speisen, welche als Indikation für die Planung dient. Entsprechende Schnittstellen lassen sogar die Einbindung von speziellen Programmiersprachen wie z. B. „R" zu.

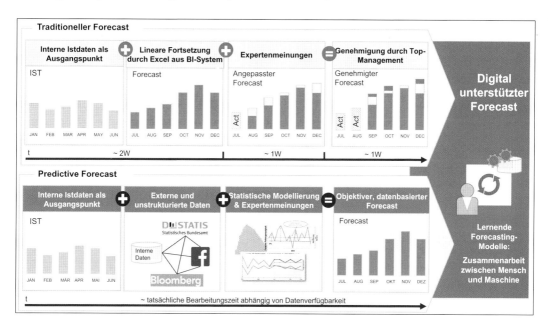

Abb. 3: Neue Möglichkeiten des Forecasts unter SAP S/4HANA

Planung und Forecast können also viel stärker integriert werden und quasi auch „fließend" ineinander übergehen. Teile der Planung, insbesondere die gesamte Vorbereitung kann automatisiert werden. Im Planungsprozess kann dann der Fokus auf die relevanten Treiber gelegt werden und es bleibt vor allem mehr Zeit für die Diskussion von fachlichen Fragestellungen und konkreten Maßnahmen.

Das BPC embedded kann dann, neben anderen SAP Tools auch für Berichtszwecke eingesetzt werden. Durch den direkten Zugriff auf die ACDOCA (Istdaten), sowie der ACDOCP (Plandaten) können integrierte Plan/Ist-Berichte geschaffen werden, mit dem Vorteil, dass alle Daten ohne Umwege der Datentransformation direkt verfügbar sind.

3.3 Verbesserte Abschlussprozesse

Abgleich zwischen SAP FI und CO entfällt

Teils durch die genannten Punkte, insbesondere mit Blick auf die Zusammenführung von Accounting und Controlling, ergeben sich auch Veränderungen (Vorteile) für den Abschlussprozess.

Zunächst entfallen einige Tätigkeiten wie z.B. die schon erwähnte Abstimmung zwischen SAP FI und CO sowie ggf. diverser Sub-Ledger. Damit entfällt auch die Überleitung zwischen der externen GuV und den CO-PA Daten oder die Überleitung zwischen verschiedenen Summensätzen und Einzelposten. Es besteht kein zwingender Bedarf für Datenladeprozesse von einem SAP ERP in ein SAP BW und auch das manuelle Fortschreiben in Sub-Ledgern entfällt.

Weiterhin werden einige Abschlusstätigkeiten in Echtzeit durchgeführt und müssen nicht separat angestoßen werden, wie z.B. die bereits genannte Belegaufteilung in der Profit Center Rechnung, die Integration zwischen CO und FI (über die ACDOCA), damit auch die Abstimmung der Kostenstellenrechnung mit dem SAP FI, die Gemeinkostenkalkulation und auch die Abschreibungen.

Die bessere Performance des Systems erlaubt es weiterhin einige Aktivitäten (bei Bedarf) öfters durchzuführen, wie z.B. die Abstimmung von Wareneingängen und Rechnungen, Intercompany Überleitungen und weitere periodische Aktivitäten.

Selbst Abschlussaktivitäten, die nach wie vor nur quartalsweise oder sogar nur einmal im Jahr angestoßen werden, sind deutlich schneller, wie z.B. die WIP-Ermittlung (Ware im Prozessfluss) zu Ist-Kosten, Abweichungsermittlungen oder die Simulation der Bewertung in mehreren Währungen.

3.4 Weitere Verbesserungen mit fachlichem Nutzen

Prozesse zusammenhängend abgebildet

Neben den bisher genannten Veränderungen werden mit dem SAP S/4HANA-System weitere Veränderungen eingeführt. Zu nennen ist da das neue Bedienkonzept unter „Fiori". Die neu geschaffene Oberfläche ist intuitiver, da die Kenntnis der SAP Transaktions-Codes nicht mehr nötig ist. Zudem orientiert sich nun die Oberfläche an dem für Smartphones und Tablets typischen (app-basierten) „look-and-feel"-Ansatz. Auch hier führt die scheinbar eher technische Veränderung zu relevanten funktionalen Neuerungen für den Fachnutzer. So wurden z.B. viele Transaktionen zusammengefasst, was dazu führt, dass auch fachlich zusammenhängende Prozesse im System zusammenhängend gestaltet sind. Als Beispiel kann hier das Forderungsmanagement genannt werden. Die transaktionalen Prozessschritte können unter Fiori um bis zu 64 % schneller im Verglich zur klassischen SAP GUI (Graphical User Interface) ausgeführt werden. Für das Bearbeiten eines Zahlungseingangs können über 30 %, für den Ausgleich offener Posten bis zu 53 % und für die Analyse von Lieferanten-rechnungen bis zu 40 % Zeitaufwand eingespart werden.[2]

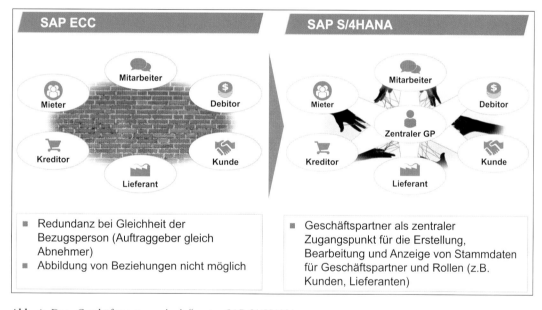

Abb. 4: Das „Geschäftspartnerprinzip" unter SAP S/4HANA

Das zentrale Geschäftspartnerkonzept bedeutet eine weitere Änderung, die ganz dem Gedanken des „SAP S/4-Prinzips" folgt, nämlich alle Informationen an einer Stelle konsistent zu führen (statt verteilt und ggf. inkonsistent an vielen Stellen). Der Geschäftspartner kann alles sein, also Mitarbeiter, Kunde, Lieferant, Mieter usw. Jeder Geschäftspartner kann dabei gleichzeitig mehrere Rollen einnehmen. So kann z.B. der Lieferant auch Kunde sein. Es gibt nur noch eine zentrale Anlage, Pflege und Weiterentwicklung,

---

[2] Vgl. hierzu auch: https://www.youtube.com/watch?v=v6tOQlBTAY4, Abrufdatum, 19.12.2017.

so dass auch viele Redundanzen beseitigt werden (s. Abb. 4). Heute liegt hier für viele Unternehmen erhebliches Potenzial, weil durch doppelte Stammdateneinträge Auswertungen erschwert werden oder vielfach zentral gar nicht möglich sind. Nicht wenige CFO strauchen z.B. bei der Frage nach dem Gesamtumsatz für einen Kunden oder eine Kundengruppe.

3.5 Nutzen für den CFO-Bereich

Single Source of Truth
Im Rahmen der genannten Veränderungen wurde teilweise schon auf Vorteile gegenüber einem typischen heutigen ERP-System auf der Basis von R/3 hingewiesen. Dennoch und auch gerade weil es sich um ein ERP-System handelt, mag sich vieles noch sehr nach Technik anfühlen, weit weg von den Themen, die einen CFO bewegen. Welchen Nutzen zieht also der CFO selbst und welchen Nutzen haben seine Mitarbeiter?

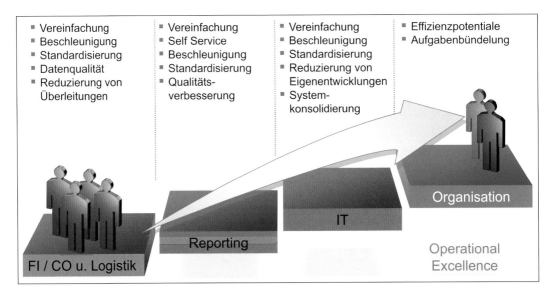

Abb. 5: Nutzenpotenziale für den CFO-Bereich

Bezogen auf die Mitarbeiter lässt sich zusammenfassend festhalten, dass vieles „leichtgängiger" wird. Viele zeitraubende Tätigkeiten insbesondere mit Blick auf das Zusammensuchen und Zusammenführen von verschiedenen Informationen, das mühsame Abstimmen zwischen interner und externer Rechnungslegung kann entfallen oder wird massiv reduziert. Die Philosophie hinter SAP S/4HANA ist, dass Redundanzen aufgelöst werden (z.B. zwischen Accounting und Controlling, neues Geschäftspartnerkonzept) und die Informationen möglichst vollständig an einer Stelle in höchster Granularität immer verfügbar sind (z.B. über die Tabelle

ACDOCA). Das soll zum einen die Flexibilität im Berichtswesen erhöhen, weil Informationen auf diese Weise für jeden Zweck genutzt werden können, es soll aber auch die Verlässlichkeit erhöhen („Single Source of Truth") und damit auch den Schwerpunkt der Tätigkeiten mehr und mehr in Richtung Analyse von Informationen, Verständnis gewinnen und Maßnahmen erarbeiten lenken. Der Wegfall von Datenabgleich, Korrektur von Fehlern und Erarbeitung von Überleitungs-Brücken steigert die Wertigkeit der durchgeführten Arbeit eines Mitarbeiters im CFO-Bereich. Abb. 5 fasst die beschriebenen Aspekte zusammen.

Aus Sicht des CFO ergeben sich ebenfalls Vorteile, aber auch durchaus Herausforderungen, worauf später (im Punkt „Migration") eingegangen werden soll. Die Vorteile sind, dass der CFO schneller seine Finanzinformationen erhalten kann und diese auch schneller bzw. im Prinzip in „Real time" nach beliebigen Fragestellungen analysieren kann. Er kann vor diesem Hintergrund (und er sollte sogar) seine Organisation weiterentwickeln. Accounting und Controlling können (sollten sogar) integriert werden, was zur Nutzung von Synergiepotenzialen führt, insbesondere aber auch viele transaktionale Prozesse beschleunigen wird. Prozesse, wie Planung und Forecast können stärker integriert, deutlich verschlankt und wesentlich beschleunigt werden. Das gleiche gilt für den Abschlussprozess, der bei „intelligenter" Nutzung der technischen Möglichkeiten wesentlich vereinfacht werden kann, so dass Tätigkeiten sich besser in die Zeiträume zwischen den Abschlüssen verteilen lassen oder auch vielfach ganz entfallen bzw. automatisiert wurden.

Maximale Transparenz für den CFO

„Fokussiert" werden kann auch das Berichtswesen. D.h. ein durchaus nicht unwesentlicher Teil kann als Self-Service-Angebot online zur Verfügung gestellt werden, so dass diese Berichte ohne extra Eingriff ständig genutzt werden können. Teile des Berichtswesens, lassen sich über analytische Methoden inhaltlich intelligenter gestalten, so dass die Berichte schon Prognosen enthalten ggf. sogar angereichert sind durch automatisch generierte „Handlungsempfehlungen".

Insgesamt entsteht so maximale finanzielle Transparenz, bei deutlich reduziertem Abstimmaufwand. Der CFO kann seinen Fokus auf die Gestaltung und Steuerung legen und muss sich nicht mit Fragen der operativen Datenaufbereitung quälen.

3.6 Vorgehen im Rahmen der Umsetzung

3.6.1 Fachliches und technisches Wissen integrieren

Mit Blick auf die im Kapitel vorher beschriebenen fachlichen Veränderungen, sollte schnell klarwerden, dass außer in wenigen Fällen, eine rein technische Migration kaum zielführend ist. Vielmehr empfiehlt sich ein fachlicher Projektansatz (technisch begleitet), der zunächst im Rahmen einer Machbarkeitsstudie den technischen und fachlichen Rahmen absteckt, die Ziele definiert und die Ausgangslage mit dem Zielbild abgleicht. Im Rahmen der Konzeptphase erfolgt dann die detaillierte Spezifikation aus technischer und fachlicher Perspektive, idealerweise integriert.

Für den CFO und seine Mitarbeiter bedeutet dies Anspruch und Chance zugleich. Der Anspruch besteht ganz klar darin, zum einen den Finanz-Wertefluss im eigenen Unternehmen vollständig zu verstehen. Vor dem Hintergrund der entstehenden Diversität verschiedener Geschäftsmodelle in einem Unternehmen, ggf. komplexer (mehrstufiger) Produktionsprozesse und teils komplexer Kooperationsmodelle ist das meist kein einfaches Unterfangen. Hinzu kommt ein gutes Verständnis des SAP-(System-)Werteflusses und der SAP-Funktionen. Ein gutes Konzept entsteht dann, wenn fachliche und technische Kompetenz gebündelt werden und es im Projekt wenigstens einige Schlüsselpersonen gibt, die beides sehr gut beherrschen.

Nur Fachkompetenz reicht nicht, da in einem solchen Fall Konzepte definiert werden, ohne Klarheit zu haben, wie diese umgesetzt werden können. Genauso wenig reicht rein technisches Wissen, da darüber zu wenig betriebswirtschaftlich optimierte Lösungsansätze entstehen.

Optimal ist ein fachliches Konzept, welches maximale Vorteile für Inhalte, Methoden, Prozesse und Organisation bietet und gleichzeitig nah am Systemstandard umgesetzt werden kann. Projektbeispiele aus der Praxis zeigen, dass das möglich ist. Leider gibt es aber auch viele Negativbeispiele (schon unter R/3), die dem Fachbereich viel Arbeit machen, schwerfällig sind und technisch massiv durch Zusatzprogramme und individuelle Programmierung „verbogen" sind.

Die Chance für den CFO und seinen Bereich liegt aber auch ganz klar in der Entwicklung seiner eigenen Organisation. So kann z. B. die Umstellung auf SAP S/4HANA massiv zur Qualifizierung genutzt werden. Das fachliche Verständnis kann genauso wie auch das technische Verständnis vertieft werden. Fehlendes Wissen kann dabei durchaus eingekauft werden, allerdings ist es dann wichtig die eigene Organisation so in Verantwortung zu bringen, dass neues Wissen aufgebaut werden kann und auch nach dem Projekt zur Verfügung steht.

3.6.2 Finance-Organisation optimieren

Prozesse evaluieren, Mitarbeiter qualifizieren

Ein weiterer Anspruch ergibt sich aus dem Betrieb der neuen Finance-Lösung. Accounting und Controlling müssen enger zusammenarbeiten, ein Prozess, der schon während des Projekts moderiert werden sollte und später auch organisatorisch zu lösen ist. Sollen neue analytische Funktionen im Berichtswesen genutzt werden, ggf. irgendwann auch komplexe Algorithmen zum Einsatz kommen, braucht es Mitarbeiter, mit entsprechenden Kompetenzen.

Im Abschlussprozess können auch Tätigkeiten in erheblichem Umfang wegfallen (wie zuvor beschrieben). Auch hier sind organisatorische Maßnahmen und Prozessanpassungen zu ergreifen, die schon während des Projekts vorzubereiten und dann konsequent anzugehen sind.

Die eigene Organisation kann schlanker und gleichzeitig leistungsfähiger werden. Zusätzlich könnten Mitarbeiter mit neuen Qualifikationen (z.B. Mathematiker) wichtig werden. Es bedarf eines Teams von Spezialisten, die komplexe Berichte betreuen und entwickeln. Gleichzeitig entfallen viele einfache transaktionale Tätigkeiten, die zukünftig das System erledigt.

3.6.3 Alternativen zur Systemeinführung

Auch auf der technischen Seite ergeben sich Fragestellungen, die zumindest ganz kurz gestreift werden sollen. So stehen grundsätzlich zwei Vorgehensweisen im Rahmen einer System-Neueinführung zur Verfügung:

Greenfield vs. Brownfield

- Der „Greenfield-Ansatz": D.h., hier wird ein neues System parallel zum bestehenden aufgebaut, quasi auf der „grünen Wiese", ohne etwaige „Vorbelastungen" durch das Altsystem, also ohne individuelle Programmierungen und dergleichen zu übertragen. Lediglich Vortragswerte werden dann zur Inbetriebnahme übernommen.

- Der „Brownfield-Ansatz": Hier wird ein bestehendes System migriert, d.h. Programme, Customizing-Einstellungen und auch alle Daten werden in das neue System übernommen, welches dann ggf. noch weitere Anpassungen und Veränderungen erfährt. Basis ist also das „braune Feld" welches quasi schon vorstrukturiert ist und dann weiter angepasst werden muss.

Die Vor- und Nachteile beider Ansätze sind schnell aufgezählt (s. Abb. 6). Der Greenfield-Ansatz erlaubt es, ein System ohne „Altlasten" aufzusetzen. Vielfach sind Systeme historisch gewachsen und so manche Programmierung und Modifikation wurde vorgenommen, die dann die Wartung über die Jahre zunehmend schwerer gemacht hat. Gerade aus Gründen der schnellen Weiterentwicklung des zukünftigen Systems und des kostengünstigen und reibungslosen Betriebs, wird empfohlen, SAP S/4HANA möglichst nah am Standard zu betreiben. Über den Greenfield-Ansatz ist dieses Vorhaben sicherlich mit am besten zu erreichen. Weiterhin lässt sich das betriebswirtschaftliche Konzept nochmals überdenken und es lassen sich auch hier größere Verbesserungen vornehmen. Nachteilig wirkt sich sicher die möglicherweise längere Projektlaufzeit aus, auch die Tatsache, dass Best Practices aus dem Altsystem erst einmal verloren gehen bzw. neu aufgesetzt werden müssen. Nicht zuletzt deshalb kommt es daher immer wieder zu Mischformen aus Green- und Brownfield.

1	Greenfield	vs	Brownfield
2	S/4HANA	vs	Central Finance
3	On premise	vs	Cloud
4	Konzeptionelle Änderungen im FI/CO sowie in der Logistik	vs	Rein technische Migration zu S/4HANA
5	Quick Wins in R/3	vs	Implementierung ausschließlich in S/4HANA
6	Big Bang	vs Roll-Out je Logistik-Pool vs	Roll-Out je Legaleinheit
7	Traditioneller Wasserfall-Ansatz	vs	Agiler Ansatz

Die Auswahl zwischen den Alternativen ist unternehmensindividuell zu treffen.

Abb. 6:   Im Rahmen einer Einführung sind vielfältige Fragen zu klären

Mit Blick auf den Brownfield-Ansatz, liegt der große Vorteil darin, dass ein Projekt ggf. in kürzerer Zeit durchgeführt werden kann und auch alle „Errungenschaften" aus dem Altsystem übernommen werden. Der Ansatz ist dann von besonderem Vorteil, wenn das Altsystem in einem guten relativ nah am Standard orientierten Zustand aufgebaut wurde und betriebswirtschaftlich genauso aufgesetzt ist, wie auch das neue System ausgestaltet werden würde. Dafür beinhaltet der Brownfield-Ansatz eben auch genau das Risiko, dass am Ende doch sehr viele Altlasten migriert werden und das neue System zu wenige Verbesserungen gegenüber dem Status quo realisiert.

Weitere Fragen zur Technik, wie z.B. die Nutzung der Cloud anstelle von „On-Premise" (im eigenen Rechenzentrum) oder Architekturfragen sind auch noch zu klären.

4   Digitalisierung des Finanzbereichs

Die bislang genannten Verbesserungen und auch Vorteile für den CFO und seinen Bereich durch SAP S/4HANA bedeuten ohne Frage erhebliche betriebswirtschaftliche Optimierungspotenziale, die jedoch technologisch induziert werden. Die Transparenz wird erhöht, Prozesse werden beschleunigt, die Qualität der Arbeit wird verbessert, die Organisation kann verschlankt werden usw. Eine substanziell neue Arbeitsweise ergibt sich daraus aber noch nicht.

Diese revolutionäre Veränderung wird vor allem dem Thema Digitalisierung zugeschrieben, welches im Sinne der 4. industriellen Revolution zu neuen Geschäftsmodellen führt. Die Frage ist, in wie weit hier der CFO betroffen ist und in wie weit das neue System hier helfen kann.

4.1 Digitalisierung mit SAP S/4HANA

SAP rückt das Produkt SAP S/4HANA selbst in das Rampenlicht der Digitalisierung. Mit einem weiteren Produkt „Leonardo", welches gemeinsam mit SAP S/4HANA betrieben werden kann, werden dabei Funktionen bereitgestellt, die hierfür Grundlage sein können. Aus Sicht der SAP geht es bei dem Thema vor allem um die Vernetzung, den Austausch und die Nutzung digitaler Informationen, sowie um die Verwendung komplexer Algorithmen bis hin zum Einsatz von KI (Künstlicher Intelligenz).

Vernetzung und Künstliche Intelligenz

Ein Use Case für die Vernetzung könnte z. B. folgendes sein (vorgestellt auf der SAPPHIRE in Orlando 2017):

„Ein Unternehmen, welches Maschinen und Werkzeuge verleiht, bietet z. B. für eine sehr leistungsfähige Bohrmaschine ein Mietmodell auf Basis von Umdrehungen an (statt Stunden oder Tage). Ein Sensor an der Bohrmaschine übermittelt diese Informationen an Leonardo und darüber an das dahinterliegende Finanzsystem, SAP S/4HANA. Dieses ist in der Lage nicht nur in Echtzeit den Verbrauch abzurechnen, sondern auch automatisch die Rechnung zu erstellen und auch den gesamten Abrechnungsprozess (z. B. auf Basis der hinterlegten Kreditkarteninformationen) durchzuführen."

Zusätzlich könnte das System anhand der geleisteten Umdrehungen feststellen, wann z. B. ein Service fällig ist. Oder es werden Fehlerdaten ausgelesen, was automatisch den Einsatz des Kundendienstes inkl. aller zugehörigen Abrechnungsprozesse auslöst.

Weiterhin könnten z. B. Automobilhersteller Zubehör teilweise auch nutzungsabhängig freischalten. Das Navigationssystem, welches möglicherweise nicht ständig gebraucht wird könnte auch bedarfsabhängig gebucht und abgerechnet werden.

Verkehrsflüsse in großen Städten ließen sich über intelligente Sensorik und Abrechnungsmodelle besser steuern. Die Fahrt mit dem eigenen Auto wird per Chip erfasst und automatisch abgerechnet (quasi als City Maut). Alternativ können auch öffentliche Verkehrsmittel oder Car-Sharing-Angebote genutzt werden, welche über die gleiche Plattform abgerechnet werden. Über die Nutzung von Informationen zum Verkehrsfluss, gute

Prognosemodelle (auf Basis von KI) und einer dynamischen Preisgestaltung lassen sich Verkehrsströme beeinflussen. Dennoch besteht immer die Möglichkeit für den Einzelnen, bedarfsorientiert (unter Berücksichtigung des Preises) die jeweils beste Transportmöglichkeit zu nutzen. Möglich wird so etwas durch Sensoren, eine entsprechende Vernetzung und kaufmännische Systeme im Hintergrund, die diese Vernetzung perfekt unterstützen.

Solche Szenarien sind grundsätzlich auf Basis von SAP S/4HANA unter Nutzung weiterer Module wie Leonardo realisierbar. Bei näherer Betrachtung wird aber schnell deutlich, dass die Technik nicht alles ist. Vielmehr müssen Prozesse und Organisationen auch unternehmensübergreifend entsprechend vernetzt werden. Das fordert auch den CFO heraus.

4.2 Digitalisierung im Finanzbereich

Finanzdaten in Echtzeit

Nehmen wir das oben genannte Beispiel der „Smart City" als Grundlage für weitere Überlegungen, wird schnell deutlich, dass auch auf der kaufmännischen Seite einiges zu leisten ist.

Grundsätzlich ist z. B. das Geschäftsmodell zu verstehen, welches verschiedene Unternehmen mit einbezieht. Die Stadt „vermietet" z. B. Straßenkapazität für den Individualverkehr. Das Car Sharing wird ggf. durch einen professionellen Anbieter von Elektroautos angeboten (z. B. ein Tochterunternehmen eines Automobilkonzerns). Hinzu kommt der Betreiber der öffentlichen Verkehrsmittel. Banken und Kreditkartenunternehmen als Teil des Bezahlprozesses.

Der Endkunde kommuniziert über eine App, welche den Zugriff auf geeignete Transportmittel ermöglicht, sowie via Sensorik z. B. im privaten PKW. Für die intelligente Preisgestaltung bedarf es u. a. einer großen Datenbank, welche Informationen zur aktuellen Verkehrslage speichert, umfassende historische Daten besitzt, sowie auch weitere Informationen zu aktuellen und geplanten Veranstaltungen sowie überregionalen Ereignissen.

Vieles läuft in Echtzeit, komplexe Programme überwachen die Verkehrsströme, kalkulieren Preise und sorgen für die Abrechnung im Hintergrund, natürlich in Echtzeit.

Das kaufmännische System in einer „Smart City GmbH" muss also voll integriert arbeiten. Integriert bedeutet nicht nur im innerbetrieblichen Sinne, sondern auch im Austausch mit dem Kooperationsnetzwerk (der Stadt, Car Sharing Betreiber, Öffentliches Transportunternehmen, Banken und andere Bezahldienstleister). Weiterhin werden finanzielle Informationen mit nicht finanziellen Informationen kombiniert. Die Preisgestaltung in Abhängigkeit von Verkehrsfluss und weiteren Ereignissen muss z. B. (im Durchschnitt) profitabel sein. Es werden also verschiedene Mengendaten verarbeitet, genauso aber auch Umsatz und Kosteninformationen mit einbezogen.

Einige Finanzinformationen stehen in einer solchen Organisation sehr schnell (ggf. teilweise in Echtzeit) zur Verfügung, d. h. der CFO muss neben der hohen Prozessintegration auch sehr stark auf Automatisierung achten. Der Finanzbereich wird aus Effizienzgründen nicht sehr groß sein, aber aus Mitarbeitern bestehen, die verschiedene Fähigkeiten vereinen. Betriebswirtschaftliches Wissen, Verständnis für das Geschäftsmodell und den Wertefluss sowie ein gewisses Maß an technischem Wissen, mathematischen Fähigkeiten usw.

Zu Beginn des Kapitels haben wir festgehalten, dass sich die Optimierungen, bereitgestellt durch SAP S/4HANA, auch als betriebswirtschaftliche Optimierungen bezeichnen lassen, die nicht „über Nacht" kommen, sondern auf Basis zunehmend integrierter Prozesse, zunehmender Automatisierung und höherer Datenqualität ergeben. Dies gilt im Kern auch für das hier vorgestellte Beispiel der „Smart City GmbH".

Der CFO muss sich optimieren

Die Digitalisierung, auch mit Blick auf neue Geschäftsmodelle, bedeutet für den CFO keine Revolution, nichts das ihn von heute auf morgen ganz anders arbeiten lässt. Der Vorteil daran ist, dass der CFO den Aufbau eines solchen Geschäfts oder die Veränderung hin zu einem neuen Geschäftsmodell planen und strukturiert angehen kann. Der Nachteil liegt natürlich darin, dass zunächst der Druck fehlt und der Weg der Digitalisierung sehr langsam beschritten wird, sogar „verschlafen" wird.

Laut einer Studie im Handelsblatt vom 4.4.2017, wird davon ausgegangen, dass 98 % der Kapazitäten in der Buchhaltung durch Automatisierung in Zukunft abgebaut werden. Der CFO, der frühzeitig die Weichen stellt und aus der Digitalisierung auch konkreten Nutzen erzielt sowie seine Organisation konsequent darauf ausrichtet, wird sicher zu den Gewinnern gehören. Denn er hat an Effizienz gewonnen und ist darüber hinaus in der Lage, ganz neue, digitale, Geschäftsmodelle zu integrieren. Diese neuen digitalen Geschäftsmodelle benötigen diese Effizienz insbesondere, weil Margen und Preise anders gestaltet sind. So ist es z. B. ein erheblicher Unterschied, ob über den etablierten Abrechnungsprozess ein Auto (also z. B. ein 6-stelliger Eurobetrag) abgerechnet wird und dieser Prozess einen zweistelligen Eurobetrag kostet oder ob darüber auch die punktuelle Nutzung des Navigationssystems (für wenige EUR pro Transaktion) abgerechnet wird.

5 Zusammenfassung und Ausblick

Der CFO, in seiner Rolle, als Unternehmer, Berater, Entscheider und Coach ist er vor allem für die finanzielle Transparenz im Unternehmen verantwortlich. Mit Industrie 4.0 und dem Weg in die „Digitalisierung" steht er zusätzlich vor der Herausforderung neue Geschäftsmodelle zu integrieren. Gleichzeitig müssen IT- und Finanzsysteme weiter harmonisiert werden.

Das neue kaufmännische System der SAP, SAP S/4HANA könnte ihn bei dieser anspruchsvollen Aufgabe unterstützen. Neben vielen neuen Funktionen, welche die methodische Arbeit verbessern und die Integration im Finanzbereich vorantreiben, lassen sich auch Prozesse und Organisation optimieren.

Neue Tools wie z. B. Leonardo schaffen in Verbindung mit SAP S/4HANA als kaufmännisches System dabei die Brücke zur Steuerung und Integration digitaler Geschäftsmodelle.

Letztlich ist der Druck auf den CFO aber noch nicht sehr hoch. Wenn auch Prognosen zukünftig einen massiven Abbau von Arbeitsplätzen z. B. im Accounting sehen, so hat der CFO heute noch viel Gestaltungsspielraum. Diesen gilt es allerdings intelligent zu nutzen und die Organisation Schritt für Schritt weiterzuentwickeln.

Kapitel 3: Umsetzung & Praxis

Digitalisierung im Controlling umsetzen: Erstellung einer Roadmap für eine S/4HANA-Einführung

■ S/4HANA bietet zahlreiche Potenziale, um Unternehmen auf ihrem Weg zur Digitalisierung zu unterstützen.

■ Inwieweit und in welcher Höhe diese Potenziale in einem spezifischen Unternehmen realisierbar sind, hängt maßgeblich vom Reifegrad der Ist-Prozesse, vom Ausmaß der IT-bezogenen Änderungen, möglichen Standardisierungen und der Art der Implementierung ab.

■ Aus diesem Grund wird die Durchführung einer Vorstudie zu S/4HANA empfohlen, um Kosten und Nutzen abzuschätzen, eine Zielsystemarchitektur zu definieren sowie einen Migrationspfad und eine Roadmap festzulegen.

■ Mit einer solchen Vorstudie werden notwendige Prozess- und Organisationsänderungen – einerseits als Voraussetzung für die Implementierung von S/4HANA, andererseits um dessen Potenziale bestmöglich nützen zu können – bereits vor der Implementierung transparent.

■ Die Autoren

Prof. Dr. Christof Schimank, Partner und Gründungsmitglied von Horváth & Partners Management Consultants sowie Honorarprofessor an der EBS Universität für Wirtschaft und Recht in Oestrich-Winkel/ Wiesbaden.

Dr. Peter Schentler, Principal und Leiter des Competence Center Controlling & Finance Österreich bei Horváth & Partners Management Consultants in Wien.

1 Digitalisierung der Unternehmenssteuerung

Das digitale Zeitalter ist nicht Zukunft, sondern Gegenwart. Es durchdringt und verändert bereits heute die Unternehmen. Dieses wirkt sich komplett auf neue digitale Geschäftsmodelle oder auf die Digitalisierung bestehender Produkte und Services aus. Aber auch unternehmensinterne Wertschöpfungsprozesse unterliegen den Veränderungen durch die Digitalisierung. Bspw. werden klassische Vertriebsprozesse verdrängt oder aber additiv digitalisiert, während die Produktion durch Industrie 4.0 digitalisiert und durch eine digitale Supply Chain ergänzt wird.[1]

Die Managementunterstützungsfunktionen sind von dieser Entwicklung ebenfalls nicht ausgenommen. Insbesondere das Controlling mit seiner Informationsversorgungsverantwortung steht hierbei an erster Stelle. Wenn die Aussage zutrifft, dass Daten die Währung der Zukunft darstellen, muss der Controller beherzt und tatkräftig an seiner digitalen Roadmap arbeiten. Folgende Handlungsfelder sollte er dabei im Auge behalten:[2]

Managementunterstützungsfunktionen von der Digitalisierung betroffen

- Erarbeitung einer digitalen Strategie und Agenda;
- Digitalisierung der Steuerungsprozesse;
- Digitalisierung der Steuerungssysteme;
- Nutzung der Potenziale von Big Data;
- Change Management für den Wandel zum digitalen Unternehmen.

Einen wesentlichen Beitrag zur Umsetzung digitaler Steuerungskonzepte liefern adäquate IT-Systeme. Mit ihnen lassen sich große Datenmengen auswerten, da bspw. durch In-Memory-Technik die Verarbeitungsgeschwindigkeit erheblich gesteigert werden kann. Informationen stehen dadurch in Echtzeit zur Verfügung und statistische Modelle lassen sich einfach und schnell auswerten.

IT-Systeme zur Umsetzung digitaler Steuerungskonzepte

Für den Controller lassen sich damit vielfältige Verbesserungen erzielen. Ein automatisierter, digitaler Forecast wird einen festen Platz im Planungs- und Kontrollsystem eines Unternehmens einnehmen. Quantitative Business- und Treibermodelle ergänzen die neuen Planungsinstrumente. Real-Time-Steuerung wird den monatlichen Steuerungsrhythmus komplettieren.

2 SAP S/4HANA als Antwort auf die Digitalisierung

SAP hat hierzu die nächste Generation ihres ERP-Systems lanciert und die „SAP Business Suite 4 SAP HANA" oder besser bekannt als „SAP S/4HANA" auf den Markt gebracht. In diesem Zusammenhang wurde

---

[1] Vgl. Kieninger/Schimank, 2017, S. 4f.
[2] Vgl. Kieninger/Schimank, 2017, S. 16f.

auch bekannt gegeben, dass SAP R/3 (voraussichtlich) nur noch bis 2025 unterstützt wird. Alle Unternehmen, die die SAP ERP Software verwenden, stehen dadurch vor einer großen Veränderung. Die Einführung von S/4HANA ist kein „simpler Release-Wechsel", sondern eine umfassende Änderung auf Basis von neuen und geänderten Funktionen und einer geänderten IT-Architektur. Entscheidungen im Rahmen der Migration beeinflussen die IT-Landschaft maßgeblich und langfristig, darunter auch einen Großteil der SAP-Anwendungen, vor- und nachgelagerte Systeme sowie Business-Warehouse-Strukturen. R/3-Eigenentwicklungen (Programme, User-Exits, Z-Tabellen etc.) können oftmals nicht ohne Anpassungen nach S/4HANA übernommen werden. Diese sind zu analysieren und entsprechend anzupassen.

Erfordernis einer technischen Migration und einer Prozessanalyse

Um das gesamte Potenzial von S/4HANA auszuschöpfen, ist neben der technischen Migration auch eine umfassende Analyse und ggf. eine Adaptierung von Prozessen vorzunehmen (s. Abb. 1). Nur dadurch kann das volle Potenzial des Systems genutzt werden.

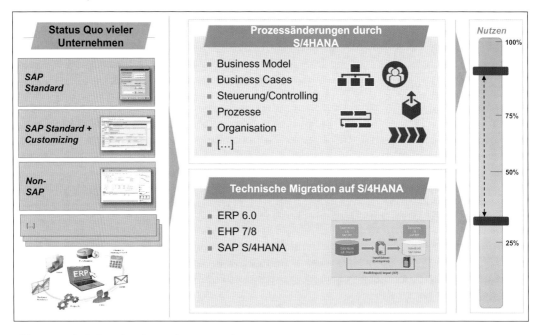

Abb. 1: Technische Migration und Prozessanalyse

Wenig Erfahrungswerte zur S/4HANA-Implementierung

Derzeit gibt es noch wenige Erfahrungswerte von Unternehmen, die S/4HANA implementiert haben. Um die möglichen und von der SAP beschriebenen Vorteile und Einsparungen zu erzielen, sind ebenfalls Prozess- und Organisationsänderungen in den Controlling- und Finanzbereichen notwendig. Aus diesem Grund wird eine Vorstudie empfohlen, um unternehmensspezifische Vorteile, Chancen und Risiken zu beurteilen und entsprechend zu bewerten. Darauf aufbauend sollte eine Migrationsstrategie und eine passende Roadmap entwickelt werden.

3 Unternehmenssteuerung mit S/4HANA

Doch wo genau liegen die Unterschiede zwischen SAP R/3 und SAP S/4HANA und welche Vorteile bringt das neue System mit sich? Die wahrscheinlich größte Neuerung ist die starke Verzahnung von Accounting und Controlling.[3] Während die entsprechenden Informationen in der Vergangenheit in mehreren Datentabellen abgespeichert waren, was immer wieder Differenzen und Abstimmungsaufwand mit sich brachte, wird unter S/4HANA die Gesamtheit der berichtsrelevanten Finanzdaten in nur einer Datentabelle (ACDOCA) abgelegt. *SAP R/3 vs. SAP S/4HANA*

Das in R/3 vorhandene Zweikreissystem gehört damit der Vergangenheit an. Diese Innovation ermöglicht eine leichtere Abstimmung der Berichte des Controllings und des externen Rechnungswesens, da sie auf dieselben Daten zugreifen (s. Abb. 2).

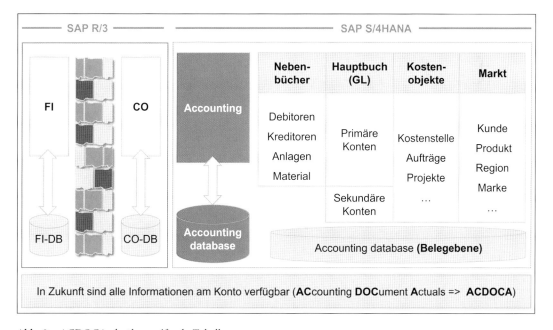

Abb. 2: ACDOCA als übergreifende Tabelle

---

[3] Vgl. Pichler/Gerdes, 2017, Seite 93f.

Durch diese Vereinheitlichung, die höhere Leistungsfähigkeit und andere Funktionalitäten, die das neue ERP-System mit sich bringt, ergeben sich zahlreiche Potenziale für Unternehmen (s. Abb. 3).

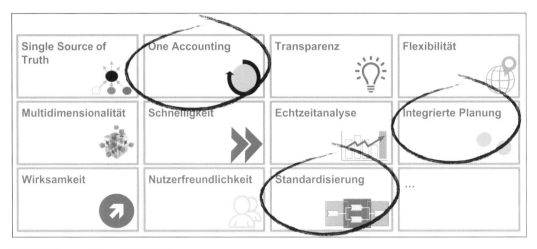

Abb. 3: Potenziale von S/4HANA

S/4HANA-Potenziale

Nachfolgend sind die wesentlichen Potenziale kurz dargestellt:

- **Single Source of Truth:** Ein System und daher reduzierte Schnittstellen.
- **One Accounting:** Integration von internen und externen Rechnungslegungen.
- **Transparenz:** Direkter Zugriff auf Daten der höchsten Granularitätsebene.
- **Flexibilität:** Vereinfachtes Datenmodell, Analyse bis auf Belegebene.
- **Multidimensionalität:** Flexible Analyse in verschiedenen Dimensionen.
- **Schnelligkeit:** Schnelle Berichte und Rechnungslegungsprozesse, Erstellung von aggregierten KPIs „on the fly".
- **Echtzeitanalyse:** Echtzeitanalyse auf Belegebene möglich.
- **Integrierte Planung:** Integrierte Datenbasis und erweiterte Möglichkeiten in der Finanzplanung.
- **Wirksamkeit:** Höherer Durchsatz, schneller Abschlussprozess (Periodenabschluss).
- **Nutzerfreundlichkeit:** Vereinfachte Handhabung durch neue Benutzeroberfläche.
- **Standardisierung:** Standardisierte Prozesse und Stammdaten.

Da die Umstellung auf S/4HANA besonders im CFO-Bereich organisatorische Umstellungen erfordert, nutzen viele Unternehmen eine solche

Umstellung (bzw. die Vorbereitung dieser), um ihre Steuerlogik sowie ihre Kosten- und Leistungsrechnung im gleichen Schritt zu professionalisieren. Aus diesem Grund werden nachfolgend 3 Hebel ausführlicher beschrieben: „One Accounting", „Integrierte Planung" und „Standardisierung".

3.1   One Accounting

Nutzen: Durch die Integration von interner und externer Rechnungslegung, sprich durch eine gemeinsame technische Datenbasis, einen gemeinsamen Kontenplan und die kontenbasierte Ausrichtung des Systems, reduziert sich der Aufwand für die Abstimmung zwischen Finanzwesen (FI) und Controlling (CO).

Parallel wird die Abstimmung und Konsolidierung der Finanzdaten vereinfacht und eine detailliertere Analyse auf Basis der Ergebnisrechnung ermöglicht. Zusätzlich bietet die genannte Integration einen einheitlichen Blick auf Assets und optimiert dadurch das Asset Management.

Voraussetzungen: Um diese Potenziale zu realisieren, müssen Unternehmen Umstellungen bei den Finanzprozessen implementieren. Als Grundlage für integriertes Accounting sind bspw. Kontenplan und Bewertungen (Abschreibungen, Abgrenzungsbuchungen, Material etc.) von FI und CO zu vereinheitlichen. Außerdem ist es unerlässlich, dass die FI- und CO-Werteflüsse harmonisiert werden.

3.2   Integrierte Planung

Nutzen: Aufgrund der einheitlichen Datengrundlage für Planung, Budgetierung, Forecasting und Reporting erhöht sich einerseits die Transparenz entlang des gesamten Planungsprozesses, andererseits macht die stärkere Integration des Planungsprozesses in SAP teilweise Vorsysteme obsolet. Mit diversen Funktionen kann die Planung nicht nur flexibler sondern auch effizienter und einfacher gestaltet werden:

- Knotenplanung (inkl. Splashing und Aggregation) direkt im Planungsmodul;
- Verteilung der Planwerte auf steuerungsrelevante Dimensionen;
- Anwendung von Werttreibermodellen und Rechenlogiken;
- Kurzfristige Prognoserechnungen und Simulationen.

Voraussetzungen: Auch in diesem Fall müssen zuerst wieder die „Hausübungen" erledigt werden. Bspw. muss das Steuermodell klar beschrieben und steuerungsrelevante Dimensionen, Merkmale/Elemente pro Dimension und die Steuerungstiefe definiert werden.

Darauf ist die Planung entsprechend auszurichten. Ein weiterer Teil betrifft das Festlegen planungsrelevanter Kennzahlen pro Berichtsempfänger. Abschließend gilt es ein Treibermodell für die Simulation zu erarbeiten. Hierfür sollten Logiken, Schlüsse für das Herunterbrechen sowie das Zuweisen von Planwerten definiert werden.[4]

3.3 Standardisierung

Nutzen: Die Standardisierung durch S/4HANA tangiert zahlreiche Daten und Prozesse der Finanzorganisation. Controlling- und Finanzprozesse bauen auf den gleichen Stammdaten auf und Auswertungsattribute (Produkt, Kunde) werden automatisiert abgeleitet. Dies erlaubt beschleunigte Analyse- und Steuerungsprozesse und ermöglicht einen kürzeren Monatsabschlussprozess. Jedoch sind diese Standardisierungen nur durch eine verstärkte übergreifende Zusammenarbeit der Finanz- und Controllingabteilungen realisierbar.

Voraussetzungen: Finanzprozesse wie der Periodenabschluss, das Reporting oder die Kostenrechnung müssen analysiert und entsprechend adaptiert werden. Um außerdem eine „Single Source of Truth" zu schaffen, gilt es essenziell die Stammdaten zu harmonisieren und ihren Pflegeprozess einheitlich zu definieren.

Basierend auf diesen Veränderungen umfasst der abschließende Schritt die Erarbeitung eines einheitlichen Datenmodells und deren Dimensionen und Merkmale. Diese Änderungen müssen auch organisatorisch verankert werden. Zusätzlich zur Kooperation der Abteilungen bildet in diesem Punkt die Neuausrichtung der Finanzorganisation das Fundament einer effektiven Implementierung von SAP S/4HANA. Rollen, Aufgaben und Kompetenzen des Finanzbereichs sind zu reorganisieren, um sie an die geänderten Prozesse anzupassen.

4 Vorstudie als S/4HANA-Vorbereitung

Verbesserungspotenziale im Finance & Controlling durch SAP S/4HANA

Wie im vorangegangen Kapitel beschrieben, kann S/4HANA zahlreiche Verbesserungspotenziale mit sich bringen. Diese schaffen nicht nur eine gesteigerte „User Experience", sondern ermöglichen vor allem in den Bereichen Finance & Controlling sowie der IT auch tatsächliche Kosteneinsparungen (s. Abb. 4).

---

[4] Vgl. Kappes/Schentler, 2015.

Fokus	Potenziale
FI- und CO-Prozesse	• Komplexitätsreduktion • Standardisierung • Weniger Schnittstellen
Reporting	• Beschleunigung • Qualitätssteigerung • Weniger Schnittstellen
Organisation	• Effizienzpotenziale • Bündelung von Aufgaben
IT	• Nutzung von Standards • Vereinheitlichung • Weniger Schnittstellen

Abb. 4: Nutzen von S/4HANA

Inwieweit und in welcher Höhe diese Potenziale in einem spezifischen Unternehmen realisierbar sind, hängt maßgeblich vom Reifegrad der Ist-Prozesse, vom Ausmaß der IT-bezogenen Änderungen, möglichen Standardisierungen und der Art der Implementierung ab. Um die Potenziale bereits im Voraus zu validieren und Implementierungsoptionen einzugrenzen, bietet sich eine Vorstudie an, die dreistufig durchgeführt werden kann (s. Abb 5).

Potenzial-Validierung durch eine dreistufige Vorstudie

Abb. 5: Vorgehen für die S/4HANA-Vorstudie

Mit einer solchen Vorstudie werden folgende Ziele verfolgt:

- Prüfung und Beschreibung der Änderungen durch S/4HANA, z.B. unterteilt nach Accounting & Controlling, Planung, Reporting & Konsolidierung sowie Logistik & Produktion.
- Identifizierte Handlungsfelder beschreiben eine mögliche fachliche Weiterentwicklung der Prozesse unter S/4HANA.
- Eine konsistente Zielarchitektur beschreibt das systemseitige Zielbild.
- Eine abgestimmte Roadmap inkl. einer Migrationsstrategie ausgehend von der bestehenden Landschaft beschreibt den Weg zu diesem Zielbild.
- In einer Entscheidungsvorlage ist die Nutzenargumentation dokumentiert, die die Vorteile von S/4HANA aus IT- und Fachbereichssicht gegenüber der vorhandenen SAP-Welt aufzeigt. Umsetzungsvarianten mit Kostenabschätzungen werden aufgezeigt.

Eine vorbereitende Studie bis zu dem Punkt der Entscheidung kann in einem Zeitraum von etwa vier bis fünf Monaten abgeschlossen werden – abhängig von der spezifischen Situation und Größe des Unternehmens. Ein exemplarischer Zeitplan wird in Abb. 6 vorgestellt.

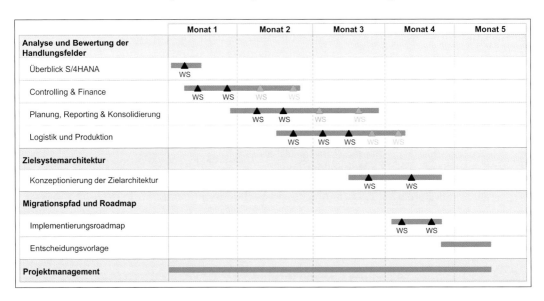

Abb. 6: Exemplarische Workshop-Planung

Nachfolgend werden die drei Schritte detailliert beschrieben.

4.1 Analyse und Bewertung der Handlungsfelder

In Schritt 1, der Analyse und Bewertung der Handlungsfelder, gilt es unternehmensspezifische Vorteile, Chancen und Risiken zu beurteilen und zu bewerten. Um die Identifikation der Handlungsfelder strukturiert aufzubauen, ist es vorteilhaft die Analyse (zumindest) in die drei Bereiche „Accounting & Controlling", „Planung, Reporting & Konsolidierung" und „Logistik & Produktion" aufzuteilen.

Beurteilung und Bewertung von Vorteilen, Chancen und Risiken

In diesem Beitrag wird der erste Themenblock „Accounting & Controlling" vorgestellt, um exemplarisch einen Überblick über die Inhalte zu geben:

* Interviews mit ausgewählten Stakeholdern bzgl. ihrer Anforderungen und Erwartungen;
* Meetings/Interviews mit ausgewählten Personen, um den Status Quo des Unternehmens zu beschreiben;
* Überblick über neue Funktionalitäten, Änderungen und Potenziale von S/4HANA im Accounting & Controlling;
* Evaluierung der Änderungen aufgrund von S/4HANA;
* Zusammenstellung und strukturierte Bewertung der Handlungsfelder.

Als Ergebnis der oben genannten Punkte müssen die Themenfelder definiert werden, für welche S/4HANA den größten Einfluss, Relevanz und Nutzen generiert. Daraus resultieren wesentliche Handlungsfelder der weiteren Vorstudie. Dies wird vor allem durch einen hohen Grad an Transparenz bzgl. der Auswirkungen von S/4HANA ermöglicht.

4.2 Zielsystemarchitektur

Im 2. Schritt wird mit der Zielarchitektur die S/4HANA-Ziellandschaft beschrieben. Es gilt, dafür den Status Quo der Systemarchitektur mithilfe einer SWOT-Analyse zu untersuchen, um den aktuellen Einsatz von Softwarelösungen zu beurteilen. Darauf aufbauend wird als Zielbild eine Grob-Konzeption einer zukünftigen ERP- und BI-Systemlandschaft geschaffen.

Schaffung des Zielbilds einer zukünftigen ERP- und BI-System-landschaft

4.3 Migrationspfad und Roadmap

Nachdem Status Quo und Zielarchitektur definiert und analysiert wurden, gilt es den Übergang vom alten auf den neuen Zustand mithilfe eines Migrationspfades und einer Roadmap darzustellen. Welche Migrationsstrategie angewendet wird, ist unternehmensspezifisch festzulegen, wobei unterschiedliche Ausprägungen möglich sind (s. Abb. 7). Diese Migrationspfade müssen ebenfalls notwendige, technische Übergangsszenarien zur Erreichung der Zielarchitektur beinhalten.

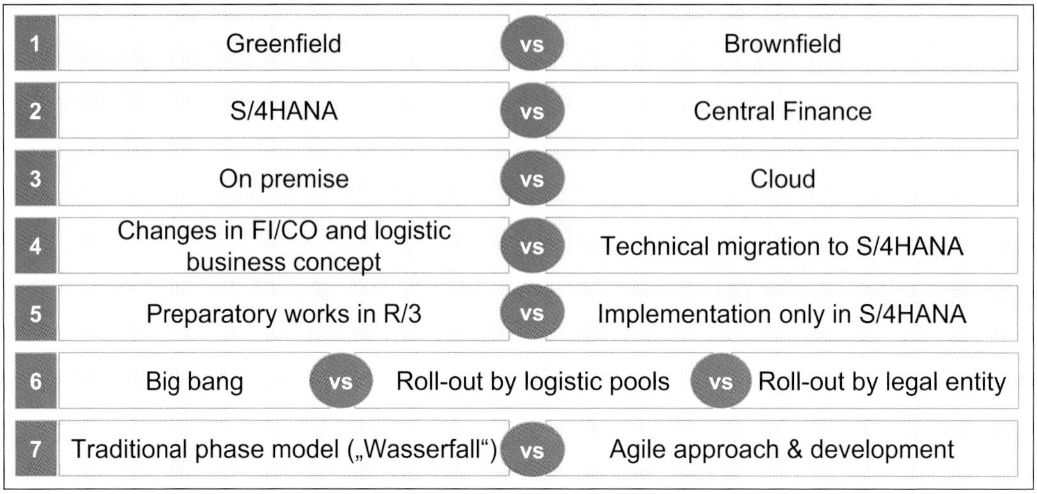

1	Greenfield	**vs**	Brownfield
2	S/4HANA	**vs**	Central Finance
3	On premise	**vs**	Cloud
4	Changes in FI/CO and logistic business concept	**vs**	Technical migration to S/4HANA
5	Preparatory works in R/3	**vs**	Implementation only in S/4HANA
6	Big bang	**vs** Roll-out by logistic pools **vs**	Roll-out by legal entity
7	Traditional phase model („Wasserfall")	**vs**	Agile approach & development

Abb. 7: Entscheidungsmatrix für S/4HANA-Implementierungen

5 Schlüsselfaktoren bzgl. der S/4HANA-Implementierung

Bzgl. der tatsächlichen Implementierung von S/4HANA existieren 5 Schlüsselfaktoren, die den Aufwand und den Zeitraum ausschlaggebend beeinflussen:

1. Umfang der S/4HANA-Implementierung;
2. Konzept (insb. Veränderungen der bestehenden Prozesse);
3. IT-Strategie sowie vorhandene und zukünftige IT-Landschaft;
4. Standardisierungsgrad (Konzept, IT-Blueprint, Abweichungen vom Standard);
5. Ressourcenverfügbarkeit und Grad des Management-Engagements.

Komprimierte Ergebnisdarstellung in Form einer Roadmap

Die abschließend erstellte Roadmap stellt eine komprimierte Darstellung der Ergebnisse aus den vorgegangenen Themenfeldern dar und beinhaltet u. a.:

- Ermittlung und Diskussion alternativer Migrationsszenarien (insb. auch Berücksichtigung und Beurteilung eines „Greenfield"-Szenarios);
- Kosten- und Nutzenbewertung der Umstellung (insb. von alternativen Migrationspfaden);
- Berücksichtigung laufender und zukünftiger Roll-outs;
- Reifegrade/Entwicklungszeitschienen der S/4HANA-Komponenten.

Wurden alle bisher genannten Analysen und Schritte durchgeführt, lässt sich aus der gewonnenen Information eine Entscheidungsvorlage erstellen.

5 Fazit

SAP S/4HANA kann zahlreiche Optimierungspotenziale für Unternehmen mit sich bringen. Diese Potenziale sind jedoch nur dann realisierbar, wenn das Unternehmen, insb. Finanz- und IT-Bereiche, grundlegende Änderungen vornehmen und die Implementierung nicht als reines „IT-Versionsupdate" handhaben.

Abschließend soll erwähnt werden, dass nicht zeitgemäße Finanz- und Controllingprozesse sowie Probleme und Fehler in Prozessdesigns- und ausführungen auch durch eine Implementierung von S/4HANA – wie auch durch jedes andere IT-System – nicht automatisch gelöst werden. Die abschließenden Voraussetzungen für ein State-of-the-Art-Controlling sind damit als Voraussetzung für eine erfolgreiche Implementierung zu sehen (s. Abb. 8).

Abb. 8: Voraussetzungen für ein State-of-the-Art-Controlling

6 Literaturhinweise

Kappes/Schentler, Planung und Steuerung mit Treibermodellen, in Horváth/Michel (Hrsg.), Controlling im digitalen Zeitalter. Herausforderungen und Best-Practice-Lösungen, 2015, S. 157–179.

Kieninger/Schimank, Auf dem Weg zur digitalisierten Unternehmenssteuerung, in Kieninger (Hrsg.), Digitalisierung der Unternehmenssteuerung, 2017, S. 3–17.

Pichler/Gerdes, Unternehmenssteuerung mit SAP S/4HANA am Beispiel einer Werksergebnisrechnung, in Kieninger (Hrsg.), Digitalisierung der Unternehmenssteuerung, 2017, S. 91–103.

In-Memory-Technologie im Kontext moderner Unternehmensplanung

■ Der Einsatz von In-Memory-Technologie, allen voran durch SAP HANA, ermöglicht einen deutlichen Leistungszuwachs in allen Bereichen des Reportings sowie der Planung.

■ Der Einsatz von Cloud-Technologie ist ein sinnvolles Mittel, um die Skalierung und Kosteneffizienz von In-Memory-basierten Systemen zu optimieren.

■ Moderne Unternehmensplanungen folgen einem modularen Aufbau. Der hoch strukturierte Planungs-„Core" wird dabei um anwendungs- und nutzergruppenspezifische Planungs-Satelliten ergänzt, welche jeweils unterschiedliche Planungsmethoden und -technologien einsetzen können.

■ Mithilfe von hybriden Planungsszenarien können anwender- und kontextspezifische Planungstools eingesetzt werden, die die Akzeptanz und Planungseffizienz steigern.

■ Der Autor

Andreas Kramer, Manager bei der INFOMOTION GmbH in Stuttgart und verantwortlich für die herstellerübergreifende Beratung und Implementierung von Lösungen in den Bereichen Business Intelligence, Planung, Big Data und Analytics. Als ehemaliger Leiter des Gruppencontrollings eines Konzerns verfügt er zudem über operative Erfahrung in der Einführung und Anwendung von modernen Reporting- und Planungslösungen, allen voran der treiber- und maßnahmenbasierten Planung.

1 Mehrwert der In-Memory-Technologie

Die In-Memory-Technik hat in den vergangenen Jahren zweifelsohne einen deutlichen Mehrwert für das Reporting im Kontext des Unternehmens-controllings erbracht. Insbesondere durch die Möglichkeit, deutlich mehr Daten in kürzerer Zeit zu berichten und zu analysieren, sind zahlreiche neue Anwendungsfälle entstanden und vorhandene Berichtsmöglichkeiten verbessert worden.

Eine Vorreiterrolle hat dabei die SAP eingenommen, welche mit der SAP HANA Plattform bereits frühzeitig diese Technologie vorangetrieben hat. Heute ist die HANA in Deutschland die am meisten verbreitete auf In-Memory-basierte Datenbank und hat sich somit hierzulande zum de-facto Marktführer etabliert, sodass die Beispiele in diesem Artikel auch immer wieder Bezug zu den Produkten der SAP nehmen. Dennoch hat die In-Memory-Technologie heute bereits in viele weitere Softwareprodukte anderer Hersteller Einzug gehalten. Die später beschriebenen Vorteile dieser Technologie treffen daher auch in anderen weiteren ausgewählten Planungs- und Reporting-Tools zu.

SAP als Vorreiter und Treiber

Auch im Kontext der Unternehmensplanung hat die Verfügbarkeit von In-Memory-Technologie neue Möglichkeiten geschaffen, um das Planungsvorgehen zu verändern und die Effizienz in der Planung zu erhöhen. Durch die gestiegene Leistungsfähigkeit ist es u.a. möglich, mehr Daten für die zugrundeliegenden Analysen zu berücksichtigen und diese durch automatische Berechnungen und Forecasts zu ergänzen. Mit der Verbreitung von In-Memory-Systemen haben auch cloud-basierte Anwendungen und HTML5 basierte Oberflächen Einzug in die Planung gehalten. Es zeigt sich, dass gerade durch die Kombination von cloud-basierten und traditionellen Planungsansätzen neue modulare Planungsanwendungen möglich wären. Diese können anwendungs- und nutzergruppenspezifische Anforderungen berücksichtigen und damit die Planungseffizienz und Akzeptanz für das Planungsvorgehen erhöhen.

Mehrwerte für Planung durch In-Memory-Technologie

Im Folgenden werden die technischen Hintergründe erläutert und daraufhin Vorteile dieser Technologien für die Planung anhand eines kurzen Beispiels erläutert.

2 Technische Merkmale & Implikationen der In-Memory-Technologie im Kontext der Planung

2.1 Datenhaltung im Arbeitsspeicher und spaltenbasierte Datenspeicherung

Physische
Datenhaltung
konventioneller
DBMS

In den meisten Reporting- und Planungsprozessen finden vermutlich auch heute noch hoch optimierte konventionelle Datenbanksysteme Anwendung. Konventionelle Datenbank-Management-Systeme (kurz DBMS), zeichnen sich in Abgrenzung zu In-Memory-Systemen dadurch aus, dass die Datenhaltung nicht im Arbeitsspeicher, sondern auf physischen Datenträgern stattfindet. Daten werden dabei i.d.R. zeilenbasiert entweder auf klassischen Festplatten, den Hard Disk Drives (HDD), oder flashbasierten Solid State Disks (SSD) abgelegt. Während letztere einen deutlichen Leistungsgewinn sowohl in Bandbreite als auch Latenz gebracht haben, erfordern Datenabfragen dennoch stets ein physisches Lesen der Datenträger. Dies kann auch trotz des Einsatzes von SSDs schnell zum Flaschenhals moderner Systeme werden.

Die In-Memory-Technologie existiert dabei bereits seit 1985, konnte jedoch aufgrund der vorhandenen Hardwaretechnologie und -preise keine größere Verbreitung finden. Konventionelle DBMS wurden daher stetig optimiert und Techniken wie Indizierung oder Partitionierung weiterentwickelt, um die Leistungsfähigkeit auf der vorhandenen Hardwaretechnologie zu steigern.

Billigere
Arbeitsspeicher
erleichtern
Einsatz

Erst die kostengünstigere Verfügbarkeit von Arbeitsspeicher qualifizierte die In-Memory-Technik als Alternative zu konventionellen Systemen. Waren 1985 noch wenige Megabyte Arbeitsspeicher für umgerechnet ca. 1.000 EUR pro Megabyte Stand der Technik, so sind heute Systeme mit einem Vielfachen der Leistung und Giga- bis Terabyte an Speicher zu weit unter 1 EUR je Megabyte realisierbar. Dies ist eine Speichergröße, die bis vor einiger Zeit nur HDD und SSD basierten Systemen vorbehalten war. Moderner Arbeitsspeicher (RAM) hat gegenüber diesen jedoch den Vorteil, dass eine sehr hohe Bandbreite möglich ist. Zudem ist mit einem Speicherzugriff eine deutlich geringere Latenz verbunden, sodass gerade bei der hohen Anzahl an Abfragen die „Wartezeit" minimiert und die Geschwindigkeit deutlich erhöht wird. Abb. 1 gibt eine Übersicht über die Leistungsdaten der erwähnten Systeme.

	Zugriffszeit [ms]	Bandbreite Lesen/Schreiben [MB/s]	Typische Datenträgergröße [GB]	Kosten pro GB [EUR]
RAM (DDR4)	<0,001	~13.000-16.000	8-16GB je Riegel	~10-15
SSD Samsung 960 Pro	~0,018	~2.100/ ~3.500	256-1.024	~0,55
HDD Seagate Enterprise	~4,16	~250/ ~200	1.000-10.000	~0,042

Abb. 1: Beispielhafte Leistungsdaten (nach Herstellerangaben) – Stand 2018

Die Kombination der Datenhaltung im Arbeitsspeicher mit einer spaltenbasierten Datenstruktur verhalf dem Ansatz schließlich zum Durchbruch. Die spaltenbasierte Datenhaltung beruht auf dem Prinzip, dass ein Datensatz in Spalten bzw. in seine Attribute aufgeteilt wird. Jedem Attribut wird ein künstlicher Primärschlüssel (engl. Surrogate, kurz SID) zugeordnet. Eine Tabelle weist daher immer sehr ähnliche oder vergleichbare Daten (z.B. Städtenamen) und damit eine geringe „Entropie" der Daten auf. Während auf Basis dieser Aufteilung die Leistung weiter gesteigert werden kann, ermöglicht die geringe Entropie insbesondere eine starke Kompression der Daten im Hauptspeicher. Daten in einer zeilenbasierten Speicherung können daher durchaus nur ein Zehntel des Speicherplatzes in einer spaltenbasierten Datenhaltung in Anspruch nehmen. Somit können die notwendige Speichergröße und die damit verbundenen Kosten reduziert werden.

Spaltenbasierte Datenspeicherung verringert Speicherbedarf

2.2 Die Cloud als Motor für die Verbreitung von In-Memory-Verarbeitung

Der In-Memory-Verarbeitung stehen einige Herausforderungen gegenüber, die dazu führen, dass wir heute nicht ausschließlich In-Memory-basierte DBMS vorfinden. Die Hauptbeschränkung der In-Memory-Verarbeitung stellt insbesondere deren Kosten dar. RAM ist zwar weniger teuer als vor einigen Jahren und Jahrzehnten, dennoch sind die Kosten auch heute noch weit höher als bei konventionellem Festplattenspeichern. Daher kann der Erwerb einer Speicherumgebung, die groß genug ist, um die verschiedenen Anforderungen im Unternehmenskontext zu erfüllen, kostspielig sein. Eine weitere Herausforderung liegt darin, dass gespeicherte Daten nicht persistent sind. Wird ein Server heruntergefahren, so verschwinden alle Daten, die in seinem RAM gespeichert sind. Bei Festplatten ist dies nicht der Fall, da die Daten auch nach einem Systemausfall erhalten bleiben. In-Memory-Verarbeitung erfordert daher eine Strategie für das Verschieben von Daten

Beschränkungen und Herausforderungen

in den permanenten Speicher, wenn diese Daten über einen langen Zeitraum aufbewahrt werden müssen. Zuletzt profitiert nicht jede Software unmittelbar von der In-Memory-Technologie. Eine Anwendung, die für die Ausführung auf einer Infrastruktur mit herkömmlichem Speicher ausgelegt wurde, muss möglicherweise modifiziert werden, um die Vorteile optimal nutzbar zu machen.

Neue Möglichkeiten durch die Cloud-Umgebung

Die Cloud ist ein ausgezeichnetes Werkzeug, um die mit der In-Memory-Verarbeitung verbundenen Herausforderungen zu bewältigen. Im Rahmen eines „as a Service" -Gedanken ermöglicht eine Cloud-Umgebung Unternehmen den Zugriff auf große Mengen von RAM auf Abruf, und es muss nicht in eine eigene Infrastruktur investiert werden. Dieser Ansatz hilft Unternehmen, Kostenbarrieren zu überwinden, die andernfalls die Ausführung von Operationen im Speicher unwirtschaftlich gemacht hätten.

Eine Cloud-Umgebung kann auch dazu beitragen, In-Memory-Speicher durch Bereitstellung von hoher Verfügbarkeit und Redundanz zuverlässiger zu machen. Wenn eine cloud-basierte Infrastruktur zum Einsatz kommt, die aus virtuellen Maschinen mit automatischem „Failover" oder redundanten Servern besteht, führt die Unterbrechung des RAM-Speichers auf einem System nicht zum sofortigen Datenverlust. Diese hohe Verfügbarkeit wäre in einem lokalen Rechenzentrum, in dem Systemressourcen eher eingeschränkt sind, schwieriger zu implementieren.

Aus diesen Gründen ist die Kombination der Cloud mit In-Memory-Verarbeitung eine hervorragende Möglichkeit, die Leistungsvorteile zu nutzen, ohne die Kosten oder Komplexität von In-Memory-Anwendungen vollständig tragen zu müssen.

Unsicherheiten und Sicherheitsbedenken

Dennoch hegen viele Unternehmen heute Bedenken vor dem Einsatz einer Cloud, die nicht im eigenen Rechenzentrum oder Hosting-Anbieter betrieben wird – der sog. „public Cloud". Als Grund wird dafür häufig genannt, dass eine Unsicherheit darüber herrscht, was mit den Daten in der Cloud passiert, da selbst der physische Standort und dessen Sicherheitssysteme vermeintlich unbekannt sind. Gerade Planzahlen aus der Unternehmensplanung werden hier oftmals als hoch sicherheitsrelevant gesehen, sodass eine Cloud-Lösung häufig kategorisch ausgeschlossen wird.

Lösungsstrategien der Cloud-Anbieter

Die Anbieter solcher Lösungen bieten hierbei jedoch unterschiedliche Strategien, um dem zu entgegnen. So besteht oftmals die Option des Betriebs in einer „private Cloud", d.h. der Betrieb in den eigenen Rechenzentren, sodass das Unternehmen die Daten als auch die Applikation im eigenen Zugriff betreiben kann. Jedoch ist diese Option nicht für jedes Planungsprodukt verfügbar. Auch werden die Vorteile der hohen Skalierbarkeit, der Roll-out-Fähigkeit und der geringen Wartung zumindest in Teilen eingebüßt. Ein zweiter neuer Ansatz fokussiert daher auf den sog. Live-Zugang zu den Daten. Bei diesem verbleiben die Daten auf den eigenen Servern, die Cloud-Applikation wird außerhalb betrieben. Kommt es nun zur Berichtsdarstellung bzw. Planung, so werden die Daten von den eigenen Servern abgerufen und direkt im Bericht angezeigt. Dabei verlassen die Daten den eigenen Sicherheitsbereich nicht. Man könnte sagen, die Applikation kommt zu den Daten, sodass diese im eigenen Sicherheitsnetz verbleiben können. Die hohe Skalierbarkeit des Systems bleibt dabei vollständig erhalten.

2.3 Neue grafische Interaktionsmöglichkeiten in Cloud-Anwendungen

Aus Sicht der IT eines Unternehmens sind die erwähnte Skalierbarkeit und auch die schnellen Roll-out Möglichkeiten sowie vereinfachten Betriebsprozesse vermeintlich die größten Vorteile einer cloud-basierten Lösung. In Unternehmen, die heute auf Anwendungen aus der Cloud setzen, profitieren Mitarbeiter häufig von weiteren Vorteilen, welche sich mit dem Einzug von Cloud Lösungen einstellen. Anwendungen in der Cloud werden i.d.R. „barrierefrei" über den Browser oder das Mobilgerät konsumiert. Anwender profitieren dabei nicht nur von der gestiegenen Performance, sondern auch von der nahtlosen Integration verschiedener Dienste unter einer Oberfläche und neuen grafischen Gestaltungsmöglichkeiten, die eine solche Lösung interaktiv und attraktiv machen.

Möglich wird dies durch den zunehmenden Einsatz von Standards der web-basierten Entwicklung auf Basis von HTML5, welche u.a. mit dem Einzug von cloud-basierten Anwendungen Verbreitung gefunden haben. Mit HTML5 können sehr dynamische und interaktive Oberflächen geschaffen werden, welche durch, z.B. auf JavaScript basierende, grafische und interaktive Erweiterungen, auch hohen Visualisierungsanforderungen gerecht werden können und auf verschiedensten Endgeräten lauffähig sind. Dabei ermöglicht dieser Ansatz die freie Gestaltung der Interaktion mit dem Nutzer und bindet diesen im Gegensatz zu MS Excel basierten Ansätzen nicht an das starre Design der Tabellenkalkulation. Somit können individuelle Ansätze und Gestaltungsmöglichkeiten gewählt werden, um die Herangehensweise unterschiedlicher Gruppen an eine Problemstellung oder Aufgabe bestmöglich zu unterstützen. Darüber hinaus bieten HTML5 basierte Anwendungen häufig zusätzliche kollaborative Funktionen, welche die gemeinsame Bearbeitung und Abstimmung von Aufgaben ermöglichen.

Interaktive HTML5-Oberflächen

Die HTML5-basierten Anwendungen können daher eine sinnvolle Ergänzung bestehender Anwendungen im Hinblick auf eine anwender- und kontextspezifische Ausgestaltung einer Unternehmensanwendung darstellen.

3 Moderne integrierte und modulare Planungsansätze

3.1 Modularer Planungsaufbau mit Planungs-Core und Planungs-Satelliten

In den letzten Jahren wurden zunehmend Planungsansätze postuliert, um den i.d.R. aufwendigen Planungsprozess in Unternehmen zu vereinfachen. So wurden die Top-down-Planung/Zielsetzung, Frontloading-Konzepte, die Szenario-Planung, die treiberbasierte Planung als auch die maßnahmenorientierte Planung als neue Vorgehensweise empfohlen und in Teilen auch in Unternehmen umgesetzt.

Planungs-Core ist die stabile Wirbelsäule der Planung

Während all diese Ansätze Ihre Daseinsberechtigung haben, findet in modernsten Planungsvorgehen heute eine differenziertere Anwendung dieser Methoden statt. Moderne Unternehmensplanungen bauen dabei auf einer Vielzahl von unterschiedlichen Teilplanungen („Satelliten") auf, deren (Teil-)Ergebnisse in einen gemeinsamen Planungsnukleus („Core") der Unternehmensplanung einfließen. Dabei werden in den Satelliten teils sehr unterschiedliche Planungsansätze verfolgt, um den effizientesten Planungsablauf zu gewährleisten. Der „Core" wiederum stellt den kleinsten gemeinsamen Nenner dar und beschränkt sich i.d.R. auf die wesentlichsten finanziellen Kennzahlen der GuV, der Bilanz und des Cashflow.

Greifbar wird dies z.B. im Rahmen der Umsatzplanung. Während sich der Core auf interne/externe Umsätze einer Legaleinheit oder Sparte beschränken mag, finden in den Planungs-Satelliten der Mengen- und Preisplanung unterschiedliche Methoden Anwendung, deren Planungsergebnisse auch unterschiedliche Detailtiefe erreichen können. Ebenso kann die Bestands- oder Personalplanung nach unterschiedlichen Mustern verlaufen. Aus beiden werden jedoch Teile ihrer Planungsergebnisse für die weitere Verwendung der im „Core" festgelegten Vorgaben kondensiert.

Wichtig ist es daher, dass die Satelliten und der Core einfach miteinander kommunizieren und Daten austauschen können, indem sie bspw. auf einer gemeinsamen Plattform betrieben werden. Während die Ausgestaltung der Planungsfunktionen, -objekte und -granularität in jedem dieser Module kontextbezogen unterschiedlich sein mag, müssen der reibungslose und integrierte Datenfluss sichergestellt und die Speicherung der Ergebnisse aufeinander abgestimmt sein.

3.2 Anwendung von kontext- und nutzergruppenspezifischen Planungstools

Im Zuge des satellitenbasierten Planungsansatzes entstehen unterschiedliche Archetypen und Anforderungen an die (IT-basierte) Unterstützung während der Planung. Treiber sind u.a. die unterschiedlichen Nutzergruppen und deren Anwendungsverhalten sowie der Detail- und Automatisierungsgrad der Planung.

So ist die Anforderung an das Vorgehen, die Funktionalität und Gestaltung je nach Planungskontext und Gruppe von Planern oftmals unterschiedlich. Die Planung von Investitionen folgt häufig dem Vorgehen, dass zunächst in einer tabellenartigen Eingabemaske Investitionswünsche erfasst werden und diese ggf. mit Validierungsregeln geprüft und um automatisch berechnete Abschreibungen ergänzt werden. Nach Aggregation dieser Teillisten erfolgt ggf. die Streichung der nicht budgetfähigen Positionen. Die Planung von Kundenpotenzialen vermag dagegen in einigen Segmenten gänzlich anders zu verlaufen. So kann zunächst auf einer hohen Flugebene und Blick auf das geographische Kundenportfolio mithilfe zahlreicher graphischer Analysen begonnen werden. Darauf erfolgt eine iterative Ausplanung auf Basis detaillierter Kundendaten sowie interner oder externer Daten kollaborativ im Team. Ggf. wird dies zusätzlich ergänzt um automatische Vorschlagswerte.

Besonders das Nutzungs- und Konsumverhalten von Informationen und damit die Anforderung an die Oberflächengestaltung hat sich in unterschiedlichen Unternehmensbereichen bereits differenziert entwickelt. Gerade Bereiche, die nicht regelmäßig ihre Daten in MS Excel auswerten, haben sich an modernere analytische Oberflächen gewöhnt. Diese kennen sie aus ihrem cloud- oder webbasierten System, z.B. Dashboards aus dem CRM System, oder aus dem alltäglichen privaten Konsum von Internetanwendungen. So ist es nicht verwunderlich, dass die meisten führenden Reporting-Lösungen bereits auf eine HTML5-basierte Darstellung sowie den Zugriff auf die Berichte über einen Browser setzen.

Planer nehmen Abstand von Excel-ähnlichen Masken

Selbige Entwicklung ist in der Planung zu beobachten, in welcher sich einige Anwendergruppen für spezifische Planungskontexte interaktive und grafische Oberflächen wünschen. Diese weisen nicht mehr das klassische Excel „Look & Feel" auf. Darüber hinaus können sie auf unterschiedlichsten (mobilen) Geräten verwendet werden und bieten ggf. eingebaute Kollaborationsmöglichkeiten für die Zusammenarbeit im Team.

Über den ergänzenden Einsatz von cloud-basierten Anwendungen und auf HMTL5-basierten Gestaltungsmöglichkeiten können Unternehmen diesen Anforderungen nun gerecht werden und auf spezifische Archetypen an

Anforderungen mit der geeigneten Technologie eingehen. Dieser Ansatz soll im Folgenden durch ein Beispiel dargestellt werden.

4 Anwendungsbeispiel: Hybride Planungsanwendung mit Unterstützung der Cloud

Viele Unternehmen haben bereits die Nutzung von Insellösungen im Kontext der Planung hinter sich gelassen, um den Kurs in Richtung integrierte und ggf. treiberbasierte Planung zu setzen. Im Zuge dessen wird häufig ein Standard-Planungsvorgehen – vermutlich durch eine zentrale Controllingeinheit – entwickelt und der Planungsprozess in ein zentrales Planungstool überführt.

Integration vieler Teilpläne ermöglicht

Die In-Memory-Technologie hat es dabei ermöglicht, Daten zentral zu erfassen und zeitnah auszuwerten. Darüber hinaus bieten Planungstools auf Basis der In-Memory-Technologie die Rechenleistung, um automatische Verteilungen, Vorberechnungen und Szenario-Berechnungen durchzuführen. Die In-Memory-Verarbeitung ermöglicht vielen Unternehmen die Simulation von Unternehmensergebnissen, z.B. während einer Top-down Zielsetzung, und die rasche Aggregation der Teilpläne während der Ausplanung einer solchen Zielsetzung.

Bei der Einführung eines solchen Planungstools werden i.d.R. Planungsmodelle und Eingabeoptionen durch zentrale Einheiten vordefiniert, welche alle Teilaspekte und relevante Organisationsbereiche des Unternehmens abdecken sollen. Oftmals wird bewusst eine Vereinheitlichung vorgenommen, um der ggf. zuvor vorhandenen, teils chaotischen, MS Excel-basierten Planung entgegen zu wirken. Die Konsequenz ist, dass die bereits beschriebenen Archetypen an Anforderungen an die Planung nur unzureichend und oftmals i.S.d. größten gemeinsamen Schnittmenge gelöst werden. Eine kontext- und nutzergruppenspezifische Ausgestaltung für diese Archetypen wird aus Gründen der Komplexität und des vermeintlichen Aufwands nicht angestrebt.

Neue cloud-basierte Lösung für Planung

Der modulare Planungsansatz greift dies nun auf und versucht, entsprechende anwenderspezifische Anforderungen zu erfüllen und notwendigenfalls mehrere Planungstools zu einer Planungsanwendung zu integrieren. Die SAP hat hierzu eine Reihe von Produkten entwickelt. Im Folgenden sollen die 2 wesentlichen hier kurz vorgestellt werden.

- **SAP Business Planning & Consolidation (BPC) on HANA**

  SAP BPC bildet das Herzstück der Planung aus Sicht des SAP-Portfolios. Es eignet sich hervorragend, um den „Core" der Planung abzubilden. Dabei ermöglicht es die einfache Integration der bestehenden Ist-Zahlen und Stammdaten als Grundlage für die Planung. Gerade im Bereich der

Planung von finanziellen Kennzahlen können über die Verwendung von einfachen bis sehr komplexen Logiken unterschiedlichste Planungs-anforderungen erfüllt werden. Standardfunktionen wie die automatische Verteilung oder das Herunterbrechen von Planzahlen, z. B. auf Basis von Vergangenheitswerten, sind bereits vorhanden und können einfach angewandt werden. Das Standard-Frontend sind hochformatierbare und zugängliche Excel-Sheets, wenngleich zunehmend HTML5-basierte Nutzungsmöglichkeiten hinzugefügt werden. Über die Excel-Sheets lassen sich sowohl umfangreiche Planungsmasken erstellen, als auch (ad-hoc) Berichte für einfache bis komplexe Analysen. Darüber hinaus bietet es mit Business Process Flows die Möglichkeit, den Planungs-prozess abzubilden und zu orchestrieren.

- **SAP Analytics Cloud (SAC)**

  Mit SAC bietet die SAP eine cloud-basierte Ergänzung bzw. Alternative zu BPC, welche sich bewusst von dem Zugang über eine Excel-ähnliche Oberfläche abhebt und moderne HTML5-basierte Oberflächen zur Nutzung bietet. Im Kern beinhaltet SAC ebenfalls BPC-ähnliche Planungsmodelle und/oder kann diese auch aus einer klassischen BPC Anwendung importieren, zurück exportieren oder gemeinsam syn-chronisieren. Es bietet sowohl die Möglichkeit eigene Aktivitäten zu definieren als auch Funktionen zur Kollaboration im Team.

  Darüber hinaus wird die SAC fern der Planung insb. als Self-Service Tool für das Berichtswesen genutzt und bietet Anwendern die einfache Möglichkeit zum Aufbau von Berichten und Analysen, die auch durch umfangreiche „Predictive"-Funktionen erweitert werden können.

Betrachtet man die unterschiedlichen Schwerpunkte dieser beiden Tools, so lässt sich in Kombination ein hybrider Planungsansatz entwickeln, um die zuvor formulierten Problemstellungen der anwender- bzw. kontextspezi-fischen Anforderungen eines modularen Planungsansatzes zu adressieren.

Hybrider Planungsansatz mit SAC und SAP BPC on HANA

Im hybriden Planungsansatz bildet SAP BPC die Basis für den „Core" der Planung und damit ein stabiles Planungsgerüst für die Unter-nehmensplanung. Da überwiegend Controller am Kern der Planung arbeiten und detaillierte Betrachtungen sowie Gegenüberstellung der Planzahlen zu den heutigen Ist-Werten schon während der Planung stattfinden, sind die gewohnten MS Excel Oberflächen von Vorteil. Darüber hinaus werden eine Fülle an Planungs- und Berechnungslogiken unterstützt, um z. B. automatische Umlageregeln durchzuführen.

Im Gegensatz zum „Core" können für die Planungs-Satelliten jedoch andere Ansätze geeignet sein. Insbesondere dann, wenn andere Anwender-gruppen anstelle des Controllers planen, ist häufig der Wunsch nach interaktiven Unterstützungs- und grafischen Visualisierungsmöglichkeiten vorhanden. Auch sind häufig die Planungsmodelle weniger komplex und die Anforderungen an die Planungsfunktionalität geringer. Somit kann für diese Satelliten der Einsatz von SAC eine sinnvolle Ergänzung sein.

Abb. 2 zeigt beispielhaft ein modulares Planungsszenario und die möglichen unterschiedlichen Schwerpunkte der Module, welche in jedem Unternehmen jedoch anders ausgeprägt sein mögen.

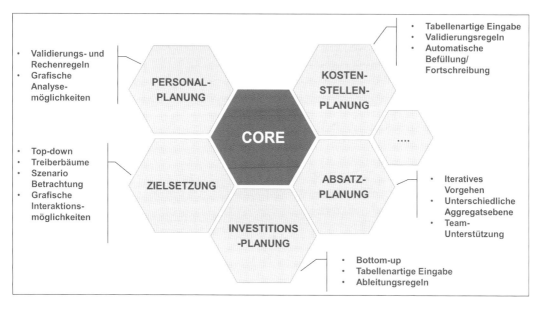

Abb. 2: Beispielhafte Charakteristika von Planungs-Satelliten

Insbesondere beim Einsatz einer treiberbasierten Planung ist dieser Ansatz von Vorteil, da SAC Möglichkeiten bietet, Treiberbäume aufzubauen und diese mithilfe von Szenarien zu planen. So kann im Rahmen eines Top-down orientierten Zielsetzungsprozess explizit die treiberbasierte Ermittlung der Zielwerte mit dem Top-Management über die Cloud erfolgen und z.B. auch mithilfe von mobilen Endgeräten durchgeführt werden. Die Ergebnisse dieses Planungs-Satelliten fließen dabei in das inhaltlich und technisch gleiche Planungsmodell des „Core" als sog. „Ziel-Version" ein. Im selben Modell wird später auch die, ggf. Bottom-up orientierte, Gegenplanung der unterschiedlichen Einheiten über SAP BPC abgelegt und gegenübergestellt.

Die Ergebnisse dieser Gegenplanung können im Rahmen der SAC für das Top-Management aufbereitet werden, sodass dieses nur mit der gewohnten und managementgerechten Oberfläche der SAC in Kontakt kommt. Dabei können verschiedene Vorgehensmodelle in diesen Planungs-Satelliten genutzt werden. So kann die Ermittlung der Zielwerte über eine szenariobasierte Planung von einzelnen Treibern und KPIs erfolgen, welche mehrere iterative Schritte und wenige Beteiligte vorsieht. Die Gegenplanung könnte z. B. einem eher bottom-up getriebenen Vorgehen folgen, bei welchem harte Werte ohne Szenarien-Betrachtung durch Hunderte von Nutzern geplant werden.

Selbige Möglichkeiten der Differenzierung lassen sich auch für sämtliche sonstige Planungs-Satelliten wie z. B. die Personalplanung anwenden, sodass eine anwendungs- und nutzergruppenspezifische Planungsanwendung, je nach notwendiger Funktionalität und Arbeitsweise, entstehen kann.

SAC als Tool für zahlreiche Planungs-satelliten

Die Verwendung eines solchen hybriden Planungsansatzes, z. B. auf Basis der beiden In-Memory befähigten SAP Anwendungen BPC und SAC zeigt, dass eine integrierte Planung nicht zwangsweise einem einheitlichen und starrem Muster sowie einem, womöglich durch eine zentrale Controlling-einheit, vordefinierten Planungsvorgehen auf Basis von vorgedachten Logiken und Oberflächen folgen muss. Es können durchaus spezifische Anforderungen unterschiedlicher Planungsgruppen in Planungs-Satelliten Rechnung getragen werden, um so die Akzeptanz und Planungseffizienz zu erhöhen.

5 Ausblick

Die Beschreibung zur In-Memory-Technologie und beispielhafter Anwendungsfelder im Kontext der Planung hat gezeigt, dass sich aus der resultierenden Leistungsfähigkeit ein großes Potenzial für das Controlling ergibt. Die komplementäre Entwicklung von In-Memory-basierten Cloud-Anwendungen bietet darüber hinaus eine interessante Möglichkeit, den Einsatz der Unternehmensplanung zu skalieren sowie weitere Gestaltungsmöglichkeiten zur Umsetzung der Planungsanwendung.

Ein hybrider Planungsansatz ermöglicht eine auf den Anwendungskontext bezogene Ausgestaltung des Planungsvorgehens sowie ein eher nutzergruppenspezifisches Design der Anwendung. Durch den modularen Aufbau der Planung auf Basis eines „Core" und zusätzlicher „Satelliten" kann eine erweiterbare und effiziente Planungslösung geschaffen werden, welche einen hohen Grad der Nutzerakzeptanz erreichen kann.

ERP-Migration auf SAP S/4HANA: Praxisbeispiel nach Firmenzusammenschluss

■ Eine einheitliche Datenstruktur ist das wichtigste Kriterium für eine zuverlässige Grundlage zur Bereitstellung entscheidungsrelevanter Informationen. Ohne diese Voraussetzung ist eine erfolgreiche Unternehmenssteuerung nur schwer vorstellbar.

■ Besonders schwierig ist diese Aufgabe, wenn nach einem Firmenzusammenschluss eine heterogene und damit schwer zu beherrschende Systemlandschaft vorliegt.

■ Betroffene Unternehmen müssen individuelle Konzepte erarbeiten und ganzheitliche Strategien entwickeln. Es gibt keine universelle Erfolgsformel für die Durchführung solcher Projekte.

■ Das folgende Praxisbeispiel zeigt, wie eine Konsolidierung und Migration auf SAP S/4HANA unter schrittweiser Entkoppelung alter Systeme vollzogen werden kann, ohne den laufenden Geschäftsbetrieb zu gefährden und dabei stets alle betriebswirtschaftlichen Anforderungen an das Gesamtunternehmen zu erfüllen.

■ **Die Autoren**

Tobias Stein, Business Analyst und Spezialist für Cyber Security und Industrie 4.0 bei der AVAGA GmbH in Kiedrich/Rheingau.

Philipp Lill, Strategic Project Manager im Bereich "Advanced Technologies" der KUKA AG in Augsburg sowie wissenschaftlicher Mitarbeiter und Doktorand im Forschungsbereich Controlling und Innovation am Strascheg Institute for Innovation, Transformation and Entrepreneurship (SITE) der EBS Universität für Wirtschaft und Recht in Oestrich-Winkel.

1 Systemintegration als wichtiger Baustein des Erfolgs

Insbesondere in Zeiten der Digitalisierung und der ständig wechselnden Trends ist es essenziell, dass Unternehmen ihre Umwelt richtig einschätzen und flexibel auf Veränderungen derselbigen reagieren können. Um dabei langfristigen Erfolg zu garantieren, ist es wichtig, Entscheidungen auf der Grundlage solider Informationen treffen zu können. Der rapide Anstieg interner und externer Datenmengen verlangt u.a. nach einer strukturierten Speicherung, um so auftretende Muster erkennen und Vorhersagen über die Zukunft treffen zu können.

Unternehmensfusionen sowie Zu- und Verkäufe haben stets zur Folge, dass die Prozesse der jeweiligen Beteiligten miteinander verglichen und ggf. vereinheitlicht werden müssen. Identische oder kombinierbare Prozesse sind dabei ein Glücksfall. Ähnliches gilt auch für Datenstrukturen und Systemarchitekturen. Häufig kommen schon innerhalb eines Unternehmens unterschiedliche Enterprise-Resource-Planning-Systeme (ERP-Systeme) zum Einsatz, die allein in Deutschland von rund 600 ERP-Softwareherstellern[1] angeboten werden. Dass fusionierende Unternehmen gleiche Softwareprodukte verwenden und ihre Prozesse in vergleichbarer Art und Weise implementiert haben, darf als unwahrscheinlich angenommen werden. Dies macht es dem Controlling schwer, belastbare steuerungsrelevante Informationen für wichtige Entscheidungen nach einer Fusion schnell und zuverlässig bereitzustellen.

Daten- und Systemkonsolidierungen bergen hohe Risiken für das laufende Geschäft. Daher sollte der Integrationsprozess gewissenhaft vorbereitet und individuell auf das jeweilige Unternehmen abgestimmt sein und seine Durchführung von einem engagierten Team begleitet werden. Die erfolgreiche Konsolidierung zweier komplexer Systemlandschaften mit simultaner Migration nach einer Fusion zeigt das folgende Praxisbeispiel.

M&A als Treiber unstrukturierter System- und Datenbanklandschaften

2 Praxisbeispiel: Migration und Konsolidierung zweier ERP-Umgebungen

2.1 Ausgangslage und Zielsetzung

Ein Hersteller für Industrie-Lackharze, Spezialbeschichtungen und Druckfarben mit einem Gesamtumsatz von rund 2 Mrd. EUR beschäftigt weltweit mehrere tausend Mitarbeiter. Nach der Fusion mit einem etwa gleich großen Konkurrenten aus Übersee ist das neue Unternehmen nunmehr mit rund 30 Produktionsstandorten, einigen Forschungs- und Technologie-Supportzentren und Joint Ventures in über 100 Ländern der Erde tätig.

Einheitliche Strukturen schaffen

---

[1] Vgl. Gronau/Fohrholz, 2012, S. 4.

Nach dem Zusammenschluss beider Gesellschaften galt es, die vorhandenen konkurrierenden Konzepte, Instrumente und Systemlandschaften in gemeinsame Strukturen zu überführen. Insbesondere den Disziplinen Controlling und Finanzen ist dabei eine besondere Bedeutung beizumessen, da nach der Verschmelzung zweier Gesellschaften das Management mehr denn je auf steuerungsrelevante Informationen und Berichte in Echtzeit angewiesen ist.

Neben den unterschiedlichen Steuerungsansätzen einzelner Abteilungen sind die wesentlichen Herausforderungen des unternehmensweiten Reportings speziell die Verfügbarkeit von Informationen, die verschiedenen Arten der erforderlichen Daten, mehr noch aber die rasant wachsende Datenmasse, die gewonnen, verarbeitet, aufbereitet und nach Relevanz gefiltert werden soll, um sie anschließend zielgerichtet den Entscheidern ad hoc und intuitiv verständlich zur Verfügung zu stellen. Damit soll ermöglicht werden, die richtigen Entscheidungen jederzeit an jedem Ort schnell und zuverlässig treffen zu können.

Im Idealfall existiert hierfür eine Datenquelle, die sich als sog. Single Point of Truth über alle Unternehmensteile hinweg auszeichnet. Dazu bedarf es einer Lösung, die sowohl die Unternehmenssteuerung anhand einer Top-down-Integration von den wesentlichen erfolgskritischen Kennzahlen (Key Performance Indicators, KPIs) hin zu den einzelnen Operational Reports und Transaktionen des ERP-Systems auf niedrigster Granularitätsebene realisiert als auch die Bottom-up-Planung im finanziellen und operativen Bereich ermöglicht und darüber hinaus eine aussagekräftige Berichterstattung sicherstellt.

Zum Zeitpunkt der Fusion hatte die übernehmende Gesellschaft bereits ein SAP-ERP-System eingeführt und entsprechende Reporting Tools implementiert; der fusionierte Konkurrent hingegen hatte bis dato Microsoft-AX-Plattformen und Drittsysteme verwendet. Im Folgenden betrachten wir die Harmonisierung der ERP-Systeme mit Fokus auf die Managementberichterstattung, wobei hierzu die unternehmensweite Implementierung von SAP BusinessObjects Planning and Consolidation (SAP BPC) unter SAP S/4HANA angestrebt wurde.

2.2   Herangehensweise

Viele Wege
führen nach Rom

Die Data-Warehousing-Landschaft der übernehmenden Gesellschaft basierte auf SAP NetWeaver Business Intelligence 2.0 (SAP BI bzw. SAP BW), das Reporting des Konkurrenten stützte sich auf eine SQL-Datenbank mit angeschlossenem Microsoft-Dynamics-AX-System, wobei die Supportverträge der AX-Systeme in absehbarer Zeit ausliefen. Die folgenden Varianten zur schrittweisen Harmonisierung der Systemlandschaften kamen daher in Betracht:

- Upgrade des vorhandenen SAP-BI-Systems auf SAP BW/4HANA, Bereitstellung von ETL-Tools für alle Nicht-SAP-Datenquellen in der Übergangsphase, langfristige Migration aller Systeme auf SAP S/4HANA.
- Unternehmensweite Einführung einer Reporting-SQL-Datenbank mit ETL-Tools für alle Datenquellen, anschließend regelmäßige Datentransfers in das vorhandene SAP-BI-System.
- Unmittelbare SAP-Einführung bei den neuen Unternehmensteilen des Konkurrenten und anschließende Harmonisierung mit der vorhandenen SAP-Systemlandschaft.

Da eine SAP-Einführung nach Variante 3 einen erheblichen Zeitaufwand mit sich gebracht hätte und damit mittelfristig kein gemeinsames Reporting über alte und neue Unternehmensteile möglich gewesen wäre, wurde dieser Ansatz schnell verworfen.

Abgesehen von den erforderlichen SAP-BI-Schnittstellen wäre eine unternehmensweite SQL-Datenbank nach Variante 2 schnell und einfach umsetzbar gewesen. Der Einsatz von ETL-Tools (engl. „Extract, Transform, Load") – das sind Programme zum Datentransfer zwischen Datenbanken oder zur Einbindung beliebiger Datenquellen – lässt Lösungen dieser Art zudem sehr flexibel und anpassungsfähig erscheinen. Die in den neuen Unternehmensteilen in der SQL-Datenbank gesammelten Daten wären durch regelmäßiges Spiegeln der Datenbank in das vorhandene SAP-System für SAP BI bzw. das Reporting zugänglich gemacht worden. Jedoch hätten die zunehmend größeren Datenmengen zu enormen Instabilitätsrisiken und Performanceeinbußen bei Ladevorgängen von Daten in klassischen Umgebungen geführt. Daher kam diese kostengünstigere Alternative ebenso wenig in Betracht.

Der Fokus wurde auf die Konstruktion einer ganzheitlichen Lösung nach Variante 1 gelegt, welche die Vorzüge performanceorientierter Datenbankspeicher und -strukturen, wie sie SAP S/4HANA bietet, mit der Flexibilität einer offenen Architektur vereint, die in der Lage ist, auch Nicht-SAP-Datenquellen und Auswertungs- bzw. Visualisierungstools von Drittanbietern zu integrieren.

2.3 Realisierung

2.3.1 Strategische Zielsetzung

Die kurzfristigen Anforderungen des neuen Unternehmens an das Leistungsprofil und Roll-Out eines gemeinsamen, unternehmensweiten ERP-Systems waren u. a.:

- vereinfachte, globale Data-Governance-Instrumente zum Abbilden, Anlegen und zur Wartung von Daten unter Integration aller Bestandsumgebungen,
- Vereinfachung und Definition gemeinsamer Bestimmungen hinsichtlich Margen, Produkthierarchien, Marktsegmenten etc.,
- Identifikation und Ausnutzung von Synergien der SG&As, der Vertriebsgemeinkosten,
- Validierung der Annahmen über Kosten- und Change-Management-Einflüsse.

Bei der längerfristigen Organisation spielten betriebswirtschaftliche Faktoren wie zwischenbetriebliche Transaktionen und Visibilitäten, die potenzielle Supply-Chain- und Produktionskapazitäten-Integration sowie Datensicherheit, geringe Downtime und technische Verlässlichkeit mit Blick auf den auslaufenden Support des AX-Systems eine wesentliche Rolle.

Zudem sollte der Integrationszeitplan empfindliche, unternehmenskritische Maßnahmen und Synergien berücksichtigen und ein dezidiertes Reporting ermöglichen:

- Restrukturierungsmaßnahmen in der Finanzabteilung, u.a. die weltweite IFRS-Implementierung, eine Konsolidierung mit dem Shared Services Department und eine angemessene Reduktion der Abteilungsgröße.
- Detailliertes Reporting zur Abbildung kommerzieller Synergien, das im AX-Bestandssystem des Konkurrenten nicht in der erforderlichen Tiefe umsetzbar war; Margenanalysen zur Preisoptimierung und Cross-Selling brauchen verlässliche und konsistente Kosteninformationen.
- Detailliertes Reporting zur Abbildung von Beschaffungssynergien zu Rohstoffen und Lieferanten, um bspw. die Rationalisierung von Lieferanten anhand differenzierter Standortanalysen zu ermöglichen.
- Konsistente Datendefinitionen und Attribute für den effizienten Produkttransfer hinsichtlich Qualität, Herstellungskosten etc.
- Konsistentes Reporting und die Reduktion der ERP-Systemrisiken zur Steigerung des Unternehmenswerts.

Zur Realisierung der für das Reporting notwendigen automatischen, interaktiven Dashboards und eines verlässlichen, automatischen Preisberechnungsinstruments sollte daher ein über das Gesamtunternehmen aufgespanntes Data Warehouse unter festgelegten Berichtskennzahlen (Bruttomargen) und Berichtsgrößen (Produkthierarchien, Regionen, Marktsegmente etc.) errichtet werden, das sich eng am Berichtsbedarf orientiert und auch für zukünftige Anforderungen praktisch verwendbar bleibt.

2.3.2 Schaffung einer gemeinsamen Systemlandschaft

Unter der Maßgabe, diesen komplexen Integrationsaufwand möglichst schnell und reibungslos zu realisieren, wurde zunächst eine gemeinsame Systemlandschaft gem. der in Abb. 1 dargestellten Architektur geschaffen.

Erste Schritte zum Erfolg

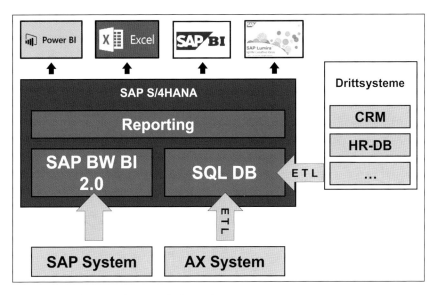

Abb. 1: Produktivumgebung nach der Fusion

Während die AX-Bestandsstrukturen des fusionierten Konkurrenten vorerst weitestgehend unberührt blieben und dessen Bestandssystem lediglich durch ein AX-Upgrade um zusätzliche Funktionalitäten zur detaillierteren Kostendatenerfassung und Prozessharmonisierung erweitert wurde, fand eine umfangreichere Erneuerung des im anderen Unternehmensteil vorhandenen SAP-BI-Systems statt. Mit einem initialen On-Premise Upgrade des SAP-BI-Bestandssystems auf SAP BW/4HANA wurde die Grundlage für die spätere schrittweise SAP-Integration der AX-basierten Konkurrenten-Unternehmensteile geschaffen.

Parallel dazu wurden erste Prototypen interaktiver Dashboards und deren Visualisierung mittels SAP Lumira im Rahmen der Margen- und Preisanalyse entwickelt und Daten SAP-BI-basiert automatisch auf Abruf bereitgestellt, damit Entscheidungsträger zügig in die Lage versetzt wurden, Entscheidungen basierend auf Daten aller nach der Fusion zugehörigen Unternehmensteile treffen zu können.

Ermöglicht wurde dies durch die rasche Anbindung des AX-Systems per ETL-Tools, indem neben der neuen HANA-basierten SAP-Datenbank eine ebenfalls HANA-basierte SQL-Datenbank errichtet wurde, die eine Spiegelung aller in der klassischen SQL-Datenbank des AX-Bestandssystems enthaltenen Daten darstellte. In regelmäßigen Abständen, gewöhnlich zu betriebsarmen Ortszeiten des jeweiligen Standorts, wurden Datenübertragungen in die HANA-SQL-Datenbank vorgenommen, sodass diese in aufbereiteter Form gemeinsam mit allen SAP-Quelldaten für Auswertungstools wie Microsoft PowerBI, Microsoft Excel, SAP BI bzw. SAP Lumira zur Verfügung gestellt werden konnten. Auch alle dritten Datenquellen wurden per ETL-Tools an die HANA-SQL-Datenbank angebunden.

Schließlich wurden die interaktiven Dashboards in PowerBI auf Basis von SAP BusinessObjects Planning and Consolidation (SAP BPC) weiterentwickelt. Der implementierte Softwarebaustein SAP BPC liefert sämtliche Funktionalitäten in den Bereichen Planung und Konsolidierung und ermöglicht ganzheitliche Lösungen zu strategischer Planung, Budgetierung, Forecasts und Berichtswesen, wie sie für reibungslose und fristgemäße Abschlüsse erforderlich sind. Insoweit wurde im Zuge der Fusionierung beider Unternehmen für die Systemlandschaft in kurzer Zeit eine komfortable und funktionale Übergangslösung geschaffen, die bereits nach Anbindung des AX-Bestandssystems und aller Drittsysteme eine lückenlose, umfängliche Datenaufbereitung innerhalb des gesamten Unternehmens sicherstellte.

2.3.3 High Performance Computing mit S/4HANA

Neue Potenziale durch eine zukunftssichere Technologie

Durch die eingesetzte SAP-S/4HANA-Technologie, die auf einer in Spalten organisierten Datenspeicherung im Arbeitsspeicher, d.h. „In Memory", aufbaut, können jetzt sog. OLTP- und OLAP-Workloads in ein und derselben Datenbank stattfinden. Das Online Analytical Processing (OLAP) zielt dabei auf interaktive „Online"-Analyseprozesse ab, die ad hoc für das Management Reporting ausgeführt werden sollen und dabei in komplexen Lesevorgängen und beim Verdichten historischer, multidimensionaler Daten möglichst kurze Zugriffszeiten erzielen sollen. Solche, aus multidimensionalen Strukturen gewonnenen, Daten werden mittels OLAP-Technologie dann in sog. Cubes – vorstellbar als mehrdimensionale Tabellen – organisiert und abgelegt. Dem gegenüber stehen beim Online Transaction Processing (OLTP) viele einzelne, transaktionsorientierte Lese-, Schreib- und Löschvorgänge anwendungsbezogener, zweidimensionaler Daten in detaillierter Form zu laufenden Geschäftsvorfällen. In klassischen Umgebungen ist eine logische und physikalische Trennung beider Systeme angezeigt, da Daten aus den operativen Systemen in regelmäßigen Abständen repliziert werden müssen, um Berechnungen aller möglichen Aggregationen eines bestimmen Cubes für langwierige OLAP-Workloads vorzuhalten. In der implementierten HANA-Umgebung ist eine OLTP-/OLAP-Trennung nicht mehr erforderlich, da sie ohne Datenreplikationen vor und zurück zu SAP BI bzw. BPC auskommt. Die im Hochgeschwindigkeits-Arbeitsspeicher abgelegten Daten können ohne vorherige vollständige Scans ganzer Datenbanken abfragespezifisch in Echtzeit bereitgestellt werden.

Darüber hinaus zeichnet sich die SAP-S/4HANA-Plattform durch eine Mehrebenen-Speicherfunktion aus, d.h., die Verarbeitung großer Datenmengen ist nicht durch die Größe des vorhandenen Arbeitsspeichers limitiert, da bedarfsweise oder gem. definierter Richtlinien Datenbestände aus dem Arbeitsspeicher auch im Spaltenformat auf Festplatten verschoben werden können und umgekehrt, ohne dass überflüssige, speicherintensive Duplikate angelegt werden müssen. Somit konnte auch die bestehende Infrastruktur beider Unternehmen in die neue Umgebung integriert werden.

Um den Anwendern und speziell den Entscheidungsträgern den Einstieg in das gemeinsame ERP-System mit neuen Benutzeroberflächen und Möglichkeiten im Reporting wie dynamischen Dashboards zu erleichtern, wurden der Integrationsprozess von regelmäßigen Machbarkeitsanalysen, den sog. Proofs of Concepts (PoC), begleitet und manuelle Prozesse nach Validierung zunächst erhalten. Mithilfe von Rentabilitäts-Cubes konnte über die verbesserte Datenaggregation auf Transaktionsebene die Margenanalyse mit fortschreitender Genauigkeit betrieben werden und mithilfe von Spend Cubes konnten die Ausgaben aller fusionierten Unternehmensteile nachhaltig optimiert werden. Die systemseitigen Verbesserungen bzw. Anpassungen wurden entsprechend den Geschäftsszenarien schrittweise vorgenommen.

Nach Abschluss des ERP-Roll-Outs sollen alle Systeme auf SAP-S/4HANA-basierten Umgebungen operieren.

2.4 Ergebnisse und Evaluation

Die Integrationsvariante, der Gesamtmigration mit der angegliederten Gesellschaft die schlanke Anbindung bestehender Datenbanken per ETL-Tools und Datenbankspiegelung in die bestehende SAP-Landschaft vorauszuschicken, hat sich als praktikable und robuste Strategie erwiesen. Somit konnten zunächst alle betriebswirtschaftlichen Anforderungen über das

Aktives Controlling und vereinfachte Prozesse

Gesamtunternehmen erfüllt und anschließend die Migration auf SAP S/4HANA unter schrittweiser Entkoppelung alter Systeme vollzogen werden, ohne den laufenden Geschäftsbetrieb zu gefährden.

Mit Blick auf die Managementberichterstattung und das implementierte SAP BPC trifft dies speziell auf die wichtigsten Integrationsanforderungen gemessen an ihren Synergieeffekten zu. Die Bereitstellung der über alle Unternehmensteile hinweg vereinheitlichten KPIs wurde erreicht, indem auf Abteilungsebene konsolidierte BPC-Daten inklusive aller verfügbaren Historien um zusätzliche Daten aus Drittquellen wie Excel oder HR-Datensätzen automatisch ergänzt worden sind. Insbesondere wurde bereits kurz nach der Fusion der 2 Unternehmen die beidseitige Transparenz geschaffen, Berichte der Abteilungen des einen Unternehmensteils gegen die jeweiligen Berichte des anderen Unternehmensteils abzugleichen, was aufgrund des Vorhandenseins einiger Kundenschnittmengen eine wichtige Rolle spielte.

Mit der Schaffung eines gemeinsamen Data Warehouse basierend auf Wirtschaftlichkeitsanalysen und einer globalen Spend Analysis konnten Cross-Selling-Synergien und Kosteneinsparungen realisiert werden, nachdem allgemein gültige Definitionen der Bruttomargen und Ausgaben bezüglich der Regionen, Standorte, Business Units etc. festgelegt worden waren.

Durch die Fusion der Systemlandschaften unter Minimierung der Komplexität in Datenstrukturen und Berichtwesen zusammen mit vielen weiteren Vorzügen von SAP S/4HANA, wie die nahezu unbegrenzte Skalierbarkeit, Analyse- und Suchfunktionen, Sicherheitsmerkmale, Back-Up- und Recovery-Funktionen, wurden innerhalb kurzer Zeit beträchtliche Reduktionen von Kosten und Risiken erreicht. Die durchgeführten Machbarkeitsanalysen bestätigten die enormen Performancesteigerungen unter SAP S/4HANA und eine gesteigerte Akzeptanz der Benutzeroberflächen. Viele umfangreiche Funktionalitäten, die integrierte SAP-S/4HANA-Anwendungen mit sich bringen, haben individuell entwickelte Lösungen in weiten Teilen überflüssig gemacht.

Knackpunkte bei der Integration waren nicht vermeidbare Anpassungen bisheriger Abläufe oder das Re-Design diverser Prozesse. Eine gewissenhafte Datenbereinigung im Vorfeld an die Systemmigration wäre angezeigt gewesen, da sie nun im Nachgang nicht unbedingt aufwandsärmer bewältigt werden muss. Außerdem sind noch weitere Planungen und Prognosen bis hin zur langfristigen Überführung aller wirtschaftlichen Einheiten in das gemeinsame SAP-System notwendig.

Im Ergebnis steht dem Berichtswesen eine attraktive, funktionale SAP-BPC-Anwendung mit einheitlicher Oberfläche zur Seite, die dank eines entschlossenen Managements binnen weniger Monate nach der Fusion das Online-Reporting über alle Unternehmensteile gleichzeitig ermöglicht hat und heute nicht nur zuverlässige Analysen und Prognosen gestattet, sondern auch lückenlose Daten für Monats- und Jahresabschlüsse liefert.

3 Fazit

Mergers & Acquisitions stellen Unternehmen vor eine Vielzahl unterschiedlicher Probleme. Trotz des enormen Potenzials, das eine vollständig integrierte Systemlandschaft mit unternehmenseinheitlicher Datengrundlage dabei eröffnet, wird die sorgfältige Abwägung aller Möglichkeiten für ganzheitliche Konzepte und langfristige Lösungen häufig vernachlässigt. Hohe Investitionskosten und erheblicher Planungsaufwand schrecken ab oder fehlende Fachkenntnisse stehen zielgerichteten Maßnahmen im Wege. Dabei ist es durchaus lohnend, intensive Auseinandersetzungen sowohl intern als auch mit verlässlichen externen Beratern zu führen und bestehende IT-Strategien grundsätzlich regelmäßig zu hinterfragen. Mit der In-Memory-Plattform S/4HANA hat SAP ihren Kunden zum Einstieg in die Digitale Transformation verholfen und nicht zuletzt im täglichen Controlling und Reporting als Grundlage für Managemententscheidungen völlig neue Maßstäbe gesetzt. Der Aufwand notwendiger Integrationsprozesse wird dabei stetig größer.

Deshalb ist es umso wichtiger, dass Unternehmen jene Vorhaben strukturiert und mit klaren Zielvorgaben angehen. Der Weg dorthin allerdings ist so individuell wie die Unternehmen, die ihn gehen.

4 Literaturhinweise

Gronau/Fohrholz, ERP-Trendreport 2013 – Neue Märkte durch neue Technologien?, 2012.

In-Memory-Technologie als wichtiger Treiber für den Erfolg der Industrie 4.0

■ Die Verfügbarkeit von Massendaten durch die fortschreitende Digitalisierung im Zusammenhang mit Industrie 4.0 stellt Unternehmen vor große Herausforderungen. Die Echtzeit-Datenanalyse bietet zugleich aber auch ein enormes Chancen-Potenzial.

■ Die Vernetzung cyber-physischer Systeme führt zu einem enormen Anstieg der verfügbaren Daten, die nur durch eine geordnet strukturelle und konsistente Datenspeicherung verwertbar gemacht werden können.

■ Moderne ERP-Systeme, die auf einer In-Memory-Technologie basieren, sind ein essenzieller Faktor, um Nutzenpotenziale der Industrie 4.0 zu realisieren, da sie die Verwertbarkeit der durch Vernetzung gewonnenen Daten erst ermöglichen.

■ Die Steuerung von Prozessen steht durch die Verfügbarkeit von Daten in Echtzeit vor einem Paradigmenwechsel. Die Herausforderung für Controller wird es sein, diese Veränderungen anzunehmen und eine aktive Rolle im Wandlungsprozess „Industrie 4.0" einzunehmen.

■ **Die Autoren**

Philipp Lill, Strategic Project Manager im Bereich „Advanced Technologies" der KUKA AG in Augsburg sowie wissenschaftlicher Mitarbeiter und Doktorand im Forschungsbereich Controlling und Innovation am Strascheg Institute for Innovation, Transformation and Entrepreneurship (SITE) der EBS Universität für Wirtschaft und Recht in Oestrich-Winkel.

Martin Esch, Wissenschaftlicher Mitarbeiter und Doktorand im Forschungsbereich Controlling und Innovation am Strascheg Institute for Innovation, Transformation and Entrepreneurship (SITE) der EBS Universität für Wirtschaft und Recht in Oestrich-Winkel.

Prof. Dr. Ronald Gleich, Vorsitzender der Institutsleitung des Strascheg Institute for Innovation, Transformation and Entrepreneurship (SITE) der EBS Universität für Wirtschaft und Recht in Oestrich-Winkel sowie geschäftsführender Gesellschafter der Horváth Akademie GmbH in Stuttgart.

1 Die vierte industrielle Revolution

Gerade vor dem Aspekt der zunehmenden Konkurrenz aus dem Ausland kann die heutige Wettbewerbsfähigkeit der deutschen Wirtschaft zukünftig nur durch Innovationen gesichert werden. Ein Innovationsaspekt, dem viel Beachtung geschenkt wird, ist die „Industrie 4.0". Das auch unter dem Namen „Internet der Dinge" bekannte Phänomen scheint heute omnipräsent in den Vorstandsetagen vieler Unternehmen zu sein. Auch das Bundesministerium für Bildung und Forschung sieht hier einen zentralen Stellhebel seiner High-Tech-Strategie zur Förderung des Wirtschaftsstandorts Deutschland. Eine genaue Definition dieses Sammelbegriffs lässt sich jedoch nur schwer ausmachen. So wird durch die inflationäre Verwendung, sei es in der Praxis oder in der Wissenschaft, ein breites Spektrum an Handlungsfeldern abgedeckt. Eine Analyse deckte über 100 verschiedene Definitionen auf.[1]

Definition und Bedeutung

Zur Verbesserung der Handlungsfähigkeit und Steuerung der Stoßrichtung auf diesem Gebiet hat sich ein Arbeitskreis mit Vertretern der Industrie unter der Leitung der Deutschen Akademie der Technikwissenschaften (acatech) geformt, um acht konkrete Handlungsfelder, wie bspw. „Standardisierung und Referenzarchitektur" oder „Aus- und Weiterbildung" zu allokieren und Empfehlungen hierfür auszusprechen.[2] In diesem Rahmen wurde auch eine einheitliche Definition erarbeitet. So verstehen die Vertreter des Arbeitskreises unter „Industrie 4.0" die intelligente Vernetzung von Produkten und Prozessen entlang der Wertschöpfungskette, mit dem Ziel, die Prozesse im Rahmen der Leistungserstellung auf höchstmögliche Effizienz zu trimmen. Des Weiteren soll dem Kunden ein größerer Nutzen durch Erweiterung des Leistungsangebots um innovative Produkte und wertschöpfende Dienstleistungen zugute kommen. Wesentliche Merkmale der Produktion der Zukunft sind:

- die **horizontale Integration über Wertschöpfungsnetzwerke**,
- die **Durchgängigkeit des Engineerings über die gesamte Wertschöpfungskette** sowie
- die **vertikale Integration und vernetzte Produktionssysteme** in Echtzeit.[3]

1.1 Chancen der Industrie 4.0

Die Visionen der Unternehmen zur Erreichung dieser Ziele sind vielfältig. Der Kundenwunsch steht dabei über allem. Alle Verbesserungen der Leistungserstellung und des Leistungsangebots sind auf diesen ausgerichtet.

---

[1]   Vgl. Bauer/Schlund/Marrenbach/Ganschar, 2014, S. 18.
[2]   Vgl. Kagermann/Wahlster/Helbig, 2013, S. 5.
[3]   Vgl. Kagermann/Wahlster/Helbig, 2013, S. 6.

Verbesserung der Leistungserstellung

In Zukunft wird die Produktion intelligenter werden. Durch die zunehmende Vernetzung von Maschinen, Menschen und zu fertigenden Werkstücken entsteht von Beginn an eine Art soziales Netzwerk, das die Wertschöpfung effizienter macht. In einer sog. „Smart Factory" ist es mittels Echtzeitanalysen möglich, jederzeit ein aktuelles virtuelles Abbild der Realität zu generieren. Dies erlaubt es Unternehmen, unmittelbar in die eigenen Produktionssysteme einzugreifen, Produktionsausfällen vorzubeugen und die gewonnenen Daten im Rahmen einer Analyse für die weitere Verbesserung der Produktionslandschaft heranzuziehen.

Durch diese radikale Neuerung wird in Zukunft die Steuerung dezentralisiert werden. Das bedeutet, dass man heutige Produktionsplanungsprozesse überdenken und dahingehend abändern muss, dass sie mehr Flexibilität ermöglichen, um somit eine gewisse Art an Resilienz zu besitzen, die es ermöglicht, kurzfristige Produktionssteigerungen ohne Performance-Verluste realisieren zu können. Dadurch, dass intelligente Produkte in solch einem komplexen System fortlaufend ihren aktuellen Fertigungsgrad reporten können, kann zudem aktiv in den Herstellungsprozess eingegriffen werden. Freie Kapazitäten in der Produktion werden allokiert und selbstständig den Werkstücken zugeteilt. Dies ermöglicht die Beherrschbarkeit höherer Komplexität in kürzerer Zeit. Produkte mit Losgröße 1 können sich ohne vorherigen Planungsaufwand ihre benötigten Prozessschritte suchen und nacheinander durchlaufen. Dadurch wird vor allem dem Kundenwunsch der Individualisierung Rechnung getragen.

Verbesserung des Leistungsangebots

Ein weiterer Nutzen für den Kunden ist die Erweiterung des bestehenden Leistungsangebots durch Smart Products. Darunter werden Produkte verstanden, die in der Lage sind, mit ihrer Umwelt zu interagieren. Dazu müssen sie u.a. mittels Sensoren ihre Umwelt wahrnehmen können und die daraus gewonnenen Informationen sinnstiftend, d.h. intelligent und reaktionsschnell, verarbeiten können. Die Vernetzung des Produkts mit Mitarbeitern und anderen Maschinen (Mensch-Maschine-System) ermöglicht zusätzlich eine Weiterverwendung dieser Informationen. Daraus können auch neue Dienstleistungen und Geschäftsmodelle, sog. „Smart Services", entstehen. Ein häufig angeführtes Beispiel ist „Predictive Maintenance". Störungen können regelbasiert durch Erfahrungswerte vernetzter Maschinen und die selbstständige Erkennung potenzieller Einflussfaktoren frühzeitig erkannt und somit eventuell drohende Stillstandszeiten abgewendet werden.

1.2 Herausforderungen der Industrie 4.0

Um Industrie 4.0 hierzulande zu einer Erfolgsstory zu machen, müssen viele Stakeholder große Anstrengungen auf sich nehmen. Die Unternehmensberatung PricewaterhouseCoopers untersuchte in einer Studie die Herausforderungen, die auf jeden Einzelnen der Akteure zukommen.[4]

Vorbereitende Maßnahmen für Erfolg notwendig

Die Bereitschaft der Unternehmen, sich zu verändern, steht dem Fortschritt häufig im Wege. So befassen sich zwar viele Unternehmen mit dem Thema, messen ihm aber **keine hohe Priorisierung** bei. Dies geschieht **insbesondere wegen der fehlenden Nutzenquantifizierung** von Industrie-4.0-Projekten. Diese sind häufig mit hohen Initialaufwänden behaftet, während der Mehrwert entweder erst in ferner Zukunft absehbar ist oder sich der Nutzen auf die Erhaltung der bestehenden Marktposition „beschränkt".

Für die Produktion ist die Industrie 4.0 Fluch und Segen zugleich. Während durch die zunehmende Vernetzung enorme Effizienzpotenziale aufgedeckt werden können, erhöht die Digitalisierung der selbigen in gleichem Maße die Gefahr von **Produktionsausfällen bei Nichtverfügbarkeit relevanter Informationen**. Sicherheitsmechanismen und Gegenmaßnahmen müssen implementiert werden, um große Schäden zu vermeiden.

Eine weitere große Herausforderung für Unternehmen ist das Thema „Sicherheit". Die zunehmende Vernetzung, insbesondere die Anzahl der externen Schnittstellen, weckt Ängste vor Know-how-Verlust. Mit Fragestellungen des **Datenschutzes bzw. der Datensicherheit** sowie der digitalen **Industriespionage** beschäftigten sich die meisten Industrieunternehmen bisher nur in begrenztem Maße. In diesem Zusammenhang ist auch die Verhinderung von digitaler **Sabotage** ein weiterer Aspekt, auf den die Unternehmen achten müssen.

Doch zwei grundlegende Pfeiler sind als größte Herausforderung in diesem Kontext anzusehen. Unternehmensextern ist die **industrielle Breitbandstruktur** die Grundlage für den Erfolg. Da viele Mittelständler und Global Player in ländlichen Regionen beheimatet sind, muss besonders die Politik hier auf eine flächendeckende Breitbandabdeckung hinarbeiten. Dazu sind noch große Investitionen notwendig. Innerhalb der Unternehmen muss allerdings auch die Systeminfrastruktur den Anforderungen, die an sie gestellt werden, gerecht werden. Die entstehende Flut aus Daten muss gesteuert und beherrscht werden, um die Potenziale vollständig auszuschöpfen.

---

[4] Vgl. hierzu PwC, 2014.

2 Enterprise Resource Planning: Das Rückgrat der Industrie 4.0

2.1 Cyber-physische Systeme

Vernetzung als zentrales Element

Der Weg hin zur Vision des „Internets der Dinge" ist als stufenweiser Entwicklungsprozess zu sehen (s. Abb. 1). Als Basis für die Vernetzung sollen sog. Cyber-physischen Systeme (CPS) dienen. Hierunter versteht man intelligente Maschinen, Lagersysteme und Betriebsmittel, die eigenständig dazu in der Lage sind, Informationen auszutauschen, Aktionen auszulösen und sich gegenseitig in ihrem Handeln zu beeinflussen. Um dies zu ermöglichen, sind 3 Komponenten notwendig:

- Physische Komponenten (z.B. Sensoren)
- Intelligente Komponenten (z.B. Datenspeicher)
- Vernetzungskomponenten (z.B. Cloud-Anbindung)

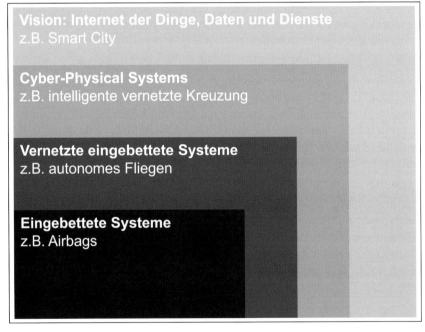

Abb. 1: Die Evolution eingebetteter Systeme zum Internet der Dinge, Daten und Dienste[5]

Die zentrale Bedeutung der CPS und der Möglichkeitsspielraum, der sich durch diese Systeme ergibt, wird durch verschiedene Entwicklungen begünstigt. Während in der Vergangenheit die **Miniaturisierung der**

---

[5] In Anlehnung an acatech, 2011, S. 10.

Elektronik und die **fortschreitenden Erkenntnisse der Mechatronik** zu immer leistungsstärkeren Produkten führten, ermöglichten die **Etablierung der Softwaretechnik** und die **Vernetzung von Informationssystemen** intelligentes Handeln der selbigen.[6] So bewirken intelligente Komponenten eine Leistungssteigerung von physischen Komponenten und Vernetzungskomponenten erhöhen den Wert der intelligenten Komponenten. Porter und Heppelmann bezeichneten dies als „sich selbst verstärkenden Wertsteigerungszyklus".[7]

2.2 Anforderungen an das ERP-System der Zukunft

Durch intelligente Produkte und deren erhöhten Datenaustausch mit anderen Produkten, dem Betriebsumfeld, zwischen Herstellern untereinander und letztlich auch den Nutzern entstehen riesige Datenmengen, die in Echtzeit zur Verfügung stehen und ausgewertet werden müssen. Moderne ERP-Lösungen dienen als Grundwerkzeug, um diesen zentralen Aspekt der Industrie 4.0 umzusetzen. Zur vollumfänglichen Potenzialausnutzung müssen verschiedene Anforderungen erfüllt werden.[8]

Technische Anforderungen an zukünftige ERP-Systeme

So erfordert die Vernetzung von Maschinen vor allem eine flexible Lösung zur **einfachen Anbindung und Integration von Drittlösungen**. Da in Zukunft möglichst viele Maschinen in die Kommunikation eingebunden sein sollen und die Schaffung einheitlicher Standards und Softwarelösungen aufgrund unterschiedlicher Interessen seitens der Hersteller nicht realisierbar ist, müssen offene Schnittstellen am ERP-System implementiert werden, um eine größtmögliche Integrationsfähigkeit des Systems zu gewährleisten.

Anbindung und Integration

Die so ermöglichte **Integration von ERP-Systemen mit Manufacturing Execution Systems** (MES) dient als grundlegende Verbindung von Unternehmensmanagement und Produktionssteuerung. Eine gute Integration der beiden Systeme ermöglicht eine zunehmende Machine-to-Machine-(M2M)-Vernetzung mit dem bestehenden System, ohne grundlegende Änderungen an der Systemarchitektur vornehmen zu müssen.

Die dadurch entstehende Datenmenge macht die **Schaffung einer zentralen Datenhaltung mit einheitlichen Datenformaten** notwendig. ERP-Systeme dienten den Unternehmen seit jeher als wichtige Informationsquelle. Dies wird sich auch in Zukunft nicht ändern. Jedoch müssen Unternehmen aktiv Projekte zur Systemmodernisierung und Datenkonsolidierung angehen, andernfalls drohen sie in der Flut von Daten unterzugehen. Der große Initialaufwand wird häufig als Hürde für solche Projekte angesehen. Es existieren allerdings mittlerweile Tools und Templates, die Unter-

Zentrale Datenhaltung, einheitliche Formate

---

[6] Vgl. it's OWL, 2014, S. 2.
[7] Vgl. Porter/Heppelmann, 2014, S. 34ff.
[8] Vgl. Verheyen, 2015, S. 1f.

nehmensdaten mit einem hohen Automatisierungsgrad bereinigen und fehlerfrei in neue Systeme überführen können.

Ist die Zentralisierung der Datenhaltung abgeschlossen, muss eine **leistungsfähige Infrastruktur** eingerichtet werden, die unterschiedlichste Abfragen in Echtzeit ermöglicht. Insbesondere dringliche Aufträge oder kurzfristige Umweltveränderungen führten in der Vergangenheit häufig dazu, dass geplante Produktionszyklen ihre Gültigkeit verloren und überarbeitet werden mussten. Die Generierung eines virtuellen Abbilds der Realität in Echtzeit ermöglicht das Aufspüren freier Kapazitäten, sei es in der Produktion oder in den Liefernetzwerken der Unternehmen. Die Anforderungen, insbesondere an die Business Intelligence, sind hierfür sehr hoch. ERP-Systeme müssen in der Lage sein, einfache Echtzeitabfragen für unterschiedliche Anwender zu realisieren. Regelbasierte grafische Visualisierungen können die Interpretation der Abfrage erleichtern. Aber auch die Prozesslandschaft muss sich dahingehend verändern, damit Prozesse nicht als ein starres Korsett dienen, sondern vielmehr kurzfristig angepasst werden können.

Um neben Ad-hoc-Abfragen auch die relevanten Geschäftsprozesse im Blick behalten zu können, müssen sog. **Business Activity Queries**, also wiederkehrende Anfragen, durch den Anwender ohne Einbezug der IT zu erstellen sein. Individuelle Dashboards dienen der besseren Handhabung der abgefragten Daten. Beim Eintreten vordefinierter Ereignisse wird der Anwender automatisch benachrichtigt und systemseitig eine Intervention von ihm verlangt.

ERP als Enabler der Industrie 4.0 Mit der Implementierung eines modernen ERP-Systems wird folglich die entscheidende Grundlage für die Realisierung der Nutzungspotenziale der Industrie 4.0 geschaffen. Doch der Weg zur digitalen Vernetzung von Wertschöpfungsketten muss auch jenseits der Technik strukturiert fortgeführt werden.

Die Frage nach dem sinnvollen **Grad der Vernetzung** muss jedes Unternehmen individuell für sich beantworten. Es muss analysiert werden, welche Vorteile sich bieten und wie diese messbar sind, um eine transparente Entscheidungsgrundlage zu schaffen. Ein weiterer Aspekt ist die **Innovationsfähigkeit**. So bedeutet der Veränderungsprozess nicht nur, dass bestehende Vorgänge und Prozesse digitalisiert und automatisiert werden, sondern dass aus den gewonnenen Informationen eine Erweiterung des Serviceportfolios und Änderungen im Geschäftsmodell angestrebt werden, die zusätzlich Wertschöpfung generieren. Dies bedeutet auch, dass Unternehmen ständige **Bereitschaft** zeigen müssen, Entscheidungswege, Rollen und Prozesse immer wieder neu und flexibel zu definieren. Nur so können die Vorteile der Vernetzung vollständig realisiert werden.

Um diese Bereitschaft zur Veränderung zu erhöhen, ist eine **engere Zusammenarbeit** interdisziplinärer Teams notwendig. Durch die höhere Vernetzung verschwimmen Grenzen zwischen Verantwortungsbereichen und Hierarchien. Die schnelle Interaktion über in das ERP-System integrierte Social Collaboration Plattforms wird zum zentralen Element der Kommunikation in einem Unternehmen.

2.3   In-Memory-Technologie und Industrie 4.0

Während ERP-Systeme heutzutage häufig noch starr und behäbig sind, bieten neue Technologien, wie die In-Memory-Technologie, Möglichkeiten, den hohen Anforderungen einer Industrie-4.0-Landschaft gerecht zu werden. Dieses Potenzial führt dazu, dass immer mehr Anbieter mit ihren Business-Intelligence- und ERP-Lösungen auf den Markt drängen. Umso wichtiger ist es für die existierenden Systemanbieter, dass sie an dieser Entwicklung teilhaben. Im Folgenden wird auf die neue Business Suite S4 von SAP näher eingegangen (s. Abb. 2).

Technologie der Zukunft

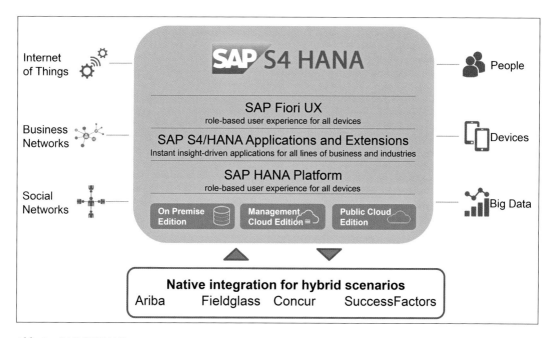

Abb. 2: SAP S/4HANA

Nachdem sich SAP mit dem hauseigenen ERP-System über Jahre hinweg zwar durch hohe Zuverlässigkeit, aber nur durch inkrementelle Weiterentwicklungen ausgezeichnet hat, ist die neueste Version „S4", die auf der eigens entwickelten In-Memory-Technologie „HANA" basiert, als bedeutender Schritt in Richtung Zukunft zu werten.

Beim neuen System sind die Daten, statt wie bisher auf der behäbigen Festplatte, auf dem Arbeitsspeicher hinterlegt. Somit ist es möglich, erheblich schneller als bisher auf die Datenbanken zuzugreifen. Darüber hinaus sind durch die höhere Leistungsfähigkeit des Arbeitsspeichers auch komplexere Abfragen in sehr kurzer Zeit möglich, was wiederum die Allokation von Effizienzpotenzialen erhöht.

Einen weiteren Mehrwert bietet die Einbindung von externen Datenquellen und Drittlösungen in das System. So können die Daten intelligenter Maschinen eingelesen werden und bspw. durch Business-Intelligence-Softwarelösungen von Drittanbietern, wie Qlikview, aufbereitet und dem Nutzer in einem individuellen Report dargestellt werden.

Speziell bei SAP kommen im Industrie-4.0-Kontext weitere spannende Aspekte hinzu. In verschiedenen Kooperationen mit Unternehmen des Maschinen- und Anlagenbaus werden derzeit Pilotprojekte gestartet, die untersuchen sollen, welche Anwendungsmöglichkeiten für die In-Memory-Technologie sinnvoll ausgestaltet werden können.

Dabei wird die In-Memory-Technologie häufig in Kombination mit SAP Leonardo, dem entwickelten „Digital Innovation System", das sich mit Themen wie künstliche Intelligenz, Blockchain und Machine Learning beschäftigt, kombiniert, um so zusätzlichen Nutzen zu generieren.

In einer Kooperation mit der in Augsburg ansässigen KUKA AG wird die Integration von Roboterapplikationen in die SAP-Cloud vorangetrieben, um basierend auf diesen Daten eine Echtzeitsteuerung der Produktion zu ermöglichen. Des Weiteren sollen die gewonnenen Informationen Unternehmen dabei helfen, unterschiedliche „Predictive Maintenance"-Szenarios zu bewerten und somit durch frühzeitige Erkennung von Problemen Stillstandzeiten zu verhindern. Die Erkenntnisse, die aus einer retrospektiven Auswertung dieser Daten gewonnen werden könnten, hätten nur begrenzten Mehrwert. Daher ist es unabdingbar, Systeme mit In-Memory-Technologie zu verwenden, da nur diese leistungsstark und reaktionsschnell genug sind, um den großen Anforderungen der Echtzeitauswertung gerecht zu werden.

SAP sieht deshalb die In-Memory-Technologie als essenzielle Voraussetzung zur Beherrschung der Herausforderungen der Zukunft an, die durch Themen wie Industrie 4.0 und künstliche Intelligenz auf die Unternehmen zukommen werden.

3 Von Industrie 4.0 zu Controlling 4.0

3.1 Herausforderungen für den Controller

Ob man die Entwicklung von der ersten industriellen Revolution, der Erfindung der Dampfmaschine, über die Automatisierung durch Elektronik und IT bis hin zur Industrie 4.0, die sich durch die Vernetzung Cyberphysischer Systeme auszeichnet, als Revolution oder logische Weiterentwicklung ansieht, ist für die weitere Diskussion nebensächlich. Allerdings steht die Steuerung von Prozessen durch die Verfügbarkeit von Daten in Echtzeit vor einem Paradigmenwechsel. Dieser Meinung schließen sich auch die CFOs großer Konzerne an, die insbesondere die kontinuierliche Messung der Wandlungsfähigkeit und Effizienz der eingesetzten Ressourcen als größte Herausforderung für die Zukunft ansehen.[9] Es scheint, als wären die Grundbedingungen für das Internet der Dinge geschaffen. Die kaufmännischen Aspekte müssen sich momentan jedoch noch formulieren. Die Herausforderung für Controller ist es dabei, die Industrie-4.0-Entwicklungen aktiv mitzugestalten und die Ausgestaltung von Controllingprozessen, -systemen und -instrumenten an die neue Realität anzupassen.[10]

Anpassung an die neue Realität

In diesem Kontext ergeben sich mittelbare und unmittelbare Einflüsse auf das Controlling (s. Abb. 3). Durch die Echtzeitverfügbarkeit von Daten und die damit erhöhte Transparenz sowie die damit verbundene Flexibilisierung und Dynamik von Prozessen verändert sich die Bedeutung der strategischen Planung, von Forecasts sowie der Kosten-, Leistungs- und Ergebnisrechnung. Insbesondere die Fähigkeit, die richtigen Informationen aus den Datenbergen zu extrahieren und in verständliche Berichte umzuwandeln, wird immer wichtiger. Der Controller muss hierfür seine klassischen Kompetenzen um technisches Wissen bspw. über die Systemarchitektur erweitern. Die sinnvolle Definition von OLAP-Würfeln bzw. Datenwürfeln innerhalb des Data Warehouse erweitert somit in Zukunft das Leistungsspektrum seiner Arbeit. Der Controller wird unverzichtbar und nimmt eine Rolle als Navigator ein.

Aber auch bei klassischen Aufgaben warten neue Herausforderungen. Beispielsweise müssen Konzepte der Kostenrechnung auf die geänderte Realität angepasst werden. Die Flexibilisierung der Prozesse und Arbeitspläne lässt sich in der Kalkulation der Standardkosten nicht ohne Weiteres abbilden. Das bedeutet, dass Steuerungsmodelle, die auf Abweichungsanalysen beruhen, ergänzt oder geändert werden müssen. Auch das Produktionscontrolling sieht sich mit der Herausforderung konfrontiert, neue Steuerungsmethodiken zu entwickeln, die sich eher an Größen wie der aktuellen Auslastung der Fertigung oder der Priorität eines Fertigungs-

---

[9] Vgl. Gleich/Munck/Schulze, 2016, S. 22.
[10] Vgl. Gleich/Munck/Thiele, 2016, S. 83.

auftrags orientieren. Für diese Veränderungen ist es essenziell, dass die dafür benötigten Daten automatisiert an das ERP-System übermittelt werden und dieses auch die Fähigkeit besitzt, die Daten zu verwerten.

Controlling-Hauptprozesse	Einfluss durch Industrie 4.0
Strategische Planung	• Nutzenquantifizierung der Digitalisierung und Vernetzung hinsichtlich des Optimierungspotenzials • Identifikation neuer digitalisierungsorientierter Geschäftsfelder
Operative Planung und Budgetierung	• Neue KPIs • Flexible Budgetierung
Forecast	• Ständig aktuelle Produktions- und Marktdaten • Forecasts in Echtzeit
Kosten-, Leistungs- und Ergebnisrechnung	• Verbesserte Transparenz der Fertigungskosten • Bessere Verrechnungsgrundlage für Fertigungsgemeinkosten durch die umfassende Informationstransparenz
Management Reporting	• Einsatz von mobilen Endgeräten • Zukunftsgerichtete Berichte • „What-If"-Analysen
Projekt- und Investitionscontrolling	• Überwachung von Produktionsabläufen in Echtzeit • Investitionsentscheidungen auf Basis von szenariobasierten Simulationsmodellen
Risikomanagement	• Berücksichtigung neuer Risiken, die sich durch die umfassende Digitalisierung ergeben

Abb. 3: Einfluss von Industrie 4.0 auf die Controlling-Hauptprozesse[11]

Die derzeit existierenden Anwendungsfälle von Industrie 4.0 sind eher als Pilotprojekte anzusehen. Eine allgemeine Herangehensweise an diese Herausforderung ist, solange sich noch keine Standards etabliert haben, nicht zu definieren. Die Aufgabe des Controllers ist neben der Bewertung strategischer Investitionsentscheidungen im Hinblick auf die Digitalisierung daher eine sukzessive unternehmensindividuelle Vorbereitung der operativen Steuerung, die sich auf die zukünftigen Anforderungen konzentriert.[12]

---

[11] In Anlehnung an Seiter et al., 2015, S. 468.
[12] Vgl. Roßmeißl/Gleich, 2014, S. 48.

3.2 Praxisimpuls: Einführung eines neuen ERP-Systems

ERP-Systeme dienen dazu, die Struktur in Datensammlungen von Unternehmen zu wahren, um diese sinnvoll für das operative Geschäft nutzen zu können. Die großen Veränderungen durch Zukäufe, Verkäufe und Umstrukturierungen führten in vielen Unternehmen zu nichtkonsistenten Datenbergen, die in mehreren parallel existierenden Systemen verwaltet wurden. Damit gingen nicht nur Effizienzverluste durch die zusätzliche Arbeit der Harmonisierung dieser Systeme einher, sondern häufig konnten wichtige Informationen nicht allokiert bzw. extrahiert werden.

Ein neues ERP-System für das gesamte Unternehmen

Dieser Status quo und die bevorstehende Verstärkung dieses Problems durch die Vernetzung Cyber-physischer Systeme bewegten auch die KUKA AG vor einiger Zeit dazu, eine Überarbeitung ihrer Systemarchitektur anzugehen.

Dieser Schritt bedarf großer Vorarbeiten. Um die Vorteile der In-Memory-Technologie realisieren zu können, müssen aufwendige Vorüberlegungen angestellt werden. Hierzu zählen vor allem eine genaue Definition von Nomenklaturen und Richtlinien zur zukünftigen Dokumentation von Informationen. Eine verlässliche Datenbasis ist die Grundlage einer erfolgreichen Echtzeitsteuerung. Darüber hinaus muss aber auch die bestehende Prozesslandschaft überdacht werden. Trotz des Rufes nach Flexibilisierung ist eine idealtypische Darstellung aller existierenden Prozesse unabdingbar. Hierfür wurde unter Einbezug aller relevanten Stakeholder, wie IT, Anwender und Controlling, ein Prozesshaus entwickelt. Jedem Prozess wurde ein „Owner" zugewiesen, der in Zukunft für die Einhaltung der festgelegten Schritte verantwortlich sein wird. Basierend auf diesem Prozesshaus wurde eine konkrete Anforderungsdefinition an das neue ERP-System durchgeführt. Dies ist ein sehr aufwendiger Prozess, der einen großen Kommunikationsaufwand mit sich bringt. So kommen im Laufe eines solchen Projekts immer weitere Anforderungen hinzu, die auch wieder Einfluss auf die bereits existierenden haben. Die Herausforderung ist es also, die Komplexität, die durch solche Kommunikationsschleifen entsteht, zu beherrschen und möglichst klein zu halten.

Nachdem bei der KUKA AG verschiedene Anbieter unter strategischen Aspekten und dem Grad der Anforderungserfüllung systematisch miteinander verglichen wurden, entschied man sich letztendlich für die Verwendung von SAP S/4HANA. Um die Handlungsfähigkeit des Unternehmens auch in der Übergangsphase gewährleisten zu können, wurde das System sukzessive in einzelnen Gesellschaften implementiert. Da IT-Systeme insbesondere in frühen Phasen der Umsetzung häufig noch fehlerbehaftet sind, wurden zunächst die Hauptprozesse, wie der Einkauf, nicht berücksichtigt. Später wurden diese dann nachgezogen.

Umsetzung der Anforderungen

Nach jeder „Implementierungswelle" wurden Erfahrungen gesammelt, die für den weiteren „Rollout" von großem Nutzen waren.

Eine strukturierte Datenbasis kann allerdings nur dann seine ganze Wirkung entfalten, wenn Anwender einfach und schnell darauf zugreifen können. Die neuen App-Oberflächen von SAP Fiori, aber auch externe Schnittstellen zu Business-Intelligence-Systemen wie Qlikview ermöglichen die Erstellung von Oberflächen, die den individuellen Ansprüchen der Anwender genügen.

So lassen sich sog. Dashboards erstellen, die auf jedes Einsatzgebiet angepasst werden können und alle zur Steuerung des jeweiligen Prozesses relevanten Informationen übersichtlich aufbereiten (s. Abb. 4). Die Erstellung dieser Dashboards wurde bei KUKA in den Verantwortungsbereich des Controllings gegeben, da dieser das nötige Knowhow hat, um abschätzen zu können, inwieweit Informationen steuerungsrelevant sind. Ein enger Kontakt zur IT hilft dabei, benötigtes Wissen über die Systeme in den Erstellungsprozess der Dashboards zu integrieren.

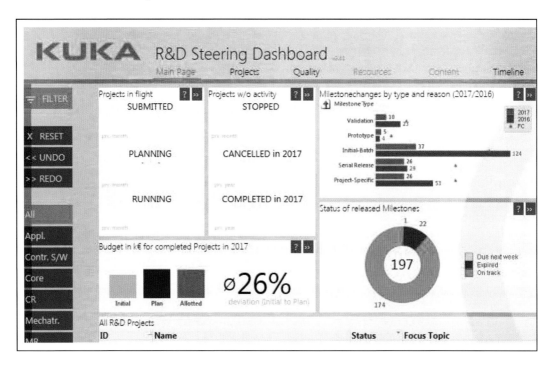

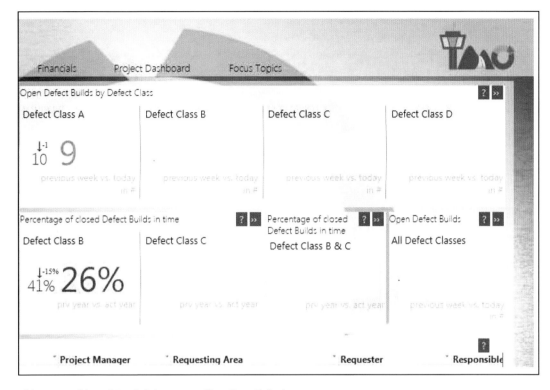

Abb. 4: Dashboard Produktionscontrolling (in 2 Teilen)

Die ersten Erfahrungen zeigen, dass die Vorzüge des neuen ERP-Systems und der darin verwendeten In-Memory-Technologie nicht nur in der Schnelligkeit der Steuerung, sondern auch in ihrer Detailliertheit liegen. Während bisher häufig eine zu hohe Detailtiefe zur Überlastung der Systeme führte, können nun auch Kleinstaspekte betrachtet werden. So kann beispielsweise bei Planabweichungen eine Ursachenanalyse bis in einzelne Materialnummern vorgenommen werden. Dieser Umstand bietet ganz neue Möglichkeiten für die zukünftige Steuerung bei der KUKA AG.

4 Fazit

Die Entwicklung hin zum Internet der Dinge wird die Industrie, wie wir sie kennen, radikal verändern. Um das Nutzenpotenzial, das sich dadurch ergibt, vollständig realisieren zu können, sind grundlegende technische Neuerungen wie die In-Memory-Technologie unverzichtbar. Erst die leistungsfähigen Softwarelösungen und Datenbanken ermöglichen eine Weiterverarbeitung und Aufbereitung der großen Menge an Daten, die durch die zunehmende Vernetzung von Maschinen, Menschen und Betriebsmitteln entsteht.

Für Unternehmen besteht die Gefahr, von der Konkurrenz abgehängt zu werden, falls sie sich nicht mit der nötigen Ernsthaftigkeit mit diesem Thema beschäftigen. Der Aufgabe des Controllers wird dabei eine besondere Rolle beigemessen. Es ist zum einen seine Verantwortung, die kaufmännischen Aspekte frühzeitig in die Gesamtbetrachtung von Vernetzungsprojekten mit einfließen zu lassen und den Nutzen jeder Neuerung zu quantifizieren, um somit internen Widerständen entgegentreten zu können. Die Schwierigkeit dieser Aufgabe liegt insbesondere darin, dass es keine allgemeingültige Formel zur Lösung dieses Problems gibt, sondern jedes Unternehmen einen individuellen, für es sinnvollen Grad der Vernetzung anstreben muss. Zum anderen muss der Controller auch darauf achten, dass er die eigenen Kontroll- und Steuerungsprozesse an die zukünftige Realität anpasst. Neue Technologien bieten die Möglichkeit der Automatisierung vieler aktuell zeitaufwendigen Aufgaben. In Zukunft wird der Controller mehr Zeit für die Datenanalyse aufwenden können, statt sie mit Datensuche und -aufbereitung zu verbringen. Durch die Möglichkeit eines virtuellen Abbilds der Realität in Echtzeit ergeben sich zusätzlich neue Steuerungsmöglichkeiten. Dies setzt allerdings eine höhere Flexibilität der Prozesse und ihrer Steuerung voraus.

Ein strukturiertes, leistungsfähiges ERP-System basierend auf der In-Memory-Technologie dient dabei als Grundlage für die Handhabbarkeit der riesigen Datenmengen und die Ausführungsmöglichkeit individualisierter Echtzeitanalysen.

5   Literaturhinweise

acatech, Cyber-Physical Systems – Innovationsmotor für Mobilität, Gesundheit, Energie und Produktion, 2011.

Bauer/Schlund/Marrenbach/Ganschar, Industrie 4.0 – Volkswirtschaftliches Potenzial für Deutschland, 2014.

Gleich/Munck/Schulze, Industrie 4.0: Revolution oder Evolution? Grundlagen und Auswirkungen auf das Controlling, in Gleich/Losbichler/Zierhofer (Hrsg.), Unternehmenssteuerung im Zeitalter von Industrie 4.0 – Wie Controller die digitale Transformation erfolgreich steuern, 2016, S. 21–41.

Gleich/Munck/Thiele, Auswirkungen von Industrie 4.0 auf das Produktionscontrolling von morgen, Controller Magazin 3/2016, S. 82–84.

it's OWL. Auf dem Weg zu Industrie 4.0: Lösungen aus dem Spitzencluster it's OWL, 2014.

Kagermann/Wahlster/Helbig, Umsetzungsempfehlungen für das Zukunftsprojekt Industrie 4.0 – Abschlussbericht des Arbeitskreises Industrie 4.0, 2013.

Porter/Heppelmann, Wie smarte Produkte den Wettbewerb verändern, Harvard Business Manager 12/2014, S. 34–61.

PricewaterhouseCoopers (PwC), Industrie 4.0 – Chancen und Herausforderungen der vierten industriellen Revolution, 2014.

Roßmeißl/Gleich, Industrie 4.0 – Herausforderung für das Produktionsmanagement und -controlling, in Horváth/Michel (Hrsg.), Controller Agenda 2017, 2014, S. 37–49.

Seiter/Sejdic/Rusch, Welchen Einfluss hat Industrie 4.0 auf die Controlling-Prozesse?, Controlling 8/9/2015, S. 466-474.

Verheyen, Mit ERP strukturiert zu Industrie 4.0; http://www.cio.de/a/mit-erp-strukturiert-zu-industrie-4-0,3249456, Abrufdatum 24.10.2017.

Supply Chain Management: Auswirkungen von SAP S/4HANA im Einzelhandel

- Handelsunternehmen haben Nachholbedarf in der Bewältigung von Herausforderungen des Omni-Channel-Vertriebs bzgl. aller Dimensionen eines Target Operating Model.

- Historisch gewachsene, heterogene Systemlandschaften bieten nicht die notwendigen Voraussetzungen einer vollständigen Integration aller angebotenen Online- und Offline-Vertriebskanäle.

- Gestiegene Anforderungen an die Customer Journey sowie an die Effizienz der Supply Chain erfordern eine moderne Systemfunktionalität bzgl. der Channel-Integration sowie prädiktiver Analysen und Szenario-Analysen zur Entscheidungsunterstützung.

- Zielsetzung muss ein ganzheitliches Transformationsprojekt sein, das über ein reines IT-Projekt hinausgeht. Darin sind die Anforderungen an zukünftige Geschäftsmodelle, veränderte Geschäftsprozesse sowie die Unternehmensorganisation zu realisieren.

- Vor dem Hintergrund der aktuellen Herausforderungen für den Handel beschreibt der Beitrag die Potenziale von SAP S/4HANA auf die Leistungsfähigkeit in Bezug auf Lieferfähigkeit, Bestandstransparenz für die Kunden sowie Bestandssteuerung. Detailliert werden die Auswirkungen und Potenziale für die operative Steuerung vorgestellt. Der Beitrag schließt mit einem Fallbeispiel zur Transformation eines Handelsunternehmens im Zuge der S/4HANA-Implementierung.

◼ Die Autoren

Dominik Fuchs, Principal im Competence Center Organization & Operations bei Horváth & Partners Management Consultants in München.

Mathias Haas, Principal im Competence Center Organization & Operations bei Horváth & Partners Management Consultants in Stuttgart.

Benedikt Böhme, Consultant im Competence Center Automotive bei Horváth & Partners Management Consultants in Stuttgart.

Julian Dombrowski, Consultant im Competence Center Organization & Operations bei Horváth & Partners Management Consultants in Düsseldorf.

Nicolas Göpfert, Consultant im Competence Center Organization & Operations bei Horváth & Partners Management Consultants in Stuttgart.

1 Supply-Chain-Prozesseffizienz im Handel: Relevanz und aktuelle Herausforderungen für integrierte Prozessabläufe

Eine effektive Einbindung und Steuerung von Partnern sowie von funktionalspezifischen Prozessabläufen entlang der Supply Chain bilden traditionell für Unternehmen aller Branchen eine entscheidende Herausforderung. Bei korrekter Verzahnung können diese zugleich für Wettbewerbsvorteile sorgen.

Abstimmung von Prozessabläufen kann zu nachhaltigen Kostenoptimierungen führen

Ein entscheidendes Element in dieser Hinsicht betrifft Prozessabläufe. Diese müssen im Gesamtkontext der unternehmensspezifischen Geschäftsmodelle aufeinander abgestimmt sein, um nachhaltig kostenoptimierend für das Unternehmen wirken zu können und um voneinander isolierte Prozessstränge zu vermeiden. Speziell im letzten Fall werden zusätzliche Abstimmungsvorgänge im Hinblick auf Planung oder übergreifende Prozessabläufe erforderlich. Deren Komplexität erhöht sich zudem kontinuierlich, sobald Handelsunternehmen eigene Fertigungs- und Produktionsprozesse für hauseigene Waren durchführen. In Zeiten eines stetig dynamischer werdenden Geschäftsumfelds können solche vermeidbaren Prozessineffizienzen wertvolle Zeit kosten und somit zu einem Verlust von Effizienz- und Umsatzpotenzialen führen

Insbesondere Handelsunternehmen mit geringer Wertschöpfungstiefe sind auf korrekt funktionierende und in sich abgestimmte Prozesse in Bezug auf Planungsabläufe sowie auf Beschaffung und Logistik angewiesen, um Kunden zu jeder Geschäfts- und Tageszeit ein optimales Angebotssortiment bieten zu können.

Verfügbarkeit von Waren und Lieferinformationen dauerhaft sichern

Bei Nichtvorhandensein spezifischer Waren ist es potenziellen Kunden aufgrund der stets vorhandenen Transparenz durch Vergleichsportale im Internet ohne Mehraufwand möglich, direkt zu alternativen Handelsanbietern zu wechseln. Hierbei muss der Kunde weder hinsichtlich Produktangebot, Lieferzeit oder Kauferlebnis noch in Bezug auf den tatsächlichen realisierten Endpreis Einbußen in Kauf nehmen. Daher muss die Verfügbarkeit von Waren und Lieferinformationen aufgrund der häufig vorhandenen Austauschbarkeit von Handelsanbietern oder Produkten als Grundvoraussetzung kontinuierlich gesichert sein.

1.1 Potenziale und Herausforderungen der Digitalisierung auf die Handelsbranche

Die zunehmende Digitalisierung stellt sowohl Potenzial als auch Herausforderung für die verschiedenen Anbieter der Handelsbranche dar. So eröffnen sich vertriebsseitig stetig neue Möglichkeiten einer kundenspezifischen Individualisierung in Bezug auf Produkte (z.B. mi adidas/Nike ID) oder in Bezug auf personalisierte Angebotskommunikation (z.B. Amazon Produktempfehlungen), die als Differenzierungsansätze zum Wettbewerb dienen können. Ziel ist es, eine höhere Kundenbindung zu schaffen und durch personalisiertes Marketing Produktabsätze gezielt zu steigern.

Ansätze eines Omni-Channel-Vertriebs ermöglichen zukünftig eine durchgehende Kundeninteraktion, da Kunden über sämtliche Online- und Offline-Kanäle hinweg ein nahtloses Einkaufserlebnis geboten werden kann („seamless shopping"). *Omni-Channel-Ansatz ermöglicht durchgehende Kundeninteraktion*

Hierbei muss es dem Kunden während und auch im Vorfeld eines Einkaufserlebnisses möglich sein, bei einheitlicher Informationsgüte mühelos zwischen den verschiedenen Vertriebskanälen (stationär, online, mobil) wechseln zu können. Auf der Vertriebsseite muss sichergestellt sein, dass dem Kunden sowohl im lokalen Shop als auch in mobilen App-Anwendungen bspw. einheitliche Preis- (Omni-Channel Pricing) oder Lieferinformationen zur Verfügung stehen.

Die Konsequenz einer durchgehend verfügbaren Vertriebsbereitschaft umfasst jedoch die kontinuierliche Steigerung der bereits hohen Dynamik und Komplexität. Dies wiederum führt zu neuen bzw. sich verstärkenden Herausforderungen für operative Prozesse sowie für die ganzheitliche Steuerung zur Erfüllung wechselnder Kundenbedarfe. Die Implementierung einer Omni-Channel-Strategie erfordert somit zugleich eine ganzheitliche Betrachtung der Frage, ob die operative Umsetzung auch systemseitig innerhalb von Lager-, Planungs- und gesamten Lieferkettenabläufen berücksichtigt werden soll. *Implementierung einer Omni-Channel-Strategie erfordert holistische Betrachtung*

1.2 Omni-Channel-Vertriebsintegration im Supply Chain Management

Mit Blick auf die Supply-Chain-Planung bedeutet eine Omni-Channel-Vertriebsintegration u.a., dass zukünftig Daten aus einer kontinuierlich wachsenden Vielzahl an Bedarfs- und Logistikplanungsquellen berücksichtigt werden müssen. Zeitgleich eröffnet sich die Chance, komplexere Datenmengen durch systemische Planungshilfen auswertbar und somit für eine tiefere Planungsgüte verwertbar zu machen.

Einen Trend im Supply Chain Management (SCM) bilden diesbezüglich speziell die Predictive Analytics. Planungsresultate müssen auch in diesem systemisch getriebenen Ansatz in effektiver Weise in operative Gesamtabläufe eingebunden und ausgenutzt werden. Das Thema Datenintegration spielt hierbei eine wesentliche Rolle. *Predictive Analytics als Trend im Supply Chain Management*

Digitale Supply Chain	Real-time Planung	Smart Data, Smart Decisions	Kollaborative Planung
Big-Data-Verarbeitung und Ausnutzung von IoT-Anbindungen ermöglichen kontinuierliche Transparenz zu Vorgängen entlang der kompletten Supply Chain.	Integrierte cloudbasierte Datenstrukturen ermöglichen die Durchführung von Planungsvorgängen und Szenariensimulationen in Echtzeit.	Geschäftsmodellspezifische Prognosemodelle ermöglichen prädiktive Planungsansätze.	Cloudbasierte Systemplattformen ermöglichen in Zukunft Planungsdurchführungen mit direkter Kollaboration der verschiedenen Fachbereiche.
Globale Risiken können gebündelt in sog. Supply Chain Control Towern bewertet und effektiv gegengesteuert werden!	Entscheidungen können kurzfristig auf Basis verfügbarer Informationen und simulierter Effekte getroffen bzw. angepasst werden!	Planungsentscheidungen und operative Vorgänge werden in Zukunft nicht mehr auf Basis historischer Entwicklungen sondern mithilfe systembasierter Datenalgorithmen getroffen!	Die unternehmens- sowie wertschöpfungsübergreifende Vernetzung fördert kontinuierlich Effizienz und Qualität der Planung!

Abb. 1: Aktuelle Trends der Supply-Chain-Planung

Auf der Ebene der ganzheitlichen Lieferkettensteuerung kommen traditionelle Logistik- und Lagerkonzepte bei vertrieblicher Verfolgung eines Omni-Channel-Ansatzes schnell an ihre Grenzen. Abhängig vom Geschäftsmodell müssen Lagerorte z.B. auf eine zeitgleiche Bedienung aller Vertriebskanäle neu ausgerichtet werden.

Transparenz zur Steuerung eines dynamischen Liefernetzwerks

Das Erfordernis, dem Kunden zu jeder Zeit an jedem Ort und über jedes Buchungsmedium hinweg transparente Warenverfügbarkeiten zu ermöglichen, lässt eine Digitalisierung der Lieferkette und eine möglichst zeitaktuelle Planung daher als unabdingbar erscheinen. Eine durchgehende Transparenz über mögliche Lieferengpässe oder Lagerrisiken wird somit in Zukunft entscheidend sein, um ein stetig dynamischer und komplexer werdendes Liefernetzwerk steuerbar zu halten.

Die von Grund auf komplexe Planung und Steuerung der verschiedenen Unternehmensprozesse wird sich stetig verkomplizieren, da Aspekte wie erforderliche Kühlketten oder MHD-Richtlinien sowie zollrechtliche Bestimmungen etc. in der korrekten Planung beachtet werden müssen.

1.3 In-Memory-Technologie als Notwendigkeit in Zeiten der Digitalisierung

Die Notwendigkeit der Digitalisierung und der daraus resultierenden Datenintegration im Supply Chain Management besteht nicht erst seit Kurzem. Traditionelle datenbankbasierte ERP-Systeme bieten in dieser Hinsicht jedoch nur bedingt ausreichende Funktionalitäten. Insbesondere sind Rechenleistungen betroffen, wenn zukünftig die Möglichkeiten des neuen, digital getriebenen Zeitalters genutzt werden sollen. Unternehmen müssen erkennen, dass ein entscheidender Vorteil für eine effektivere Durchführung von operativen bzw. vertrieblichen Planungsprozessen bereits in ihren intern gesammelten Daten vorhanden sein kann.

Traditionelle ERP-Systeme bei Analyse großer Datenmengen limitiert

In Abhängigkeit vom Umfang dieser Datenmengen sind traditionelle heterogene Systemlösungen in Bezug auf eine zeitnahe Verarbeitung und Analyse jedoch oft limitiert. Häufig müssen Daten zeitaufwendig aus verschiedenen Unternehmensteilen gesammelt und mithilfe von individualisierten Ansätzen (z. B. Excel) ausgewertet werden. Eine mangelnde Datenintegration sowie eine fehlende einheitliche Systemschnittstelle stellen eine End-to-End Supply-Chain-Planung vor eine zeitliche Herausforderung bzw. machen diese schier unmöglich.

Moderne ERP-Systeme wie bspw. SAP S/4HANA bieten mit ihrer In-Memory-Datenbanktechnik hingegen eine deutlich höhere Rechenleistung. Diese wird in Zukunft Grundvoraussetzung sein, um der Digitalisierung und der dadurch zunehmenden Datenflut in grundlegenden Prozessabläufen Herr zu werden. Die schnellere Datenverarbeitung unterstützt somit u. a. eine kontinuierliche Durchführung von Planungsvorgängen in „Echtzeit". Dies ermöglicht, insbesondere im Hinblick auf Steuerungskonzepte, neue Ansätze zur transparenteren Überwachung und zur zeitnahen Anpassung bei Abweichungen.

In-Memory-Technologien als Voraussetzung zur schnelleren Datenverarbeitung

2 SAP S/4HANA: Neue Potenziale im Supply Chain Management und in der Retail-Industrie

Im Folgenden werden praxisorientierte Potenziale für das Supply Chain Management in der Retail-Industrie erläutert, welche sich durch die In-Memory-Technologie und die darauf aufbauenden Systemlösungen ergeben.

2.1 Herausforderung der Omni-Channel-Integration im Retail

2.1.1 Omni-Channel-Konzept als höchste Form der Integration

Weg zum dynamischen, individualisierten Kauferlebnis

Handelsunternehmen stehen durch steigende Kundenansprüche an das digitale Kauferlebnis der Herausforderung gegenüber, ihre klassischen Geschäftsmodelle digital zu transformieren. In der modernen „Omni-Channel World" hat sich das klassische Kauferlebnis sukzessive von einem linearen zu einem dynamischen, individualisierten Erlebnis entwickelt und die Grenzen zwischen Marketing und dem eigentlichen Verkauf – online oder stationär – verschwimmen oder gar verschwinden lassen.

Entwicklung des Omni-Channel-Vertriebs

Kunden erwarten im Rahmen dieses Verkaufsprozesses, nicht mehr nur frei darüber entscheiden zu können, wann und wo sie welches Produkt kaufen wollen, sondern möchten ebenfalls darüber entscheiden können, welche Kanäle sie dafür in welchem Umfang nutzen. Retailer reagieren durch die Erweiterung und Integration angebotener Vertriebskanäle entsprechend auf die veränderten Kundenanforderungen. Seit den 2000er-Jahren entwickelte sich über Multi- und Cross-Channel der sog. Omni-Channel-Vertrieb. Im Omni-Channel-Konzept – als höchste Form der Integration – sind Vertriebskanäle vollständig integriert.

Die Voraussetzung eines Omni-Channel-Ansatzes und der damit verbundenen Optimierung des Kundendialogs, bildet die intelligente Verknüpfung unterschiedlicher Kanäle sowie unterschiedlicher Daten. Die Interaktion mit dem Kunden wird in Zukunft vollständig über sämtliche Kontaktpunkte und über deren gesamten Verlauf einheitlich gestaltet werden können.

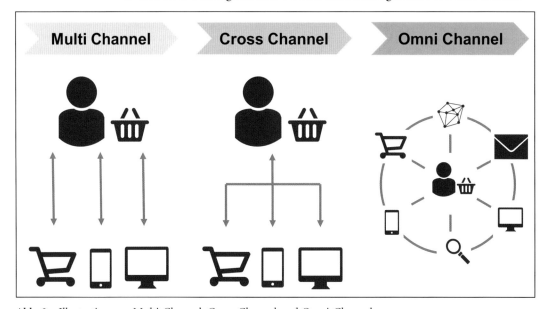

Abb. 2: Illustration von Multi-Channel, Cross-Channel und Omni-Channel

2.1.2 S/4HANA Retail für das Merchandise Management als Fundament der logistischen Prozessintegration

Eine wesentliche Herausforderung der digitalen Transformation in Bezug auf bestehende Vertriebskonzepte umfasst die Schaffung technischer Voraussetzungen. Dabei stehen sowohl einzelne Systeme und Module sowie deren Integration zu einem strategisch wie technisch funktionierenden System und somit die Schaffung einer einheitlichen digitalen Kunden- und Datenplattform im Fokus. Heterogene Systemlandschaften, in welchen Produkteigenschaften, Klassifizierungen, Preisinformationen oder Bestandsdaten redundant und häufig nicht einheitlich gepflegt werden, steigern die Komplexität und reduzieren die Beherrschbarkeit moderner Vertriebsstrategien.

Heterogene Systemlandschaften steigern Komplexität

Den Kern der Konsolidierung einer vorhandenen Systemlandschaft im Unternehmen bildet ein ERP-System wie bspw. SAP S/4HANA. In diesem werden Daten zentral gepflegt, sodass das Fundament der logistischen Prozessintegration geschaffen wird. S/4HANA Retail für Merchandise Management umfasst die ergänzende Branchenlösung der SAP. Sie wurde nativ auf Basis von SAP HANA entwickelt und verfügt über ein vereinfachtes Datenmodell, das durch eine verbesserte Datenkomprimierung die Performance des Systems erhöht und die Nutzung anspruchsvoller analytischer Funktionen ermöglicht. Diese spielen im Zusammenhang mit der prädiktiven Planung in Bezug auf Bedarfe, Sortimente und der übergreifenden Supply Chain eine zentrale Rolle.

S/4HANA als Fundament logistischer Prozessintegration

2.1.3 SAP Hybris Commerce als zentrale Datenquelle für Vertriebskanäle

Die Interaktion mit dem Endkunden wird i.d.R. durch eine separate Plattform realisiert. Diese erlaubt in einer zentralen Anwendung die Aggregation und Anreicherung von Daten aus unterschiedlichen Quellen. Dadurch entsteht für alle Vertriebskanäle eine einzige zentrale Datenquelle. Der Stationär- oder Offlinehandel sowie jegliche online angebotenen Verkaufskanäle können somit über entsprechende zentrale Plattformen synchronisiert und zusammengeführt werden.

Für Kunden sowie Anbieter wird eine zentrale Sicht auf Produktdaten, Preise und Promotions sichergestellt. Angebote können dezidiert über alle Online- und Offline-Kanäle durch den Kunden in Anspruch genommen und individuell auf diesen zugeschnitten werden, wodurch diesem ein nahtloses Einkaufserlebnis geboten wird.

Eine mögliche Lösung hierfür bietet SAP mit der Hybris-Plattform. SAP Hybris Commerce als ein ergänzendes Modul ermöglicht durch die Integration von Kundenaufträgen aus allen Online-Kanälen eine Omni-Channel-Auftragsabwicklung. Somit werden Auftragsinformationen zentral erfasst, mit Bestandsdaten des ERP-Systems abgeglichen und dem Kunden in Echtzeit zur Verfügung gestellt.

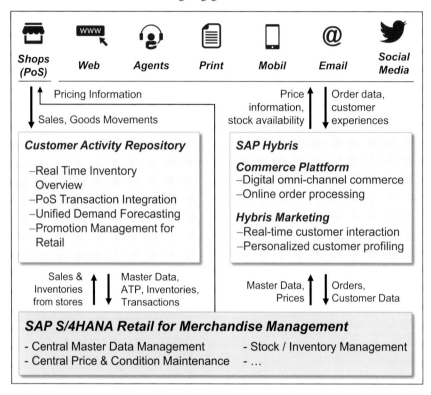

Abb. 3: Omni-Channel-Systemlandschaft (in Anlehnung an SAP)

2.2 Predictive-Analytics-Funktionalität und Datenplattformen

Reaktion auf schnelle Markt-veränderungen Bei der SAP Customer Activity Repository, kurz CAR, handelt es sich um eine Datenplattform der SAP, die speziell für die Anforderungen von Handelsunternehmen konzipiert wurde. CAR ist eine auf der HANA-Datenbank basierende Anwendung, die es sowohl Handelsunternehmen als auch Händlern ermöglicht, auf die schnelllebigen Marktveränderungen angemessen reagieren zu können.

Kunden-, Point-of-Sale- und Bestandsdaten werden mittels CAR zentral zusammengeführt und verarbeitet. Die Zentralisierung und Bündelung der Daten ermöglicht durch eine verbesserte Personalisierung von Kunden-angeboten eine gezielte und effiziente Kundenansprache. Eine verbesserte Kundenansprache wiederum führt zu einer steigenden Kundenzufrieden-heit und somit zu einer verbesserten Kundenwahrnehmung.

Um Endkunden jederzeit mit den benötigten Informationen versorgen zu können, verwendet die CAR Transaktionsdaten aller vorhandenen Vertriebskanäle (Omni-Channel) sowie aller bestehenden Interaktionen. Im Zusammenspiel mit externen Daten wie bspw. von Facebook und Google werden die Transaktionsdaten zudem gezielt angereichert. Dadurch kann das Marketing entsprechend kundenbezogen und personalisiert optimiert werden.

2.2.1 Potenziale der SAP Customer Activity Repository

Durch die Nutzung der CAR ist es Händlern möglich, mit einer hohen Geschwindigkeit eine umfassende Transparenz über ihre Prozesse sowie einen Real-Time-Überblick über Lagerbestandssituationen zu erhalten, sodass diese jederzeit über die Bedürfnisse der Verbraucher informiert sind.

Überblick über Lagerbestände und Prozesse

Durch die erhöhte Transparenz in Bezug auf Kundenbedarfe sowie auf Kundennachfragen lässt sich die Vorhersagegenauigkeit verbessern und erlaubt es, zukünftige Bedarfe besser zu planen. State-of-the-Art-Prognosealgorithmen ermöglichen es Händlern, auf Basis der Predictive-Analytics-Funktionalität Point-of-Sales-Daten gezielt zu analysieren und daraus Vorhersagen und Planungsmodelle zu generieren, die das zukünftige Kaufverhalten der Endkunden vorhersagen.

Verbesserte Vorhersagegenauigkeit

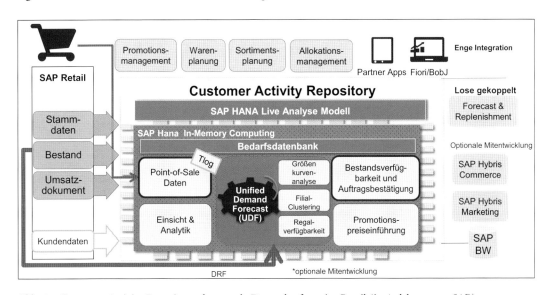

Abb. 4: Customer Activity Repository als zentrale Datenplattform im Retail (in Anlehnung an SAP)

Durch diese Funktionalitäten ist es möglich, Bestände optimal zu beschaffen und diese an der richtigen Stelle in der Logistikkette zu lagern, damit sie für den Endkundenbedarf am jeweils richtigen Ort zur Verfügung stehen.

Optimale Bestandsbeschaffung

Dadurch gelingt es, Working Capital zu reduzieren und die Produktverfügbarkeit am Point of Sale zu optimieren. Eine entsprechend optimierte Vertriebsplanung bildet somit sowohl die Basis als auch den Ausgangspunkt einer verbesserten und integrierten Operationsplanung. Abb. 4 stellt zum einen die SAP CAR und zum anderen Schnittstellen zu weiteren Modulen und Anwendungen der SAP grafisch dar.

2.2.2 Chancen durch SAP-Anwendung „Unified Demand Forecast"

Kernfunktionalität der Customer Activtiy Repository

Die Anwendung Unified Demand Forecast (UDF) bildet eine Kernfunktionalität der Customer Activity Repository. Auf Basis von Echtzeit-Informationen und historischen Daten liefert UDF zukünftige Bedarfswerte bis auf Tagesbasis. Optional dazu ist es möglich, durch sog. nachfragebeeinflussende Faktoren oder nachfragesteigernde Effekte wie z.B. Werbe- und Promotionsaktivitäten den Bedarfswert anzureichern. Die generierten Bedarfsprognosen können für die Erstellung verschiedener Planungsszenarien verwendet werden.

Hilfe bei Prognoseerstellung

Die Anwendung UDF beinhaltet technologische Möglichkeiten wie z.B. prädikative Vorhersagemodelle und selbstlernende Algorithmen zur Erstellung von Bedarfsmodellen, auf deren Basis ein Vorhersagemodell generiert werden kann.

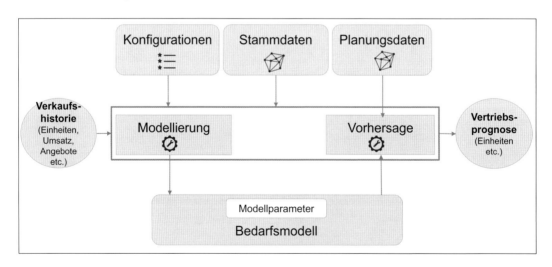

Abb. 5: Arbeitsschritte des Unified Demand Forecast (in Anlehnung an SAP)

Die Nachfragemodellierung schafft, ausgehend von historischen Nachfragedaten, die als Input bspw. durch CAR zur Verfügung gestellt werden, die Grundlage für spätere Prognoseerstellungen. Zeitgewichtete Verbrauchernachfragen werden hinsichtlich ihrer Kausalität durch diverse Einflussfaktoren wie etwa Preisänderungen, Feiertage oder Trends geprüft. Zudem wird der Datenstamm von potenziell verfälschend wirkendenden Verkaufsdaten bereinigt. So können z.B. Preiselastizitäten für bestimmte Produkte in unterschiedlichen Verkaufskanälen quantitativ hochwertig bestimmt werden.

2.3 Integrated Business Planning für Sales & Operations

Die Herausforderung einer effektiven sowie ganzheitlichen Supply-Chain-Planung besteht insbesondere in der Harmonisierung von Anforderungen und Zielsetzungen unterschiedlicher Unternehmensbereiche und Kundenanforderungen. Hierbei müssen zum einen geplante Absatzmengen sowie geplante Beschaffungsvorgänge und Fertigungsstrategien zusammen mit daraus resultierenden Bestandsstrategien koordiniert werden. Um stets eine ganzheitliche unternehmerische Perspektive einzunehmen, sollten diese eher operativ angesiedelten Planungsvorgänge zudem direkt mit Vorgaben der generellen Finanz- und Strategieplanung verknüpft und abgeglichen werden. Dies wird aufgrund zeitlicher Restriktionen oft nur bedingt realisiert.

Herausforderungen einer Supply-Chain-Planung

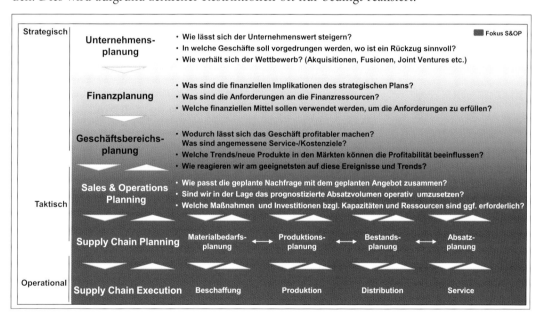

Abb. 6: Zentrale Fragestellungen innerhalb der Supply-Chain-Planung

Den zentralen Prozess bildet in der Supply-Chain-Planung das Sales and Operations Planning, in welchem alle Informationen aus den Bereichen Absatzplanung, Bestandsplanung, Beschaffung und, sofern relevant, Produktion zusammenlaufen. Als Zielsetzung gilt hier, durch eine durch-

Sales and Operations Planning als zentraler Prozess

gehend vorausschauende Vertriebsprognose nachgelagerte operative Prozesse im mittelfristigen Zeitraum proaktiv auszurichten. Dies gelingt, indem diese Prozesse auf Basis der erhobenen Absatzerwartungen agieren.

Datensammlung als Basis einer Sales-and Operations-Planung

Das Sammeln von Daten – wahlweise ermöglicht durch die Lösung SAP CAR – kann somit Basis einer effizienten Sales-and-Operations-Planung sein. Zukünftig erfolgt keine kurzfristige Reaktion mehr auf eintreffende Kundenbedarfe, welche durch hohe Sicherheitsbestände bedient werden. In Zukunft werden Produktions- und Beschaffungsvorgänge vorausschauend ausgesteuert.

Durch eine zielgerichtete operative Ausrichtung können die richtigen Waren in einem angemessenen Beschaffungsmaß vorproduziert bzw. beschafft werden. Dadurch können Lagermengen in einem akzeptablen Rahmen gehalten werden. In diesem Zusammenhang gilt es, die neuen Möglichkeiten durch Predictive-Analytics-Systemlösungen aufzuzeigen (z. B. SAP UDF), welche eine proaktive Ausrichtung der Gesamtsteuerung verstärken können und signifikante Potenziale bieten.

2.4 Stabile Prozessabläufe durch SAP Integrated Business Planning

Zur zeitlich effizienteren Bewältigung der zuvor genannten Aufgaben bedarf es stabiler Prozessabläufe, die durch die richtigen Softwarelösungen unterstützt werden müssen, damit eine abgestimmte, zielgerichtete Planung ermöglicht wird. Zeitgleich müssen hierbei die unterschiedlichen Sichtweisen sowie die vorhandenen Informationen der unterschiedlichen Fachbereiche vereint werden können.

Abb. 7: Bestandteile des SAP Integrated Business Planning (in Anlehnung an SAP)

Einen Fortschritt in diesem Bereich bietet hier u. a. die neue Softwarelösung des Integrated Business Planning (IBP) der SAP, die sich aus bis zu 5 verschiedenen Komponenten zusammensetzt. Diese können individuell genutzt werden und decken gleichzeitig jeweils spezifische Fokusbereiche der Supply-Chain-Planung ab. Ihre Inhalte reichen von der statistischen Prognoseunterstützung (IBP for Demand) zur Ermittlung von sehr kurzfristigen Bedarfsbildveränderungen bis hin zur integrierten systembasierten Lageroptimierung (IBP for Inventory Optimization).

Integrated Business Planning deckt spezifische Bereiche der Supply-Chain-Planung ab

Die Softwarelösung Integrated Business Planning for Sales and Operations fungiert generell als einheitliche Datenbasis, kollaborative Arbeitsplattform und zentrale Datenschnittstelle zwischen Operations, Vertrieb und Finanzwesen. Sie ermöglicht somit, dass die längerfristig angelegte finanzielle und strategische Planung mit der kurz- bis mittelfristigen operativen Planung von Produktion, Beschaffung oder auch Vertrieb verbunden werden kann. Der Ansatz des traditionellen Sales and Operations Planning kann somit auf einen kommenden Reifegrad der integrierten Planung angehoben werden.

Integrated Business Planning for Sales and Operations als zentrale Datenschnittstelle

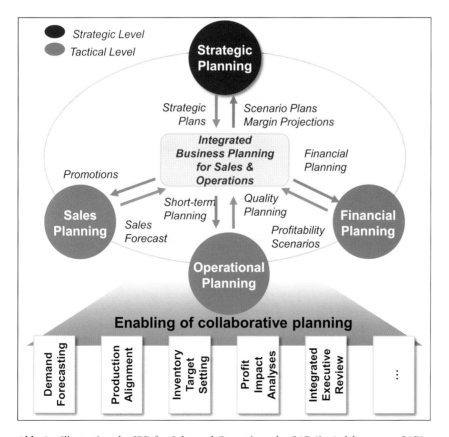

Abb. 8: Illustration des IBP for Sales and Operations der SAP (in Anlehnung an SAP)

Effizientere
Einbindung
verschiedener
Akteure

Die Einbindung tagesaktueller Informationen ermöglicht es, komplexe Datenmodelle aufzubauen und über die Nutzung einer einheitlichen, integrierten Plattform die verschiedensten Akteure in den Planungsprozess effizient einzubinden. Gleichzeitig können Datenmodelle in Echtzeit ausgewertet bzw. dedizierte Simulationen („Was-wäre-wenn?"-Szenarien) kurzfristig erstellt werden.

Beschleunigte
Entscheidungs-
findung

Durch die Verknüpfung der verschiedenen operativen und strategischen Datenquellen können u. a. sofort finanzielle Effekte auf Basis erfolgter einzelner Bedarfs- oder Supply-Szenarien betrachtet und in eine Bewertung mit einbezogen werden. Beschleunigte Entscheidungsfindungen unter Einbezug verschiedener Blickwinkel können auf hochaktuellen Datengrundlagen getroffen werden.

Prozesseffizienz
durch homogene
Datensätze
steigern

Homogene Datensätze reduzieren zusätzlich den Aufwand in der Datensammlung sowie in der Datenaufbereitung. Dadurch können die Prozesseffizienz deutlich erhöht und aufwendige Abstimmungszyklen in ihrer Dauer und dem damit verbundenen Arbeitsaufwand reduziert werden. Das IBP for Sales and Operations Planning unterstützt somit die effizientere Durchführung einer operativen Sales-und-Operations-Planung, wodurch diese auf einen erhöhten Reifegrad platziert werden kann. Finanzielle Gesamtzielsetzungen können mit operativen Sales-and-Operations-Planning-Planungszyklen verknüpft betrachtet werden. Zudem wird eine Bewertung der Gesamtplanung aller relevanten Fachbereiche mit daraus resultierenden finanziellen Effekten ermöglicht.

3 Auswirkungen von SAP S/4HANA auf die operative Steuerung

Operative
Steuerung mit
KPIs

Die digitale Transformation des B2B- und B2C-Retails impliziert eine Notwendigkeit zur Anpassung klassischer operativer Steuerungsmodelle. Abhängig vom Umfang, in welchem die Vertriebskanäle integriert und digitalisiert werden, bewegt sich der Fokus einer effizienten operativen Steuerung zunehmend von einer lang- zu einer kurzfristigen Steuerung mit einhergehenden „Key Performance Indicators" (KPI). Analog zur Integration der Vertriebskanäle müssen diese im Steuerungsmodell integriert betrachtet werden.

Erhöhte
Transparenz und
Datenzugriff in
Echtzeit

SAP S/4HANA und die zugrunde liegende In-Memory-Technologie führen zu einer Erhöhung der Datenbankgeschwindigkeit und einer verbesserten Performance. Dadurch wird eine erhöhte Transparenz bei der Verwendung von Daten in Echtzeit gewährleistet. Der Anspruch an eine standardisierte Systemlandschaft an eine homogene Datenstruktur sowie eine höhere Datenqualität werden hierbei unterstützt.

4 Potenziale von SAP S/4HANA für die operative Steuerung

Die Verwendung einer zentralen Datenbankstruktur erleichtert die Transparenzerhöhung über definierte KPIs. Homogene Daten können über verschiedene Vertriebskanäle generiert und analysiert werden. Durch die höhere Datengeschwindigkeit und unter Verwendung des „New GL: New General Ledgers" können vordefinierte betriebswirtschaftliche Kennzahlen automatisiert überprüft werden. Ebenfalls können operative sowie logistische Veränderungen zeitnah erkannt und beeinflusst werden. Eine einheitliche Systemlandschaft erleichtert diese Vergleichbarkeit.

Automatische Überprüfung von Kennzahlen

Einflussfaktoren auf Kennzahlen können übergreifend erfasst werden, sodass zugleich das Datenbild vereinheitlicht werden kann. Bisherige, zum Teil manuelle, Bereinigungen um Preis-, Inflations- oder Währungseffekte werden durch das System übernommen und u.a. nach IFRS oder lokalen Buchführungsstandards behandelt.

Übergreifende Erfassung von Einflussfaktoren auf KPIs

Durch den Einsatz von SAP S/4HANA kann zudem die Ergebnisrechnung maßgeblich vereinfacht werden. Wichtige Informationen werden detailliert und beleggenau dargestellt, was zu einer entscheidenden Transparenzverbesserung auf Kostenstellenebene führt oder den Abruf von Kostenträgerabweichungen erleichtert.

Vereinfachung der Ergebnisrechnung

Die Aufhebung der Trennung von Finanzwelt und Controllingwelt wird durch einen erleichterten Zugriff auf eine einheitliche Datenbasis ermöglicht. Zudem wird eine Zusammenführung (z.B. am Periodenende) teilweise überflüssig. Hierbei ist zu betonen, dass eine Homogenisierung von Daten nicht nur die Flexibilität und die Geschwindigkeit des Berichtswesens erhöht, sondern ebenfalls eine periodisch auftretende, zeitaufwendige Abstimmung automatisiert. Dadurch kann eine Effizienzsteigerung sowohl im Rechnungswesen als auch im Controlling unterstützt werden.

Trennung zwischen Fibu und Controlling aufheben

Die Einführung von SAP S/4HANA verbessert die Entscheidungsfindung im Unternehmen, indem Informationen weniger in der Retrospektive aufbereitet, sondern stärker durch den Einsatz von „Predictive Analytics"-Funktionalitäten oder Szenario-Planungen unterstützt werden. Somit können Auswirkungen von Managemententscheidungen frühzeitig simuliert und Effekte auf den Unternehmenserfolg abgeleitet werden.

Verbesserte Entscheidungsfindung im Unternehmen

Die auf der In-Memory-Technologie basierenden Potenziale ermöglichen eine kontinuierliche Validitätsüberprüfung erhobener Daten und ersetzen eine qualitative Root-Cause-Analyse durch eine durchgehend quantitativ-statistische Zusammenhangsanalyse. Zudem lässt sich die Aussagekraft des zur Planung verwendeten rollierenden Forecast von finanziellen sowie von logistischen Steuerungsgrößen verbessern.

Kontinuierliche Validitätsüberprüfung

Analyse von Saisonalitäten oder Promotions

Die Analyse von Saisonalitäten oder Promotions kann weitgehend automatisiert werden, wodurch eine frühzeitige, flexible Anpassung des Ressourceneinsatzes eingeleitet werden kann. Die Implementierung von S/4HANA und die Nutzung der HANA-In-Memory-Datenbank ermöglichen somit neue Optionen der operativen Steuerung und beherbergen das Potenzial, einen Paradigmenwechsel in der Unternehmenssteuerung zu initiieren.

5 Fallbeispiel: Transformation eines weltweit agierenden Handelsunternehmens

5.1 Ausgangssituation und Zielsetzung

Im folgenden Kapitel geben wir anhand eines weltweit agierenden Handelsunternehmens einen Einblick in die Transformation der End-to-End-Lieferkettensteuerung.

Veränderndes Kundenverhalten hinsichtlich präferierter Vertriebskanäle

Wie viele andere Teilnehmer des globalen Handelsmarktes sah sich das besagte Unternehmen mit einer Vielzahl aktueller Megatrends konfrontiert, welche tiefgreifende Veränderungen in der übergreifenden operativen Unternehmenssteuerung erforderten. Neben grundlegenden technologischen Trends war insbesondere ein sich kontinuierlich veränderndes Kundenverhalten hinsichtlich präferierter Vertriebskanäle der Auslöser für ein umfangreiches prozessuales Optimierungsprogramm.

Ausarbeitung eines Omni-Channel Management

Aufseiten des Vertriebs bildete die Ausarbeitung eines integrierten Omni-Channel Management den zentralen Ansatzpunkt, um eine nachhaltige Kundenbindung und das damit verbundene Umsatzwachstum im kontinuierlich stärker werdenden Wettbewerbsumfeld sichern zu können. Ein zielgerichtetes Marketing über sämtliche Vertriebskanäle hinweg sollte dem Kunden ein individuell abgestimmtes sowie kontextspezifisches Angebot eröffnen.

Etablierung eines geregelten Bedarfsmanagements

Aufseiten der Operations lag der Fokus hingegen insbesondere auf der Etablierung eines geregelten Bedarfsmanagements, um die Warenverfügbarkeit sämtlicher Vertriebsbereiche zu sichern, sodass sämtliche Umsatzpotenziale voll ausgeschöpft werden konnten. Ein umfassendes Angebotssortiment mit stark schwankenden Saisonalitätseffekten stellte den Komplexitätstreiber dar. Vor dem Hintergrund einer ganzheitlichen Omni-Channel-Transformation sämtlicher vertriebsseitiger Prozessabläufe wurde in diesem Zusammenhang die Optimierung etablierter Planungsprozesse als Startpunkt festgestellt.

End-to-End-Prozessintegration über alle Bereiche

Als Ziel wurde die Ermöglichung einer End-to-End-Prozessintegration über alle Bereiche hinweg festgelegt. Dadurch sollten zum einen eine Omni-Channel-Interaktion mit dem Kunden ermöglicht und zum anderen sämtliche vorhandenen Daten für eine proaktive, operative Planung und

Umsetzung in der Supply-Chain nutzbar gemacht werden. Damit das besagte Unternehmen weiterhin als Vorreiter gegenüber dem Wettbewerb bestehen bleiben konnte, wurde entschieden, die verfolgte Zielsetzung nicht auf Basis der bestehenden Systemarchitektur zu forcieren. Statt dessen wurde auf Basis modernster SAP-S/4HANA-Anwendungen eine ganzheitliche Transformation der Systemlandschaft gestartet.

5.2 Konzeptionelle Änderungen durch eine S/4HANA-Transformation auf Basis des Target Operating Model

Umfassende technische Transformationen beeinflussen üblicherweise nahezu jeden Ablauf und jeden operativen Aspekt eines Unternehmens. Auf Basis des Target-Operating-Model-Ansatzes (s. Abb. 9) werden nachfolgend einige der konzeptionellen Veränderungen im betrachteten Unternehmen präsentiert, die sich durch eine S/4HANA-Transformation ergeben. Diese erstrecken sich grundsätzlich entlang der 4 Modellsäulen

- Governance und Organisation,
- Prozesse und Schnittstellen,
- Kompetenzen und Qualifikationen sowie
- IT-Systeme und IT-Infrastruktur.

Governance & Organisation	Prozesse & Schnittstellen	Kompetenzen & Qualifikationen	IT-Systeme & IT-Infrastruktur
• Notwendigkeit der Weiterentwicklung von Organisation und Strukturen • Möglichkeit zur Zentralisierung von Operations-Funktionen • Erhöhung der Wertschöpfungstiefe von Funktionen • Reduktion von Tätigkeiten im administrativen Bereich	• (Teil-)Automatisierung von Prozessabläufen in allen Operations-Bereichen • Vereinfachung von Entscheidungen durch lernende Algorithmen • Minimierung von Schnittstellen, Stärkung funktionsübergreifender Zusammenarbeit • Notwendigkeit der Anpassung von Rollen	• Veränderte Arbeitsinhalte speziell im administrativen und analytischen Bereich • Steigende Anforderungen an die Qualifikation der Mitarbeiter • Befähigung der Mitarbeiter zur erfolgreichen Anwendung neuer Funktionalitäten und Applikationen	• Vereinfachung von Datenbankstrukturen und Datenmodellen • Anpassung der Systemlandschaft und Nutzung von Cloud-Strukturen • Steigende Anforderungen an Datenschutz und Datensicherheit • Implikationen auf Berechtigungskonzepte

Abb. 9: Target Operating Model mit SAP S/4HANA

5.3 Soll-Prozesse und Stammdaten als Grundgerüst für Systemtransformation

Identifikation von Verbesserungs- potenzialen

Zur Realisierung einer neuen integrierten Systemlandschaft auf S/4HANA-Basis bildet die hinterlegte Prozesslandschaft das Grundgerüst. Hierbei ist es generell entscheidend, nicht bestehende, ggf. ineffiziente Ist-Prozesse ohne Optimierung zu verfolgen. Vielmehr müssen im ersten Schritt vorhandene Verbesserungspotenziale sowie versteckte Optimierungspotenziale identifiziert werden.

Erarbeitung eines optimalen Soll- Zustands

Auf Basis dessen wurde unter Berücksichtigung der neuen Potenziale des S/4-Systems im Unternehmen ein optimierter Soll-Zustand erarbeitet. Gleichzeitig konnten Anforderungen an erforderliche Systemfunktionalitäten abgeleitet werden. Ein direkter Abgleich entworfener Soll-Prozessabläufe inklusive der Prüfung von Systemfunktionalitäten ermöglicht es frühzeitig, notwendige Prozess- bzw. Systemoptimierungen einzuleiten. Dies sichert zudem die Berücksichtigung spezieller Nutzeranforderungen auf Basis der Geschäftsmodelle.

Customer Activity Repository als zentrale System- plattform

Hierfür diente das SAP Customer Activity Repository als zentrale Systemplattform, welche die Dateninformationen der verschiedenen Applikationen wie stationäre Kassensysteme, Hybris Webshop, Hybris Marketing und CRM-Systeme konsolidierte. Alleine im Hinblick auf eine erforderliche Stammdatendefinition sowie Stammdatenpflege birgt diese zukünftig deutliche Effizienzpotenziale in Bezug auf Preise, Produktbezeichnungen, Global Trade Item Numbers (GTIN) oder auch die konsequente zentrale Pflege von Kundenstammdaten sowie deren einheitliche Übertragung innerhalb aller Kanäle und Systeme. Dies führt einerseits zu deutlichen Zeitersparnissen sowie konsistenteren Daten und sorgt gleichzeitig für eine einheitliche Datengrundlage, die ursprünglich aus separaten Datenpools bestand.

5.4 Organisationsaufbau für eine effektivere Planungssteuerung

Kompetenz zur Bedarfsplanung ausweiten

Die Definition erforderlicher Soll-Zustände lieferte zudem interessante Erkenntnisse über erforderliche organisationale Veränderungs- bzw. Ergänzungsbedarfe. Im Hinblick auf das aufgezeigte Transformationsprojekt bedeutete dies, dass eine Ausweitung und Zentralisierung der Bedarfsplanungskompetenz erforderlich waren. Zum damaligen Zeitpunkt konnte mit den bisher bestehenden Strukturen meist lediglich reaktiv agiert werden, um kurzfristigen Engpässen entgegenzuwirken. Verkompliziert wurde die Situation zudem durch ein hohes Artikelvolumen, das sich aus wechselnden Standardsortimenten sowie aus hochfrequenten Sondersortimenten zusammensetzte. Insbesondere der Wechsel hin zu einer Omni-Channel-Vertriebsausrichtung würde die ohnehin bestehende Dynamik und Komplexität weiter erhöhen, da Bedarfsmuster unterschiedlichster Vertriebskanäle simultan berücksichtigt werden müssten.

Aus diesem Grund wurde die bis dato nicht vorhandene Organisationseinheit eines Demand-Managements konzipiert und parallel zum Start des Transformationsprojekts ins Leben gerufen. Mithilfe des Demand-Managements sollten zunächst häufig voneinander separierte Planungs- und Beschaffungsvorgänge harmonisiert sowie an einem Ort zentral gebündelt werden. Die Aufgaben und Zielsetzungen, die die neue Abteilung zu Beginn verfolgen sollte, umfassten u. a.:

Konzeption einer Demand-Management-Einheit

- Einführung eines einheitlichen Forecasting zur Planung von Regel- und Mehrbedarfen in unterschiedlichen Vertriebskanälen;
- Regelmäßiges Messen von Planungsgütern über Plan-/Ist-Standardvergleiche;
- Reorganisation historischer Dispositions- und Bedarfsplanungsprozesse;
- Anpassung von Verantwortlichkeiten sowie Aufbau- und Ablauforganisation analog zu optimierten Bestandsmanagementprozessen.

Zeitgleich wurde mit der Ausarbeitung proaktiver Planungskonzepte begonnen, welche eine gezielte proaktive Steuerung kritischer Artikeleinheiten ermöglichen sollte. Nichtsdestotrotz berücksichtigten die entwickelten Konzepte und Prozesse den zukünftigen Soll-Zustand unter S/4HANA. Zwischenlösungen wurden für die Übergangsphase der Transformation erarbeitet und eingeführt.

5.5 Entwicklung vom Planer zum Analysten

Die integrierten Prognosemöglichkeiten ermöglichen auf Basis vorhandener historischer Transaktions-, Preis- oder Aktionsdaten, die Effekte einzelner Bedarfseinflussfaktoren zu ermitteln und diese in komplexe prädiktive Vorhersagemodelle zu integrieren.

In Zukunft werden Bedarfsvorhersagen auf Einzelartikelebene nicht mehr allein auf der Extrapolation historischer Saisonalitätsbeobachtungen sowie auf der Erfahrung einzelner Supply und Demand Planner erfolgen. Statt dessen werden zukunftsorientiert die Verknüpfungen sämtlicher möglichen Einflussfaktoren, die sich in der verfügbaren Datenmasse des Unternehmens verbergen, berücksichtigt.

Speziell die Rolle des traditionellen Planers, der verschiedene nach dem Bottom-up-Prinzip errechnete Vorhersagen konsolidiert, prüft und anpasst, wird sich entscheidend verändern. Vielmehr werden diese Aufgaben

Vom traditionellen Planer zum Analysten

in Zukunft entfallen, da sie in großen Teilen durch das System übernommen werden können. Bspw. wird eine klassische Bottom-up-Bedarfsplanung durch die prädiktive Planung ersetzt werden können. Planer müssen sich somit zu Analysten umfunktionieren, die die kontinuierlich komplexer werdenden Datenstrukturen des Unternehmens durchdringen.

Änderungen durch prädiktive Modelle

Zukünftig gilt es, prädiktive Modelle nicht nur zu verstehen, sondern diese bei Bedarf zu verändern und eigene Prognosemodelle zu erstellen. Unternehmen müssen sich somit darauf einstellen, ihre erforderlichen Rollenprofile frühzeitig anzupassen bzw. Einzelpersonen mit entsprechenden Potenzialen frühzeitig im Transformationsprozess einzubinden und zu fördern.

Veränderungen hinsichtlich der unternehmenseigenen IT-Infrastruktur und der damit verbundenen Systeme stellen sich im Gegensatz zu anderen Teilen des Target Operating Model meist bereits im Rahmen der Konzeption und der Business-Case-Berechnung. In den letzten Jahren sind die Wahlmöglichkeiten zwischen traditionellen in-house-getriebenen On-Premise-Softwarelösungen und komplett cloudbasierten Software-as-a-Service- (SaaS-)Angeboten generell stark gewachsen.

Für das betrachtete Unternehmen stellte sich im Vorfeld ebenso die Frage, ob ein Wandel hin zu einer cloudbasierten Systemlandschaft eine sinnvolle Möglichkeit sei. Neben der bestehenden umfangreichen internen IT-Infrastruktur sowie damit einhergehenden langfristigen Kosteneffekten spielte insbesondere das Thema Datensicherheit in Bezug auf Kundeninformationen eine entscheidende Rolle in der Abwägung.

Während Systempflegekosten sowie die Reduzierung an erforderlichem internen IT-Support für den Wechsel auf eine reine Cloudlösung sprachen, nahm insbesondere der Aspekt der Datensicherheit eine Kontraposition ein. Letztendlich entschied man sich für den Verbleib einer On-premise-Variante.

On-Premise-Software vs. Software as a Service

Bei der Abwägung hinsichtlich der Art der Infrastrukturlösung fließt häufig eine Vielzahl unterschiedlichster Faktoren ein. Erfahrungsgemäß zeigt sich, dass diese durch ein subjektiv kritisches Empfinden gegenüber einem kompletten Systemwandel getrieben sind. Ein radikaler Systemwechsel in die Cloud erscheint somit zunächst für kleinere Unternehmen gangbar, die bisher auf eine limitierte eigene IT-Infrastruktur bauen.

6 Erfolgsfaktoren und Lessons Learned

Die Neuerungen und Systemleistungen der S/4HANA-Lösungen bergen für die operativen Geschäftsbereiche große Potenziale. Planungsansätze lassen sich leichter harmonisieren und prädiktiv optimieren. Je nach

Reifegrad der unternehmerischen Prozessinteraktion ergeben sich gute Möglichkeiten für vertikale Integrationen, sodass ebenfalls nachgelagerte Bereiche wie die Logistik prädiktiv gesteuert werden können.

Unternehmen sollten sich jedoch gut auf mit der Umstellung einhergehende Herausforderungen vorbereiten. Basierend auf vorangegangenen Projekterfahrungen sollte ein funktionsübergreifender End-to-End-Ansatz verfolgt werden. Potenziale integrierter, systemischer Prozesse können nur dann erreicht werden, wenn diese nicht fachbereichsisoliert konzipiert und verbessert, sondern holistisch betrachtet werden.

Hierfür bieten die vorgestellten Ansätze des Integrated Business Planning eine gute Ausgangslange. Um frühzeitig industriespezifische Bedarfe der verschiedenen Fachbereiche in der Systemmodellierung berücksichtigen zu können, sollten diese in die Ausarbeitung funktionaler Anforderungen und Nutzerdesigns rechtzeitig eingebunden werden. Experten der jeweiligen Bereiche, die als angesehene Vertreter ihrer Funktionen akzeptiert werden, sollten gewonnen werden, um Entscheidungen effizient herbeiführen zu können.

Ein bedeutender Faktor, der bei langlebigen und gleichzeitig tiefgreifenden Systemtransformationen nicht vernachlässigt werden darf, umfasst die partnerschaftliche Zusammenarbeit aller betroffenen Stakeholder. Mithilfe dedizierter Change-Management-Initiativen sollten sämtliche Mitarbeiter früh in den Veränderungsprozess mit einbezogen werden, um eine Sicherung des Projekts zu gewährleisten. Fixe Kommunikationsmittel wie Informationstage oder Newsletter können dafür sorgen, dass die gesamte Belegschaft mit einem relativ geringen Aufwand stets gut informiert und im Gesamtablauf als Teil des großen Ganzen kontinuierlich involviert bleibt.

Finance Analytics: Einsatzszenarien und Potenziale im Rahmen einer SAP S/4HANA-Migration

- S/4HANA (Finance) verändert die Ausgestaltung des Finanzberichtswesens von Grund auf.

- Die Einführung von S/4HANA sollte zum Anlass genommen werden, bisherige Reportingprozesse und Systemarchitekturen für Finance und Controlling zu überdenken und gezielt an die neuen Möglichkeiten heranzuführen.

- Ziel dieses Artikels ist es, einen Einblick in die Grundlagen und Einsatzszenarien SAP-basierter Finance Analytics zu geben und anhand eines Projektbeispiels konkrete Empfehlungen zur Herangehensweise und für das Lösungsdesign zu geben.

- Ein besonderer Schwerpunkt wird hierbei auf die Gestaltung einer integrierten Finance-Analytics-Plattform gelegt.

■ Die Autoren

Ralf Kothe, Principal und Leiter des Bereichs Finance bei PCS Beratungscontor Management Consulting GmbH in Hamburg.

Martin Jandl, Senior Consultant und Themenverantwortlicher des Bereichs Finance Analytics bei PCS Beratungscontor Management Consulting GmbH in Hamburg.

1 Finance Analytics: Was ist neu?

Der Begriff Finance Analytics ist durch 2 grundsätzlich verschiedene, sich aber ergänzende Herangehensweisen an die Analyse und Darstellung finanzieller Unternehmensdaten geprägt: Da ist zum einen das eher ad-hoc getriebene operative Reporting in Echtzeit. SAP S/4HANA Embedded Analytics ist hierfür das Tool der Wahl in einem modernen SAP-Lösungsportfolio. Embedded Analytics ist geeignet für Mitarbeiter aus den Fachbereichen, deren Aufgabe es ist, im laufenden Prozess Auswertungen zu erstellen und auf deren Basis Transaktionen durchzuführen. Die Zielsetzung dieser Handlungsweise kann am besten mit dem Schlagwort „Insight to Action" beschrieben werden.

Reporting in Echtzeit

Zum anderen existieren Handlungen und Auswertungszwecke, die aus unterschiedlichen Gründen einem Echtzeit-Reporting entgegenstehen. Anzuführen sind hier bspw. die Konsolidierung von Daten aus unterschiedlichen Quellsystemen, eine Historisierung von Finanzdaten sowie die Erstellung und Verwendung verlässlicher (und eben nicht den kontinuierlichen Änderungen aus Finanzbuchhaltung und operativem Controlling unterworfener) Datengrundlagen. Prominentes Werkzeug zur Erlangung der hiermit verbundenen Entkoppelung von Datenentstehung und Datenanalyse ist das SAP Business Warehouse (SAP BW) – in seiner aktuell modernsten Ausführung SAP BW/4HANA.

Andere Auswertungen ohne Echtzeit

Handlungsfelder umfassender Finance Analytics Lösungen reichen von der Reporting-Strategie über Performance Management, Financial Planning, Predictive Finance bis hin zum CFO Reporting. Als konkret zu betrachtende Berichtswerkzeuge – Finance Analytics im engeren Sinne – sind aus heutiger Sicht SAP Fiori, SAP Lumira, SAP Analysis for Office sowie die SAP Analytics Cloud (SAC) zu nennen.

Der vorliegende Beitrag bietet im Kapitel 2 zunächst einen Überblick über das Finanzberichtswesen mit SAP S/4HANA. Im Anschluss werden in Kapitel 3 mögliche Einsatzszenarien im Kontext einer modernen Finanzberichterstattung dargestellt. Kapitel 4 illustriert praxisorientiert anhand eines Projektbeispiels die Zusammenhänge und Abläufe der Migration eines klassischen SAP ERP basierten Rechnungswesens hin zu einer SAP S/4HANA basierten integrierten Finance-Analytics-Plattform. Kapitel 5 benennt und bewertet abschließend die Nutzenpotenziale von SAP Finance Analytics und setzt diese in den Kontext eines modernen Finanzberichtswesens und den Anforderungen der CFO-Organisation.

2 Grundlagen des Finanzberichtswesens mit SAP S/4HANA

2.1 SAP S/4HANA Finance

S/4HANA löst die bisherige SAP Business Suite ab

SAP S/4HANA ist die Bezeichnung der aktuellen Unternehmenssoftware (ERP) von SAP. Ein entscheidendes Merkmal dieser Lösung ist, dass sie auf der In-Memory-Datenbank HANA aufsetzt. Die Leistungsfähigkeit der HANA-Datenbank kann in erster Linie darauf zurückgeführt werden, dass alle beteiligten Daten im Hauptspeicher gehalten werden und dadurch sofort verfügbar sind. HANA ermöglicht damit einerseits gravierende Geschwindigkeits- und Performancegewinne und bietet anderseits neue und flexiblere Möglichkeiten des Zugriffs auf die Unternehmensdaten. Beide Punkte sind Treiber für völlig neue Prozessabläufe in Finance und Controlling – bis hin zu völlig neuen Geschäftsmodellen im Zuge der Digitalisierung.

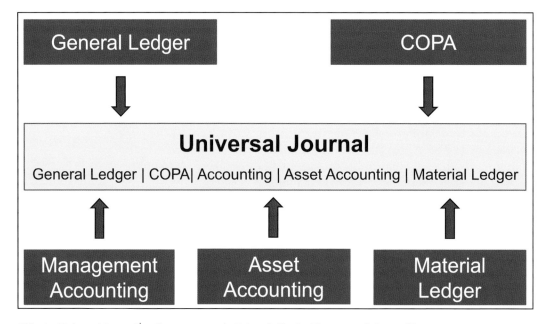

Abb. 1: Universal Journal[1] – die neue zentrale Belegtabelle für Finance und Controlling

Die volle Leistungsfähigkeit einer HANA Datenbank kommt aber erst dadurch zustande, dass einschlägige Transaktionen und Reports von der Anwendungs- auf die Datenbankebene verlagert werden, die dann lediglich die Ergebnisse an die Anwendungsebene zurückgibt. Durch diese massive Leistungssteigerung der HANA-Datenbank im Vergleich zu bisherigen

---

[1] Vgl. Salmon et al, 2016, S. 39ff.

(relationalen) Datenbanken gelten viele Restriktionen, die man bisher gewohnt war, nicht mehr. In SAP S/4HANA Finance zeigt sich das z.B. durch das „Universal Journal". Das „Universal Journal" ist die neue zentrale Belegtabelle (ACDOCA). Es vereint Finanz- und Controlling-informationen mit verbesserter Leistungsfähigkeit gegenüber klassischen Datenbanken; eine getrennte Haltung von FI- und CO-Beleg ist nicht mehr notwendig, was ganz neue Möglichkeiten bietet.

2.2   SAP Embedded Analytics

Heutige Systemarchitekturen weisen häufig eine künstliche Trennung zwischen der transaktionalen Ebene und der analytischen Ebene auf. Dadurch werden in vielen Fällen Geschäftsprozesse verlangsamt. Ent-scheidungen und Handlungen können nicht in der nötigen Schnelligkeit vorgenommen werden, wie es das Wettbewerbsumfeld oft erfordert. Es muss heute vielmehr möglich sein, die Datenanalyse bereits in die operativen Transaktionen einzubinden um damit in der Lage zu sein, in Echtzeit mit den notwendigen Entscheidungen und Handlungen auf Erkenntnisse zu reagieren, die sich aus operativen Prozessen ergeben. Diese Anforderungen führen zum Konzept der Embedded Analytics.

„Insight to Action" mit Embedded Analytics

SAP Embedded Analytics basiert auf zwei grundlegenden Motiven, nämlich der SAP Fiori Anwendererfahrung sowic der oben bereits beschriebenen Zusammenführung des transaktionalen Systems (OLTP) mit der ana-lytischen Ebene (OLAP). Der Zusammenhang mit SAP Fiori wird im nächsten Abschnitt weiter ausgeführt. Ermöglicht wird SAP Embedded Analytics durch ein virtuelles Datenmodell, das in SAP S/4HANA mittels Core Data Services (CDS) verwirklicht wird. Die somit entstehenden CDS-Views können auf vielfältige Art konsumiert werden: So bilden diese den Anknüpfungspunkt für generische SAP BI Clients und Analytische Applikationen wie bspw. SAP BO Analysis for Office, Design Studio bzw. Lumira sowie Smart Business KPI Modeler. Dabei können natürlich auch kundeneigene analytische Applikationen realisiert werden. Genau so ist aber auch die Integration mit einem BW-Data Warehouse möglich. Zudem sind CDS-Views ein integrales Objekt der „Fiori-Fact-Sheet"-Suche.

2.3   Analytische Applikationen mit Fiori

Um die Bedürfnisse unterschiedlicher Anwendergruppen zu erfüllen, stellt SAP im Kontext von SAP S/4HANA Embedded Analytics eine Vielzahl möglicher Berichtswerkzeuge bereit. Neben den Smart Business Cockpits (mit vordefinierten Inhalten) für bestimmte Anwenderrollen sowie einer Vielzahl multidimensionaler Berichte sind das v.a. SAP Fiori Apps. Was in der alten SAP-Finanzwelt fehlte, war ein zentraler Einstiegspunkt, der auf einfache und intuitive Art jedem Nutzer seine für ihn wichtigen Informationen zur Verfügung stellt. Mit Fiori hat SAP eine neue Form der Interaktion ins Leben gerufen, um Menschen, Business und Technologie zu vereinen und damit genau dieses Problem zu lösen.

Fiori Launchpad als zentraler Einstieg

SAP Fiori stellt den Mitarbeiter und dessen Arbeitsweise in den Vordergrund. Die alten Transaktionscodes werden durch rollenbasierte, individualisierte Apps abgelöst. Diese rollenbasierten, mit Consumer Apps vergleichbaren Anwendungen, vereinfachen die Interaktion erheblich und bieten ganz neue Möglichkeiten der Prozessgestaltung. Dabei ist es egal, ob die Interaktion auf Desktop, Tablet oder Smartphone erfolgt.

SAP stellt eine stetig wachsende Anzahl an Standard-Apps zur Verfügung. Allein für den Bereich Finance gibt es eine Vielzahl unterschiedlicher Apps. SAP stellt die Standard-Apps in der SAP Fiori Apps Reference Library für unterschiedliche Unternehmensbereiche und Rollen frei zugänglich zur Verfügung. Jede Rolle verkörpert eine bestimmte Funktion innerhalb der Finanzorganisation und hat somit bestimmte Apps zugeordnet (s. Abb. 2).

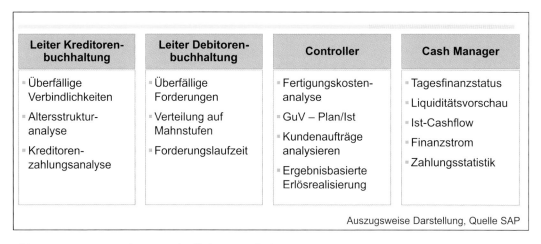

Abb. 2: SAP Fiori Apps für unterschiedliche Finanzfunktionen

Die Standard-Apps bieten einen einfachen und schnellen Einstieg in die Welt von Fiori. Durch die Erweiterbarkeit dieser Apps gibt es die Möglichkeit, die Anwendungen an kundenindividuelle Bedürfnisse anzupassen.

3 Einsatzszenarien von SAP Finance Analytics

Um den Reporting- und Analytics-Anforderungen gerecht zu werden, gibt es unterschiedliche Einsatzszenarien von SAP Finance Analytics.

Grundsätzlich ist keines der Szenarien als das beste oder einzig richtige anzusehen. Vielmehr ist situativ zu prüfen, welches spezifische Einsatzszenario die jeweiligen Anwenderbedürfnisse am besten erfüllen kann.

Finance Analytics im Kontext spezifischer Anwenderbedürfnisse

3.1 S/4HANA Embedded Analytics

SAP S/4HANA Embedded Analytics bietet Anwendern die Möglichkeit, in Echtzeit auf die operationalen Daten zuzugreifen, zu berichten und zu analysieren. SAP liefert dafür bereits vordefinierte virtuelle Datenmodelle in der SAP S/4HANA Suite mit aus, die ohne zusätzlichen Entwicklungsaufwand konsumiert werden können. SAP Fiori Apps dienen hier als Frontend. Auch hier gibt es vordefinierte und frei verfügbare Apps zur Nutzung.[2] Selbstverständlich ist es jedoch möglich, diesen Business Content zu erweitern, z.B. um kundeneigene Felder.

Das operative Berichtswesen soll Anwendern Einsichten in die allerneuesten Daten ERP-seitiger Geschäftsvorfälle geben. Es sind häufig sofortige Entscheidungen auf Basis dieser sehr aktuellen Daten zu treffen, wofür selbstverständlich die passenden Berichtc benötigt werden. Die HANA-basierten OLAP-Modelle liefern hierfür die notwendigen Informationen in Echtzeit. In vielen Fällen können so mit SAP S/4HANA und SAP Fiori Echtzeitanalysen sogar in die Geschäftsvorfälle (Transaktionen) integriert werden.

Operatives Reporting- und Analytics-Szenario

Dieses Szenario ist ausreichend für ein rein operatives Reporting- und Analytics-Szenario. Themen wie Harmonisierung heterogener Systeme, Historisierung oder auch die Integration von Planungsanwendungen können hiermit jedoch nicht berücksichtigt werden.

3.2 S/4HANA Embedded Analytics inkl. Embedded BW

SAP S/4HANA beinhaltet, wie übrigens auch bereits das „klassische" SAP ERP, ein Business Warehouse, das sog. „Embedded BW". Die Bezeichnung Embedded weist darauf hin, dass ein SAP Business Warehouse im operativen System „eingebettet" wurde und somit die technologischen Möglichkeiten des BW zur Verfügung stehen, obwohl technologisch keine Trennung zwischen den Systemen besteht. Mit dem Embedded BW kann das analytische Reporting (OLAP-System) mit dem transaktionalen OLTP-System (hier erfolgen die FI/CO-Buchungen) verbunden werden. Dadurch bietet sich die Möglichkeit, neben den Vorteilen der SAP S/4HANA Embedded Analytics Lösung auch die Vorteile eines Business

---

[2] S. Kapitel 2.3.

Warehouse zu nutzen. Der größte Vorteil des Embedded BW in SAP S/4HANA ist, dass die Datenversorgung dank virtueller Datenmodelle ohne Replikation erfolgt.

Planung und Konsolidierung kann in S/4HANA erfolgen

Das Embedded BW bietet zusätzlich die Möglichkeit, Planungs- und Konsolidierungslösungen direkt in SAP S/4HANA zu betreiben. Mit SAP BPC (Business Planning and Consolidation) optimized for S/4HANA ist es bspw. möglich, Planungs- und Konsolidierungsdaten direkt in S/4HANA zu erzeugen und zu speichern.

Obwohl das Embedded BW prinzipiell den vollen Funktionsumfang eines SAP Business Warehouse bietet, ist es dennoch kein Ersatz für ein Enterprise Data Warehouse (EDW). Dies gilt nicht zuletzt auch deshalb, weil laut SAP der Datenumfang des Embedded BW 20 % des gesamten Datenbankvolumens des S/4HANA-Systems nicht überschreiten soll.

3.3 S/4HANA Embedded Analytics inklusive Stand-alone BW (EDW)

Viele Unternehmen nutzen bereits heute ein eigenständiges SAP BW, weshalb dieses Szenario, S/4HANA Embedded Analytics und ein Stand-alone BW als Enterprise Data Warehouse, in der Praxis häufig anzutreffen ist. Die Reporting- und Analytics-Lösungen des vorhandenen SAP BW werden damit weiterverwendet und um die Funktionalitäten von SAP S/4HANA Embedded Analytics ergänzt.

Meistens ist neben S/4HANA ein eigenständiges BW im Einsatz

Ein eigenständiges SAP BW ist v.a. bei einer heterogenen Systemlandschaft, also einer Vielzahl unterschiedlicher Quellsysteme, von Vorteil, um Finanzdaten integrieren und harmonisieren zu können. Daten aus SAP S/4HANA werden in SAP BW integriert und dort um weitere Informationen angereichert, um so vielfältige Berichtsanforderungen erfüllen zu können. Aktuellste Lösung ist dabei SAP BW/4HANA, welche das operative Reporting mit SAP S/4HANA Embedded Analytics optimal ergänzt. Aber auch eine Kombination von SAP S/4HANA mit dem klassischen SAP BW ist denkbar und weit verbreitet.

3.4 Hybride Lösungsansätze

Keines der hier beschriebenen Szenarien ist als „Best Practice" zu sehen, denn die jeweils optimale Ausgestaltung hängt von unterschiedlichen, unternehmensindividuellen Anforderungen ab. Deshalb kommen in der Praxis gerne hybride Lösungsansätze zum Einsatz. Häufig sind heterogene Systemlandschaften anzutreffen, weshalb eine Kombination der unterschiedlichen Einsatzszenarien meist die beste Lösung ist, um alle

Anforderungen zu erfüllen. Dabei sind unterschiedlichste Kombinationen der hier beschriebenen Ansätze denkbar. Abb. 3 zeigt eine Kombination aus Embedded Analytics für operatives Reporting, Embedded BW für Planungsanwendungen und ein zusätzliches eigenständiges EDW (SAP BW) für weitergehende Reporting- und Analytics-Anforderungen.

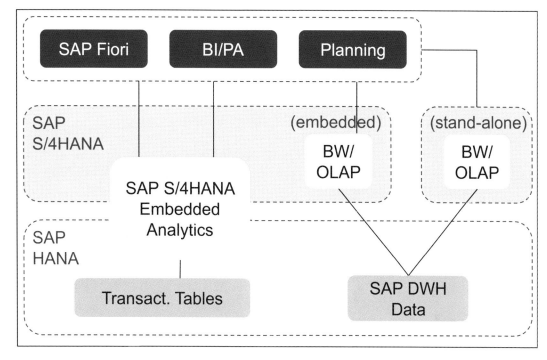

Abb. 3: Beispiel für ein hybrides Szenario

4 Projektierung für das Finanzberichtswesen mit SAP S/4HANA

Einer unserer Kunden ist eine Unternehmensgruppe der Baumaschinen-branche. Der Konzern ist mit seinen ca. 45 Tochtergesellschaften und Beteiligungen global aufgestellt. Bereits in der Vergangenheit buchten mit wenigen Ausnahmen die Gesellschaften der Kernsegmente im selben zentralen SAP ERP-System. Seit dem Zukauf einer kleineren Unternehmensgruppe vor einigen Jahren existiert im Konzern noch ein zweites ERP-System eines Drittanbieters.

Finanz- und Controllingdaten aus allen drei Datenquellen zusammen (SAP ERP, zweites ERP sowie Excel-Datei-Einspielung einiger kleinerer

Tochtergesellschaften) konnten in der Vergangenheit erst auf Basis des Konsolidierungswerkzeugs eines Drittanbieters bzw. anhand selbst zusammengestellter Excel-Mappen gemeinsam ausgewertet werden. Für das Finanzberichtswesen der SAP ERP-Gesellschaften stand bisher bereits ein SAP BW-System zur Verfügung: Hier wurden SAP FI/CO-Ist-Daten sowie fallweise Plandaten aus den Projekt- und Kostenstellenplanungen geladen und persistiert. Gerade für ad-hoc-Auswertungen und operative Finanz-berichte fanden wir noch die Nutzung von SAP Report Painter bzw. Report Writer vor.

Im Herbst 2016 startete das Unternehmen ein Programm zur umfassen-den Transformation seiner Finanz- und Group-Controllingbereiche. Anliegen dieser Initiative waren vor allem die Vereinheitlichung sämtli-cher Zahlenwerke in prozessualer, inhaltlicher und technischer Hinsicht. Es wurde in diesem Kontext das Projekt der Migration des bestehenden SAP ERP-Systems auf SAP S/4HANA ausgeschrieben und gestartet. Gleichzeitig wurde das durch uns begleitete Projekt „Finance Analytics" begonnen. Mit diesem sollte, neben der funktionalen Neuausrichtung von Finance und Controlling, eine umfassende Modernisierung und Nutzung der neuen Berichtsmöglichkeiten erzielt werden, sowie die Unternehmens-planung und die Konzernkonsolidierung besser in der neuen Lösungs-architektur verankert werden.

4.1   Generelles Vorgehen im Projekt

Aufgrund des Projektumfangs, der Interdependenzen mit dem Schwes-terprojekt „S/4HANA-Migration" und der sich daraus ergebenden zeitlichen und prozessualen Restriktionen empfahlen wir dem Unter-nehmen ein phasenweises Vorgehen. Die Intention war es, einerseits die beteiligten Fachbereiche sowie die IT-Organisation nicht zu überfordern (bei der Anforderungsaufnahme, bezüglich des Testens und der Projekt-abstimmung) und andererseits eine logische und damit auch Risiken vermeidende Implementierungsreihenfolge zu ermöglichen. Abb. 4 gibt einen Überblick zu unserem Vorgehensmodell für das Projekt „Finance-Analytics-Plattform":

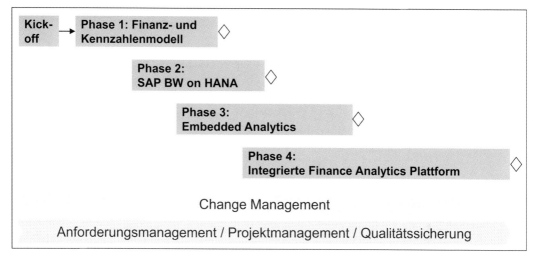

Abb. 4: Vorgehensmodell für die erste Ausbaustufe

Für die erste Ausbaustufe der neuen Finance-Analytics-Plattform unsres Kunden mit geplantem „Go-Live" mit Jahresabschluss 2017 wurden folgende Phasen festgelegt:

Phasenweises Vorgehen als entscheidender Erfolgsfaktor

1. Phase 1 „Finanz- und Kennzahlenmodell" konzipierte und definierte das künftige Finanz- und Kennzahlenmodell der Gruppe und sorgte damit für Konsistenz und Datenintegrität. Neben harmonisierten Berichtsstrukturen waren ein einheitlicher Konzernkonten- und Positionsplan, Kennzahlen- und KPI-Definitionen sowie die Implementierung eines durchgehenden Stammdaten-Managements die wesentlichen Ziele.

2. In Phase 2 „SAP BW on HANA" begleiteten wir unseren Kunden bei der Migration vom existierenden SAP BW Release 7.4 (non HANA) auf das künftige Corporate Data Warehouse – ein SAP BW 7.5 on HANA.

3. Phase 3 „Embedded Analytics" diente der grundlegenden Erarbeitung von Berichtsanforderungen der künftigen SAP S/4HANA-Anwender im Bereich Finance und Controlling sowie der Übersetzung der Anforderungen in ein konkretes Lösungsdesign. Diese Projektphase diente selbstverständlich auch der laufenden Abstimmung sowie gegenseitiger Einflussnahme mit dem Schwesterprojekt „S/4HANA-Migration".

4. Auf den wichtigen Vorarbeiten der anderen Projektphasen zur Konzeption bzw. zur technischen Architektur des neuen Finanzreportings setzte dann Phase 4 „Integrierte Finance-Analytics-Plattform" auf. Gegenstand dieser Phase war die technische Realisierung verschiedener Berichte und Berichtsformate auf Basis der SAP BI Standardwerkzeuge:

die aktuellen Umsetzungen basieren auf SAP BO Analysis for Office sowie auf Lumira 2.0. Eine (ggf. hybride) Verwendung von Komponenten der SAP Analytics Cloud (SAC) wird weiterhin erwogen, ist aber aktuell noch nicht realisiert. Gegenstand dieser Projektphase war auch die Einführung von SAP Business Planning and Consolidation (SAP BPC Embedded Model) im Rahmen des BW-basierten Corporate Data Warehouse. Mit SAP BPC wurde zunächst das intern orientierte Managementberichtswesen (namentlich die Management-Konsolidierung) abgebildet.

Begleitet wurden die vier genannten Projektphasen durch ein kontinuierliches Projektmanagement, umfassendes und gezieltes Change-Management sowie durch eine laufende Qualitätssicherung. Ein gemeinsames „Steering Board" unterstützte die notwendige Abstimmung der beiden Schwesterprojekte.

Zwei weitere Projektphasen werden in einer zweiten Ausbaustufe der Finance-Analytics-Plattform angegangen werden. Dabei soll mit Phase 5 auch die legale (d.h. für externe Adressaten bestimmte) Konsolidierung neben der Management-Konsolidierung mittels SAP BPC (Embedded Model) realisiert werden. Phase 6 wird darüber hinaus die bestehende SAP BPC-Plattform nutzen und zu einer umfassenden integrierten Unternehmensplanung erweitern, sodass zukünftig vollumfänglich Plandaten (z.B. Mittelfristplanung und Prognose) neben den Ist-Daten über die Finance-Analytics-Plattform konsumiert werden können.

4.2 Analyse und Bewertung von Umsetzungsoptionen

Ein pragmatisches Vorgehen zur Entscheidungsfindung

Im Zuge der Vorüberlegungen zur künftigen Lösungsarchitektur und zur Vorbereitung der Entscheidung, welche Berichtsinhalte mittels Embedded Analytics bzw. Embedded BW und welche über das separate Corporate Data Warehouse dem Reporting zur Verfügung gestellt werden, folgten wir im Projekt einem pragmatischen analytischen Ansatz:[3] Alle relevanten Funktionen bzw. Applikationen und Berichtsinhalte des SAP S/4HANA sowie des bereits existierenden Data Warehouse wurden anhand folgender Kriterien analysiert und bewertet:

- Handelt es sich um eine reine Berichtsanwendung, d.h. werden Daten nur angezeigt oder müssen Daten auch erfasst und weiter prozessiert werden?
- Existieren spezielle Funktionen oder andere Vorkehrungen (z.B. für Visualisierung oder Dateninterpretation), welche die Applikation nutzt?

---

[3] Vgl. Eilers, 2017, S. 134ff.

- Was ist der genaue Inhalt? Welche Daten bzw. welche Informationen werden berichtet?
- Welche Bereiche bzw. Anwendergruppen nutzen die Funktion/Applikation?
- Welche Rechenlogiken oder andere Arten der Datenbeeinflussung sind enthalten?
- Welche weiteren Konzepte oder Funktionen werden genutzt? (Zu berücksichtigen sind bspw. „Snapshots", Hierarchien, Versionierung, Status-Monitoring und Tracking, Verteilung, Zusammenführen von Datenquellen oder Konzernkonsolidierung.)
- Wird die Funktion/Applikation auf Ebene Konzern oder eher lokal genutzt?

Auf Basis dieser Bewertung ergaben sich im Projekt klare Anhaltspunkte für die Phasen 3 und 4, einige Applikation bzw. Berichtsinhalte vollständig oder teilweise mit Embedded Analytics abzubilden. Applikationen und Berichtsinhalte, für die sich dies als unmöglich oder als nicht sinnvoll erwies, wurden dem neu geschaffenen Corporate Data Warehouse zugeordnet; so bspw. die Management-Konsolidierung, eine Konzern-Kapitalflussrechnung sowie die künftige Abbildung der Unternehmensplanung.

4.3 Herausforderungen im Projekt und Lösungsansätze

Die umfassende Neuausrichtung der Finanzfunktion, verbunden mit einschneidenden technischen Veränderungen im Umfeld der ERP-Prozesse sowie im gesamten Finanzberichtswesen, hielt etliche Herausforderungen für alle Projektbeteiligten bereit. Herausforderungen entstanden aufgrund organisatorischer Gegebenheiten im Konzern, wegen der für viele Projektbeteiligten neuen technischen und prozessualen Gegebenheiten im S/4HANA-Kontext sowie durch die Situation zweier parallel durchgeführter Projekte: zum einen „S/4HANA-Migration" zum anderen „Finance Analytics".

Für eine Finanzorganisation, die über einen längeren Zeitraum in einem vergleichsweise heterogenen Systemumfeld aktiv war, stellte es zunächst eine große Veränderung dar, auf eine integrierte Finance-Analytics-Lösung hin zu arbeiten und damit jeden Lösungsansatz im Projekt in den dafür notwendigen Kategorien zu bewerten. Zudem waren naturgemäß vielfach Akteure und Entscheider unterschiedlicher Bereiche bei der Findung und Verabschiedung gemeinsamer Lösungen einzubeziehen – so z. B. bei der Definition des gemeinsamen (harmonisierten) Positionsplans und bei Kennzahlendefinitionen.

Change Management begleitete das gesamte Projekt

Ein aktives und frühzeitiges Change Management, beginnend mit der Analyse von Veränderungsfähigkeit und -bereitschaft der Finanzorganisation sowie einer Risikoanalyse, über die Etablierung eines „Change-Agent-Netzwerks" (bspw. Benennung sog. „Power User"), bis hin zur Konzeption und Durchführung von Trainingsmaßnahmen, stellte ein wichtiges und für den Projekterfolg unabdingbares Instrumentarium dar.[4]

Projektphase 3 „Embedded Analytics" wies naturgemäß die größten Interdependenzen mit dem Schwesterprojekt „S/4HANA-Migration" auf. Eine enge Abstimmung und intensives Projektmanagement waren hier (auch aufgrund des relativ kurzen zeitlichen Rahmens von nur wenigen Monaten) Voraussetzung für das gute Gelingen. Hervorzuheben ist in diesem Zusammenhang auch die wichtige Funktion des gemeinsamen (projektübergreifenden) Steering Boards und dessen Besetzung mit Entscheidern aus den Bereichen Finance und Group-Controlling.

Sicherung des Projekterfolgs

Weiterhin erwiesen sich die folgenden Vorkehrungen und Methoden als entscheidend für den Projekterfolg und das Erreichen der damit verbundenen Zielsetzung einer integrierten Finance-Analytics-Plattform:

- ein proaktives und zügiges Anforderungsmanagement (d.h. die Aufnahme, Bewertung und Übergabe der Erfordernisse der Fachbereiche und Berichtsadressaten an das Projekt) mit klarer Berücksichtigung sowohl zeitlicher als auch budgetärer Projektziele.
- eine umfassende und sowohl in technologischer als auch fachlicher Hinsicht zukunftsorientierte Konzeption mit unbedingter Orientierung am vorhandenen Konzernsteuerungsmodell, den unternehmensweiten Bilanzierungs- und Kontierungsrichtlinien sowie laufender Orientierung an den im Abschnitt 4.2 gezeigten Umsetzungsoptionen.
- ein trotz der komplizierten Zusammenhänge und vielfältigen Abhängigkeiten agiles Projektvorgehen und gezielte prototypische Umsetzung der einzelnen Berichte.

Darüber hinaus erscheint uns die bewusste Verschiebung der Themenpakete „Legalkonsolidierung" und „Unternehmensplanung" in spätere, eigenständige Projektphasen als der richtige Weg zur Vermeidung unnötiger Risiken und übermäßiger Belastung der beteiligten Fachbereiche und der IT-Organisation.

---

[4] Vgl. Rank/Scheinpflug, 2010, S. 32 ff.

5 Modernes Berichtswesen mit S/4HANA und Finance Analytics

5.1 Anforderungen und Nutzenpotenziale

Welche Anforderungen stellen das Unternehmen und das Unternehmensumfeld heute an den CFO und die Finance-Organisation? Inwiefern können ein modernes, SAP S/4HANA-basiertes Berichtswesen und die hier propagierte Lösung einer integrierten Finance-Analytics-Plattform dabei helfen, diese Anforderungen zu erfüllen?

Seit einiger Zeit haben die weltweite Vernetzung von Menschen und Prozessen und die Entwicklung anspruchsvoller Technologien zur Analyse und Nutzung großer Datenmengen eine grundlegende Umwälzung in Gang gesetzt. Wertschöpfungsketten werden digital verknüpft, Maschinen kommunizieren untereinander und Algorithmen ersetzen teilweise menschliche Entscheidungen. Diese Entwicklung erfordert im Unternehmen ein hohes Maß an Agilität und schneller Reaktionsfähigkeit[5] – auch und gerade mit Bezug auf die Finanz- und Controlling-Information! Die Konsequenzen dieser Umwälzungen für die Unternehmen werden zunehmend als disruptiv und herausfordernd beschrieben, bergen aber auch Chancen zur Weiterentwicklung des Geschäftsmodells.[6] Es liegt auf der Hand, dass sie sich auch auf die durch die Finance-Organisation einzunehmende Rolle auswirken werden. Zusätzlich resultieren aus regulativen Vorschriften (lokal oder bspw. IFRS) ebenfalls neue, komplexere Anforderungen an das externe Rechnungswesen.

Die Digitalisierung betrifft in hohem Maße auch das Finanzberichtswesen

Das interne und externe Finanzberichtswesen muss heute umfassender, aber auch agiler und dynamischer sein. Gefordert ist Schnelligkeit bei gleichzeitig hoher Flexibilität, damit neue Vorgaben zeitnah umgesetzt, Berichtszeiträume verkürzt und auch Simulationen ermöglicht werden können. Den genannten Anforderungen kann mit der Etablierung einer integrierten Finance-Analytics-Plattform begegnet werden.

Auf operativer Ebene spielt zunächst der integrierte Buchungsbeleg (das Universal Journal der Komponente SAP S/4HANA) eine entscheidende Rolle für die Sicherstellung eines harmonisierten – und damit für alle Berichtsadressaten relevanten – Finanzberichtswesens. Das damit angesprochene Einkreissystem stellt sicher, dass Daten des internen und externen Rechnungswesens jederzeit abgestimmt sind. Die Verfügbarkeit aktuellster Finanz- und Controllingdaten in Echtzeit wird über virtuelle Datenmodelle ermöglicht.[7] Die häufig formulierte Forderung nach

S/4HANA Finance ist die Grundlage des Finanzberichtswesens

---

[5] Vgl. Sauter/Bode/Kittelberger, 2016, S. 154.
[6] Vgl. Schmidt/Steinke, 2017, S. 16 ff.
[7] Zu Embedded Analytics und Fiori-Apps: S. Kapitel 2.

„Insight to Action" kann somit im Rahmen der Finance-Analytics-Plattform unter Zuhilfenahme aktueller Reportingwerkzeuge wie SAP BO Analysis for Office, Lumira 2.0 und, wie beschrieben, natürlich über Fiori erfolgen.

Finanz- und Controllingdaten von Konzerntöchtern, die nicht im selben einheitlichen S/4HANA buchen, können alternativ über die Komponente SAP Central Finance[8] bereits mit dem Universal Journal integriert werden oder aber über das SAP BW-basierte Corporate Data Warehouse übernommen, ggf. harmonisiert und damit dem einheitlichen Finanzberichtswesen bereitgestellt werden.

Integrität unterstützt Compliance
Die durchgängige Integrität von Stamm- und Bewegungsdaten (buchstäblich von den Einzelposten des Universal Journal bis hinein in die Berichte und analytischen Applikationen) unterstützt die geforderte Compliance des externen Rechnungswesens. Sie ermöglicht zudem die Versorgung der Konzernkonsolidierung mit Meldedaten der Tochtergesellschaften im Rahmen der Finance-Analytics-Plattform. Dies erfolgt dann durch Datenübergabe an das Corporate Data Warehouse oder aber auch mittels „Real-Time-Consolidation" im Rahmen eines „SAP BPC optimized for S/4HANA".

Abschließend seien noch zwei Nutzenpotentiale benannt, die große Bedeutung sowohl für das Unternehmen, in hohem Maße aber auch für aktuelle und potentielle Mitarbeiter der Finanz- und Controlling-Organisation des Unternehmens haben:

Im Kontext einer integrierten Finance-Analytics-Plattform werden sich die Mitarbeiter der Fachbereiche entscheidend häufiger und intensiver mit den für sie eigentlich vorgesehen Aufgaben der Datenanalyse und Ableitung entsprechender Handlungsempfehlungen aufgrund dieser Analysen beschäftigen können. Die bloße (und wenig wertschöpfende) Beschaffung von Daten und Aufbereitung von Information tritt für diese Mitarbeiter in den Hintergrund.

Es entstehen bereits heute in Finance und Controlling ganz neue Rollenverständnisse und Berufsbilder (z.B. das eines „Data Scientist"). Somit wird die Transformation des Finanzberichtswesens hin zu einer mit modernster Technologie unterstützten Finance-Analytics-Plattform auch ein nicht zu unterschätzender Faktor bei der Gewinnung begabter und motivierter Mitarbeiter sein, die es dem Unternehmen ermöglichen, den Herausforderungen der kommenden Zeit gut aufgestellt zu begegnen.

---

[8] Vgl. Distler/Fischer, 2016. S. 15.

5.2 Schlussfolgerungen

Der gezielte Ausbau des Finanzberichtswesens zu einer integrierten Finance-Analytics-Plattform verbunden mit der Einführung von SAP S/4HANA ist ein wichtiger Erfolgsfaktor für die Erreichung der Unternehmensziele in Zeiten des digitalen Wandels und für die Etablierung der Finance-Organisation als „Business Partner" des gesamten Unternehmens.

Tatsächlich bedarf eine nachhaltig erfolgreiche und umfassend akzeptierte Reporting-Plattform aber einer wohldurchdachten Architektur und Konzeption unter Berücksichtigung bereichsübergreifender Informationsbedarfe und Geschäftsprozesse sowie der intensiven Einbeziehung aller Betroffenen und Beteiligten im Einführungsprojekt. Es sollte insbesondere die Auswahl des Finance Analytics-Einsatzszenarios (Embedded Analytics, Embedded BW, EDW oder auch SAC bzw. hybride Lösungen) auf keinen Fall losgelöst von betriebswirtschaftlichen Zusammenhängen und den Finanz- und Controlling-Prozessen im S/4HANA sowie auf Ebene Konzernrechnungswesen/Unternehmensplanung erfolgen! Empfehlenswert erscheint uns zudem ein regelmäßiger Abgleich der aktuellen inhaltlichen und technischen Umsetzung der Finance-Analytics-Plattform gegen veränderte Anforderungen und Berichtsgegenstände auf der einen Seite und die technische Weiterentwicklung (bereits genutzter oder anderer SAP-Komponenten) auf der anderen Seite.

6 Literaturhinweise

Distler/Fischer, SAP Central Finance – Strategie und Roadmap, https://www.sap.com/germany/documents/2016/04/b8e0310e-6e7c-0010-82c7-eda71af511fa.html, Abrufdatum 29.11.2017.

Eilers, SAP S/4HANA: Was ändert sich dadurch für Planung, Reporting und Konsolidierung?, in Klein/Gräf (Hrsg.), Reporting und Business Intelligence, 3. Aufl. 2017, S. 123–139.

Sauter/Bode/Kittelberger, Digital Transformation in Manufacturing Industries: Wie Industrie 4.0 das Controlling verändert, in Gleich/Losbichler/Zierhofer (Hrsg.), Unternehmenssteuerung im Zeitalter von Industrie 4.0 – Wie Controller die digitale Transformation erfolgreich steuern, 2016, S. 141–157.

Rank/Scheinpflug, Change Management in der Praxis – Beispiele, Methoden, Instrumente, 2. Aufl. 2010.

Salmon/Kunze/Reinelt/Kuhn/Giera, SAP S/4HANA Finance, 2016.

Schmidt/Steinke, Auf dem Weg zum Controlling 4.0: Leitfaden für ein Controlling im Wandel, 2017.

Beschleunigung und Flexibilität: standardisierte softwarebasierte Transformationsansätze nach SAP S/4HANA

■ Die Einführung der SAP Business Suite 4 ist eines der größten Updates in der SAP-ERP-Welt. Ein Generationenwechsel, der Unternehmen vor enorme Herausforderungen stellt.

■ Es gibt keine Einheitslösung und nicht nur den einen Weg bezüglich SAP S/4HANA. Jede ERP Systemlandschaft ist über die Jahre individuell gewachsen und bedarf vor einem Transformationsprojekt genauer Analysen und gründlicher Planung.

■ Zu viele Unternehmen verlassen sich noch immer auf klassische Verfahren – Neustart auf der grünen Wiese oder Systemkonversion. Mit flexiblen Landschaftstransformationsansätzen sind alternative Szenarien möglich, um nachvollziehbar grundlegende Veränderungen an Systemen und Organisation vorzunehmen.

■ Dieser Beitrag zeigt Wege nach SAP S/4HANA auf und stellt standardisierte softwarebasierte Ansätze vor, die Analyse und Implementierung beschleunigen und somit Zeitaufwand, Kostenaufwände sowie Risiken in komplexen Transformationsprojekten minimieren.

■ Der Autor

Jörg Kaschytza, Seit 26 Jahren in Standardisierungs- und Harmonisierungsprojekten auf internationaler Ebene tätig. Seit 2017 ist er Director Business Transformation Advisory der SNP SE, leitet weltweit das SAP S/4HANA-Kernteam und ist in Deutschland zudem verantwortlich für die Bereiche Presales und Business Consulting.

1 Den richtigen Weg nach SAP S/4HANA finden: Ausgangssituation und Zielsetzung

Mit der Vorstellung von SAP S/4HANA hat SAP für Gesprächs- und Analysestoff gesorgt. Kein Produkt seit der Einführung der Softwaregeneration SAP R/3 hat einen vergleichbaren Nachhall erfahren. Die SAP-Community ist sich daher in der Einschätzung einig: Mit SAP S/4HANA befinden sich die SAP-Nutzer vor einem eklatanten Generationenwechsel. Selten war die Unsicherheit über die kundeneigene SAP-Strategie größer.

S/4HANA: Verheißung und Verunsicherung

Die neue Lösung verspricht Buchung und Analyse in Echtzeit, eine Vereinfachung und Verschlankung des Buchungsstoffs durch das neue Architekturmodell von SAP S/4HANA. Dies führt zu einer Vereinfachung und Beschleunigung der Abschlusstätigkeiten. Gerade am Beispiel des Rechnungswesens ist dies symptomatisch – mit der Reduktion „auf eine einzelne Wahrheit" im Universal Journal ist es nun möglich, die konventionelle Brückenbildung zwischen Finanzbuchhaltung und Controlling in ein integriertes Einkreismodell zu überführen. Neue Frontends zur transaktionalen Erfassung als auch für das Reporting bringen Neuerungen für den User im Fachbereich.[1]

Neben diesen unbestreitbar positiven Entwicklungsschritten erzeugen stellvertretend folgende Fragen Ratlosigkeit:

- Welche Auswirkungen hat SAP S/4HANA auf meine Systemlandschaft?
- Welche Auswirkungen hat es auf mein Geschäftsmodell?
- Wie betreibe ich die neue Landschaft? Wie verändert sie sich?
- Wie viel Veränderungsbedarf aus funktionaler Sicht kommt auf mich zu?
- Welches ist unsere Einführungsmethode?
- Wie viele Schritte / Einzelprojekte benötige ich?
- Wie bereite ich mich darauf vor?

Ohne eine fundierte Analysephase lassen sich diese Fragen nur bedingt beantworten. Im Folgenden wird beschrieben, wie sowohl mit softwarebasierten Analysemethoden und klassischen Beratungsansätzen eine zielgerichtete Planung und Moderation für ein klares gemeinsames Verständnis Richtung SAP S/4HANA erreicht wird.

Vorgehen geordnet planen und umsetzen

Viele SAP-Kunden beschränken sich auf eine Evaluation von Standardszenarien, wie ein Neusystemaufbau ohne Übernahme historischer Daten oder einer reinen Systemkonversion. Die Bandbreite möglicher Szenarien wird ungleich größer mit dem Einsatz von Landschaftstransformationen: so lassen sich Übernahmen historischer Daten mit einem

---

[1] Vgl. Ernst, 2017.

Systemneuaufbau verbinden, die Downtime bei Systemkonversionen reduzieren oder die Neugestaltung mit bewährten Prozessen mischen. Die Gestaltungsmöglichkeiten und die technische Umsetzung werden im Kap. 3 beschrieben.

Anhand von 3 Beispielen werden unterschiedliche Lösungsansätze skizziert, wie sich grundlegende Veränderungen im Finanz- und Rechnungswesen beschleunigt und revisionssicher inkl. historischer Datenmigration auf SAP S/4HANA planen und umsetzen lassen.

2 Flexibler, softwarebasierter Transformationsansatz nach SAP S/4HANA

Der Wechsel auf die neue SAP-Generation ist für viele Kunden entgegen mancher Erwartungen nicht einfach umzusetzen. Seit den letzten großen Einführungswellen nach SAP R/3 hat es nur selten ähnliche Umbrüche und Projektvorhaben gegeben. Sie erreichen einen hohen Komplexitätsgrad, da sie neben den klassischen IT-Themen auch organisatorische und prozessseitige Veränderungen mit sich bringen. Dies betrifft sowohl mittelständische wie große Unternehmen gleichermaßen.[2]

Seit ihrer Gründung hat sich SNP mit der zügigen Transformation komplexer SAP-Landschaften aus Business- und IT-Sicht beschäftigt. Diese Expertise bildet die Grundlage für die Umsetzung nach SAP S/4HANA. SNP hat in den letzten Jahren standardisierte softwarebasierte Ansätze entwickelt, SAP S/4-Zielszenarien (im folgenden Roadmap genannt) zu entwickeln und umzusetzen. Mit dem Softwareeinsatz werden Analyse und Implementierung beschleunigt. Im Folgenden werden die Einzelbausteine beschrieben.

2.1 Vorbereitende Schritte: notwendige Grundsatzentscheidungen als Basis für die Roadmap-Definition

Für eine fundierte Vorbereitung einer Transformation ist die Durchführung einer Vorstudie, sog. Assessments zwingend anzuraten. Sie identifiziert aus technischer, funktionaler und organisatorischer Sicht die notwendigen Schritte und das adäquate Umsetzungsszenario (vgl. hierzu Abb. 1).

---

[2] Vgl. Koglin, 2016, S. 101.

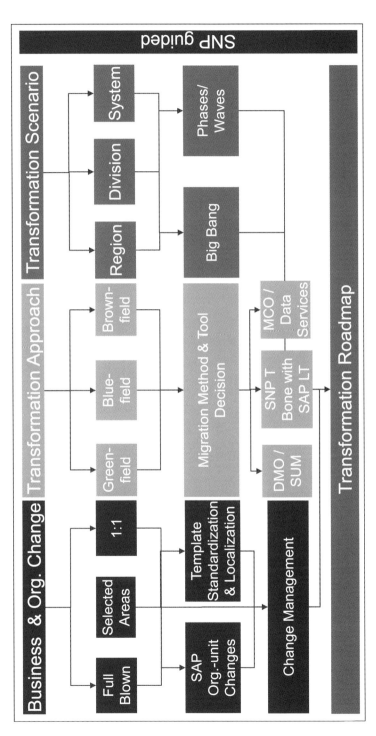

Abb. 1: Die wichtigsten Entscheidungen zum Aufbau einer SAP S/4HANA Roadmap

Im Rahmen von Workshops mit den relevanten Fachbereichen werden Handlungsfelder identifiziert, nach ihrem Potenzial kategorisiert und priorisiert. Aus der Beschreibung und Einordnung dieser Handlungsfelder kann der Veränderungsgrad und das damit einhergehende Einführungsszenario bestimmt werden. Hier haben sich bereits die Begriffe „Greenfield" und „Brownfield" etabliert.

- Greenfield steht für den Neustart: Die alte evolutionär gewachsene SAP-ERP-Welt macht einem neu aufgesetzten, neu konzipierten System Platz.
- Der Brownfield-Ansatz steht für eine pragmatisch orientierte Konvertierung des bestehenden Systems: es werden nur Änderungen notwendig, die durch die Neuerungen von SAP S/4HANA unerlässlich sind.

Aus der Erfahrung der bisher durchgeführten Studien und Implementierungsprojekte erachten SAP-Kunden diese Szenarien als zu holzschnittartig. Es entsteht der verständliche Wunsch, aus beiden Szenarien die besten Ansätze zu einem zusammenzuführen. Diesen Ansatz bezeichnen wir als **Bluefield**. Gerade im deutschsprachigen Raum gewinnt die folgende Konstellation an Bedeutung: Ein Neustart im Rechnungswesen bei gleichzeitiger Beibehaltung im Bereich Produktion, Logistik mit gezielten Innovationen, um die produktiven Prozesse risikominimiert weiterlaufen lassen zu können. Diese erste Einschätzung ist von fundamentaler Bedeutung. Je mehr ein Neuaufbau notwendig erscheint, umso größer ist damit auch der Re-engineering-Aufwand. Dies führt zu einer Neudefinition eines unternehmensweiten Templates, das – soweit möglich – wieder nach SAP-Standardfunktionalität ausgerichtet ist. Mit der Einführung des sog. Universal Journal (ACDOCA) als zentrale Tabelle für das externe wie interne Rechnungswesen folgt SAP dem internationalen Trend, kalkulatorische Ansätze nicht weiter mit fortzuschreiben: Der integrierte Beleg wird sofort mit den Daten aus Finanzbuchhaltung und Controlling gebucht. Damit werden periodische Arbeiten stark reduziert. Die Möglichkeit einer Weiterführung einer kalkulatorischen Ergebnisrechnung ist allerdings auch künftig noch möglich.

Diese grundlegenden Neuerungen führen zu einer umfassenden Diskussion über notwendige Veränderung von betriebswirtschaftlichen Vorgaben und Strukturen, wie z.B. Veränderung der Buchungslogik durch Harmonisierung von externem und internem Rechnungswesen, Ausprägung des Universal Journal, Kontenplänen, Kostenarten, Profit Centern bis hin zu einem Neuaufbau von SAP Organisationseinheiten (Buchungskreise, Kostenrechnungskreise, Ergebnisbereiche, Werke, Verkaufsorganisationen etc.). Als weiteren wichtigen Schwerpunkt ist die Prüfung eines Änderungsbedarfs für den Bereich der Stammdaten, was nicht nur auf heterogene Systemlandschaften zutrifft. Mit SAP S/4HANA 1511 und folgende ist eine Zusammenführung von Kreditoren und Debitoren zum Business Partner zwingend vorgesehen. Es handelt sich um ein bereits bekanntes Konzept, konnte sich bisher allerdings nur ansatzweise durchsetzen. Erfahrungsgemäß nimmt dieses Thema einen längeren Zeitraum ein als geplant.

Sind aus Sicht des Fachbereichs die ersten Vorgaben über den Grad der Veränderung geführt und analysiert, erfolgt eine Diskussion über die möglichen technischen Transformationsszenarien. Je nach Veränderungsgrad am Systemdesign und Harmonisierungsnotwendigkeiten kommen folgende grundlegende Optionen in Betracht, wobei das letzte Szenario durchaus mit den anderen Wegen kombiniert werden kann:

Drei Szenarien zur Transformation

- Neustart mit SAP S/4HANA auf der grünen Wiese, i.d.R. mit Migration der historischen Daten inkl. Anpassungen an die neue Struktur.
- Systemkonversion: Pragmatischer Ansatz bei Beibehaltung der Datenhistorie, Customizing, Eigenentwicklungen (Anpassungen notwendig).
- Konsolidierung/Zusammenführung von SAP Systemen auf eine neue Plattform.

Der dritte große Entscheidungsblock ist die Wahl der adäquaten Einführungsmethode, ein Thema, dass allen SAP-Kunden aus der Vergangenheit mehr als geläufig ist. Lassen sich Systeme, Business Units, legale Einheiten per Big Bang produktiv setzen? Wenn nein, wie kann ein Roll-out geplant werden?

Big Bang vs. Roll-out

2.2 Festlegung des Scopes und der Ziele mittels eines Pre-Assessments

Für eine erfolgreiche Durchführung eines Assessments ist eine Schärfung des Scopes die Basis für eine transparente Entscheidung hinsichtlich der Ausprägung der Untersuchung. Dies sollte sowohl aus funktionaler, aus technischer und aus struktureller Sicht vorab gesammelt und festgelegt werden. Ein Beispiel zeigt Abb. 2.

Die Themensammlung und Sortierung dient auch zur Identifikation der zu involvierenden Personen, die sowohl das Assessment als auch später die Implementierung maßgeblich mitgestalten. Ein ähnliches Vorgehen führt zur Festlegung der Ziele bzgl. des Assessments. Hier eine Auswahl wichtiger Ziele und Planungsprämissen:

- Know-how-Aufbau/Common Language SAP S/4HANA und die dahinterliegende SAP-Strategie;
- Identifikation von Handlungsfeldern aus Business und IT-Sicht;
- Auswahl Analyseansatz: Fit/Gap oder Fit to Standard Approach;
- Identifikation von Risiken und deren Bewertung hinsichtlich des Einführungsszenarios;

- Schaffung eines gemeinsamen Verständnisses über das Transformationsszenario;
- Erstellung einer groben Aufwandsschätzung für das gewählte Transformationsszenario inkl. eines groben Projektplans.

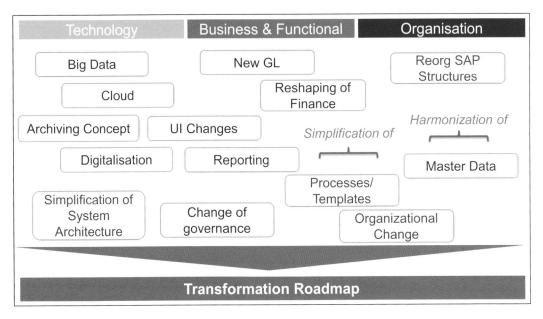

Abb. 2: Beispiel zur zentralen Themensammlung/Scoping eines Assessments

2.3 3 Schritte zur richtigen Roadmap und optimalen Transformation

Analysieren. Bewerten. Empfehlen.

Die SNP-Vorgehensweise zur Erstellung einer Transformation Roadmap geht in drei Schritten vor (s. Abb. 3): Schritt 1 erstellt aus der Kombination softwarebasierter Analyse und klassischen Consultingmethoden ein klares Bild aus organisatorischer, IT- und prozessseitiger Sicht zusammen. Neben den Gruppenstandards werden Einflussfaktoren, weitere strategische Vorhaben und Projekte mit in Betracht gezogen. In Workshops mit Fachbereichen und IT werden Handlungsfelder und Optimierungspotenziale sowie mögliche Risiken identifiziert.

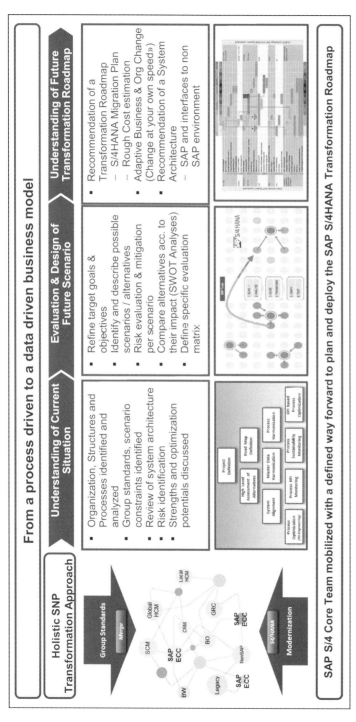

From a process driven to a data driven business model

Holistic SNP Transformation Approach

Understanding of Current Situation

- Organization, Structures and Processes identified and analyzed
- Group standards, scenario constraints identified
- Review of system architecture
- Risk identification
- Strengths and optimization potentials discussed

Evaluation & Design of Future Scenario

- Refine target goals & objectives
- Identify and describe possible scenarios / alternatives
- Risk evaluation & mitigation per scenario
- Compare alternatives acc. to their impact (SWOT Analyses)
- Define specific evaluation matrix

Understanding of Future Transformation Roadmap

- Recommendation of a Transformation Roadmap
  - S/4HANA Migration Plan
  - Rough Cost estimation
- Adaptive Business & Org Change (Change at your own speed»)
- Recommendation of a System Architecture
  - SAP and interfaces to non SAP environment

SAP S/4 Core Team mobilized with a defined way forward to plan and deploy the SAP S/4HANA Transformation Roadmap

Abb. 3: Der SNP Transformation Approach

Schritt 2 ist geprägt durch die Beschreibung von realistischen Szenarien, die nach festgelegten Kriterien sorgfältig abgewogen und bewertet werden. In vergleichenden Analysen werden die jeweiligen Vor- und Nachteile dargestellt. Auf dieser Basis wird im dritten Schritt eine Handlungsempfehlung mit einer Beschreibung des Transformationsszenarios sowie der künftigen Systemlandschaft und Zielarchitektur erläutert.

Prototyp für Know-how-Aufbau und bessere Entscheidungen Als häufig genutzte Variante ist ein parallellaufender Prototyping-Approach eine akzeptanzerhöhende Alternative. Je nach Zielformulierung werden sowohl Best-Practice-Demo-Umgebungen für die Workshop-Begleitung und Evaluation genutzt als auch Demo-Umgebungen, die auf kundeneigene Daten und Prozesse aufgebaut sind. Gerade letztere werden häufiger im Konzernumfeld genutzt. Die bisher gemachten Erfahrungen zeigen, dass je nach Tiefe der Diskussion sowie der Komplexität der Systemlandschaft mit einer Assessment-Dauer zwischen 3 und 6 Monaten zu rechnen ist. Eine längere Studiendauer ist für den Betrachtungszweck nicht notwendig.

Valide Ergebnisse durch umfassende softwarebasierte Analyse

SAP liefert zur Vorbereitung für den Umstieg zahlreiche Analysereports aus, die aus funktionaler und technischer Perspektive einen Abgleich des bestehenden Kundensystems mit dem aktuellen SAP S/4HANA Releases ermöglichen. Um eine umfassendere softwarebasierte Analyse zu ermöglichen, hat SNP eine analytische Suite entwickelt, sowohl als Grundlage zur Durchführung der Workshops als auch zur Identifikation und Integration der einzelnen Handlungsfelder. CrystalBridge stellt die SAP-Umgebung für den Kunden grafisch dar. Interaktive Analysen veranschaulichen Nutzung von Modulen, Transaktionen, Eigenentwicklungen und Interfaces. Gleichzeitig liefert ein SAP S/4HANA Check Änderungen gegenüber dem aktuellen S/4-Release, die für den Kunden relevant sind (vgl. Abb. 4).

Als außerordentlich hilfreich haben sich vergleichende Analysen über SAP-Systemgrenzen hinweg erwiesen, gerade vor dem Hintergrund von Harmonisierungs- und Konsolidierungsprojekten: es lassen sich sowohl Customizing als auch Repository gegenüberstellen. Dies gilt auch für eine weitere wichtige Komponente, der Business Process Analysis. So kann das wirkliche Buchungsverhalten anhand des Belegflusses grafisch dargestellt werden. Auch hier ist ein Vergleich zwischen Systemen möglich.

Als wichtige Grundlage für die Identifikation von vorbereitenden Maßnahmen, den klassischen „Hausaufgaben", lassen sich auch Datenanalysen zur Migrationsvorbereitung durchführen.

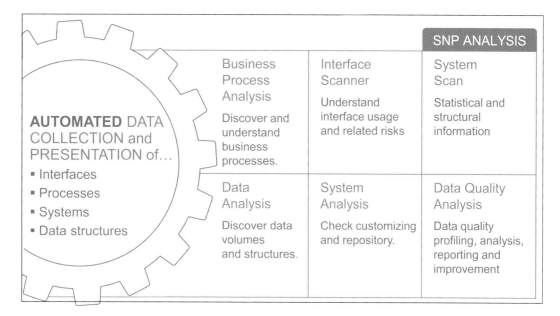

		SNP ANALYSIS
Business Process Analysis Discover and understand business processes.	Interface Scanner Understand interface usage and related risks	System Scan Statistical and structural information
Data Analysis Discover data volumes and structures.	System Analysis Check customizing and repository.	Data Quality Analysis Data quality profiling, analysis, reporting and improvement

AUTOMATED DATA COLLECTION and PRESENTATION of…
- Interfaces
- Processes
- Systems
- Data structures

Abb. 4: Softwarebasierte Analyse zur Absicherung der Qualität der Ergebnisse

2.4   Flexible Transformation der Systemlandschaft

Mit der von SNP entwickelten Standardsoftware lassen sich unterjährig komplexe Transformationsszenarien abbilden. Wesentliches Prinzip ist dabei die Entkopplung von System, der Systemausprägung (Customizing und Repository) und den Daten. So lassen sich – unabhängig vom gewählten Szenario (Green-, Brown- oder Bluefield, siehe Kap. 2.1) umfassende Veränderungen im Zuge der Migration in die neue Systemumgebung nachvollziehbar umsetzen. Standardisierte Mapping-Regeln beschleunigen die Transformationsphase und werden durch individuelle notwendige Mappings ergänzt (vgl. Abb. 5).

Es handelt sich hierbei nicht um eine transaktionsbasierte Migration, die eine umfangreiche Cut-over-Planung erfordert. Stattdessen wird eine tabellenbasierte Migration durchgeführt mit anschließender Prüfung durch technische Checks. Dieses Verfahren ist von globalen WP-Gesellschaften zertifiziert und hat sich in den letzten Jahren als flexiblere und schnellere Alternative zu den klassischen Migrationsansätzen bewährt. Viele Kundenanforderungen lassen sich auch nur auf diesem Wege umsetzen. So werden in einem Schritt auf SAP S/4HANA bspw. die Migration auf das neue Hauptbuch inkl. Belegsplitt, Kontenplanharmonisierungen etc. prüfbar und dokumentiert vollzogen.

Dieses Verfahren reduziert signifikant Business Downtimes und lässt sich auch mit dem Near-Zero-Downtime-Ansatz kombinieren.

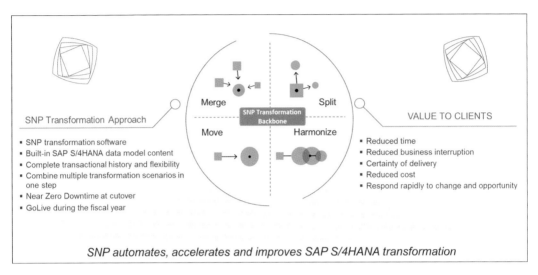

Abb. 5: SNP automatisiert, beschleunigt und verbessert den Transformationsprozess

3 3 Wege nach Rom: Praxisbeispiele

3.1 Aufräumen bevor man sich auf den Weg macht

3.1.1 Die Reisevorbereitungen

Wechsel nach SAP S/4HANA am Beispiel Rechnungswesen

Ein mittelständischer, international präsenter Konsumgüterhersteller (knapp 1. Mrd. EUR Umsatz) mit rd. 55 internationalen Gesellschaften startet seine ersten SAP S/4HANA Planungen im Herbst 2016. Neben einer gruppenweiten SAP ERP 6.0 Architektur, wird ein SAP BW, SRM, GTS und ein SAP LES als Lager- und Transportlösung eingesetzt. Zum Analysezeitpunkt ist noch eine letzte Welle von Roll-outs auf die unternehmensweite Plattform geplant. Aus externer Rechnungswesensperspektive stehen neben der Migration auf das neue Hauptbuch noch notwendige gesellschaftsrechtliche Veränderungen an (Zusammenführung von Gesellschaften). Aus Sicht des Controllings ist ein Relaunch der Ergebnisrechnung sowie eine Neuordnung des Reporting über eine neue Business-Unit-Struktur hoch priorisiert. Folgende Ziele determinieren das Assessment:

- Identifikation des passenden SAP S/4HANA Release bzgl. Anforderungen/Stabilität/max. Innovationspotenzial;
- Kurzfristige SAP-Reorganisation des Rechnungswesens;

- Eintaktung der weiteren Roll-outs;
- Einplanung in aktuell laufende strategische Projekte;
- Planungsvorschlag und evtl. Neuausrichtung für parallele Systeme (Ablösung SRM, BW etc.);
- Identifikation eines risikominimierten und ressourcenschonenden Transformationsszenarios.

3.1.2 Reise in 2 Etappen

Aus der Evaluation und Bewertung der unterschiedlichen Szenarien haben sich 2 Möglichkeiten ergeben:

- Szenario 1: In **einem großen Schritt** werden auf der neuen Plattform SAP S/4HANA 1709 mehrere Projekte zusammengefasst. Sie beinhalten die Neustrukturierung der SAP Organisationseinheiten, Neuaufbau des Universal Journal mit Ledger-Ausprägung und Belegsplitt sowie der Abbildung der buchhalterischen Ergebnisrechnung. Alle noch nicht archivierten Daten werden in die neue Struktur übernommen und bis zum Belegsplitt retrograd nach vorkonfigurierten SNP Mappings aufgebaut. Die Prozesse in der Logistik werden dabei bis auf einige Innovationen weiter beibehalten. Die eigentliche Projektlaufzeit wäre kürzer, das Projekt kann aber erst später gestartet werden.
- Szenario 2: Das im ersten Szenario formulierte Ziel wird **in zwei Schritte** gegliedert. So werden die kurzfristig notwendigen Veränderungen noch auf der bestehenden SAP ERP 6.0 Plattform umgesetzt (Buchungskreismerger, Veränderungen Kostenrechnungskreis, Umsetzung neues Hauptbuch). Im zweiten Schritt erfolgt der Umstieg auf SAP S/4HANA 1709 mit der Neuausrichtung auf die buchhalterische Ergebnisrechnung. Diese Vorgehensweise führt zu einem erhöhten Aufwand und einer längeren Laufzeit.

Aufgrund des zeitlichen Termindrucks der Buchungskreisverschmelzungen und weiterer Themen im Finanzwesen hat sich der Kunde für das Zwei-Schritt-Verfahren ausgesprochen.

Auf halber Wegstrecke

Der erste Schritt wurde innerhalb von 7 Monaten erfolgreich umgesetzt. Die zweite Sequenz ist derzeit in der Umsetzung mit einer geplanten Laufzeit von rd. 10 Monaten. Beide Projektschritte wurden jeweils als Big Bang geplant.

▨ **Wähle den sicheren, aber längeren Weg**

Man hat sich die Entscheidung nicht leicht gemacht. Es standen auf beiden Seiten gewichtige Argumente. Das Ein-Schritt-Verfahren hätte Laufzeit und Anzahl der Projektschritte verkürzt. In Abstimmung zwischen Management und Fachbereich wurde allerdings die Notwendigkeit der kurzfristigen Umsetzungen gesellschaftsrechtlicher Anforderungen höher priorisiert. Das Warten auf den nächsten On-Premise Release 1709 aufgrund tiefergehender Veränderungen stand hier zu Buche. Im Rahmen des 2-Schritt-Szenarios konnte auch noch eine essenzielle Roll-out-Welle abgeschlossen werden: der Hausputz auf der alten Basis hat sich gelohnt.

3.2   Sternfahrt: Ankunft zum gleichen Zeitpunkt

Neuaufbau eines zentralen Systems

Ein weltweit tätiger Anlagenbauer hat im Zuge des organischen, als auch anorganischen Wachstums sowie eines stark dezentral orientierten Geschäftsmodells eine heterogene SAP Landschaft ausgeprägt. Bedingt durch das starke Wachstum konnte nur geringe Rücksicht auf zu definierende Standards gelegt werden. So entstanden insgesamt 4 Mandanten auf einem SAP ERP 6.0: SAP Strukturen, Stammdaten wurden dezentral entschieden und angelegt. Gleichzeitig wurde für ein Problem unterschiedliche Lösungsansätze gewählt. Historisch gewachsene Eigenentwicklungen wurden weiterentwickelt und nicht auf zentraler Ebene abgestimmt – aus Konzernsicht ein Alptraum.

▨ **Alle müssen sich auf ein Ziel einigen**

Die strategische Entscheidung zu einer Systemharmonisierung und Zentralisierung von Gruppenstandards mit dem Aufbau eines neuen Templates führte auch zu einem Abgleich mit der SAP Produktstrategie. In einem Assessment wurden Szenarien ausgelotet, inwieweit die betriebswirtschaftliche und SAP-seitige Harmonisierung mit einem Wechsel auf SAP S/4HANA unter einen Hut gebracht werden kann. Nach ersten softwarebasierten Analysen wurde ein erhebliches Optimierungspotenzial zur Vereinheitlichung entdeckt: Dutzende von Kontenplänen, Hunderte von Zahlungsbedingungen, Belegarten seien hier exemplarisch genannt.

Man entschloss sich zu einem konsequenten Schritt: Neuaufbau eines zentralen SAP S/4HANA Systems 1605 mit einem neuen, stark zentralisierten Template-Ansatz. Jeweils zwei Mandanten werden in so kurzer Abfolge wie möglich in einem erweiterten Big Bang auf die neue Plattform per flexiblen Transformationsansatz migriert. Anhand globaler und spezifischer Mapping-Regeln werden die Belege „übersetzt". Parallel hierzu wird ein zentrales Stammdatensystem (SAP MDG) zur Versorgung des SAP ERP als auch der angebundenen Systeme aufgebaut.

Das Ziel in Sicht

Das Projekt erweist sich weniger als ein IT- sondern mehr als ein betriebswirtschaftlich getriebenes Projekt. Eine konzernweite Abstimmung, die viele Standards gleichzeitig finden muss, steht unter starkem Druck. Dezentrale Gewohnheiten kreuzen sich mit zentralen Standards, führen zwangsläufig zu einem anderen interkulturellen Miteinander.

Das Projekt ist für 2 Jahre geplant, derzeit sind zwei Drittel zurückgelegt. Die ersten Migrationsläufe zeigen, dass der Terminplan eingehalten wird.

3.3 In mehreren Etappen sicher reisen

Der europaweit agierende Großhändler betreut eine regional strukturierte Systemlandschaft, die sich auch funktional in Finance und Logistiksysteme aufteilt. Eine Systemkonsolidierung stand schon länger auf der Wunschliste sowohl auf Seiten des Fachbereichs als auch der IT. Weitere wichtige geplante Veränderungen waren der Wechsel auf das neue Hauptbuch, die Einführung einer Konzernwährung und eine Neuzuordnung der Buchungskreise zu Kostenrechnungskreisen. Ziel des ersten Analyse- und Prototypenprojektes war es zu prüfen, inwieweit sich die oben genannten Anforderungen mit der Einführung von SAP S/4HANA kombinieren ließen. Man entschied sich für den Release 1605, früher bekannt unter dem Label Simple Finance. Als Prototyp wählte man für ein SAP Finance System einen Greenfield Approach mit Übernahme der letzten beiden Jahre mittels SAP Data Services. Das Ergebnis zeigte einige Schwächen: u.a. eine lange Laufzeit bei der Migration. Die Testergebnisse führten zudem zu einem erhöhten Nachkontrollaufwand.

2 Prototypen zum Vergleich

Man entschied sich daher für eine weitere prototypische Prüfung: Im Rahmen eines zweimonatigen Proof of Concept (POC) wurden dann in einem weiteren Prüfverfahren mittels des flexibleren Transformationsansatzes unter den gleichen Voraussetzungen die Anforderungen erfüllt. Das Verfahren bildete die Grundlage für das sich gleich anschließende erste Projekt.

Mit einer Laufzeit von nur 6 Monaten wurden auf die neue SAP S/4HANA Finance Umgebung 20 Buchungskreise in entsprechende leere Buchungskreise unterjährig erfolgreich migriert und produktiv gesetzt. Vorab wurde die Zielumgebung neu aufgesetzt und das Customizing für das Universal Journal erstellt. Als weitere vorbereitende Aufgaben wurden Konsistenzprüfungen von Belegen und Salden sowie Haupt-

und Nebenbüchern einmalig durchgeführt. Stammdaten mussten vorab angelegt bzw. übernommen werden. Man hat sich darauf festgelegt, die beiden letzten Geschäftsjahre inkl. des aktuellen Jahres zu migrieren.

Als weitere Aufgabenstellungen erfolgte auch die Neuordnung der Buchungskreise zu Kostenrechnungskreisen gemäß den neuen Reporting-Vorgaben sowie die Einführung der Konzernwährung EUR neben Buchungskreis- und Belegwährung. Da es sich noch um das Release 1605 handelt, war keine Umstellung von Kreditoren und Debitoren auf das Business Partner Konzept notwendig.

Dezentrale Reisegruppen mit einem Ziel

Nach diesem Muster wurden nun sukzessive die restlichen Buchungskreise in paketierten Clustern nach dem nun standardisiertem Transferverfahren übernommen. Als wesentliche Vorteile sind die geringe Projektlaufzeit, die Kombination von mehreren Aufgaben zu einem Schritt als auch die kurze Business Downtime zu nennen. Für den Fachbereich als auch für die IT hat sich damit die Zahl von Projekten gegenüber klassischen inkrementellen Lösungsansätzen reduziert.

4 Eckpunkte für eine gelungene SAP S/4HANA Transformation

Auch wenn die Startvoraussetzungen teilweise nicht unterschiedlicher sein könnten, zeichnen sich doch Gemeinsamkeiten ab, die den Projekterfolg sichern helfen:

- **Bauen Sie ein SAP S/4 Core Team auf**, das von den ersten Analyse- und Assessmentschritten bis hin zur Abarbeitung der Transformation Roadmap in seiner Zusammensetzung konstant bleibt. Es gilt, die richtige Balance aus Fachbereichen (wenn möglich auch aus verschiedenen Business Units), als auch IT-Kollegen mit unterschiedlichen Schwerpunkten zu finden.
- **Binden Sie so früh als möglich Fachbereiche und Management mit ein.** Die Mehrzahl der bisher im deutschsprachigen Raum von uns begleiteten Projekte sind fast ausschließlich auf Fachbereichsinitiative im Bereich Finanzen und Controlling entstanden. In der Regel werden umfassende neue Konzepte für ein neu ausgerichtetes Reporting und/oder eine Harmonisierung/Vereinfachung von Buchungslogiken und Prozessen gesucht, die dann gleich mit tiefgreifenden Veränderungen der SAP Systemlandschaft einhergehen. Eine SAP S/4HANA Einführung setzt eine Auseinandersetzung mit diesen Themen im Bereich Finanz- und Rechnungswesen voraus.

- **Starten Sie mit einem softwarebasierten Assessment**, auch wenn ein Wechsel auf SAP S/4HANA kurzfristig nicht auf der Agenda steht. In der Regel lassen sich eine Fülle von Maßnahmen und Projekten identifizieren, die zur geordneten Vorbereitung angegangen werden sollten. Nutzen Sie die Möglichkeit, einen Prototyp parallel mit zu entwickeln, vorzugsweise auf der Basis Ihres Systems. Die erhöhte Akzeptanz, der gewonnene Erfahrungsschatz und der damit einhergehende Know-how-Aufbau helfen, die richtigen Entscheidungen zu treffen. Prüfen Sie hierbei bereits wichtige strukturelle Veränderungen (bspw. die gleichzeitige Umsetzung des neuen Hauptbuchs, Veränderungen zur neuen Anlagenbuchhaltung, etc.) Die gewonnenen Erfahrungen können wieder im eigentlichen Projekt genutzt werden. Aus einigen POCs sind ohne Übergang Implementierungsprojekte geworden.

- **Die Planungsprämissen für SAP S/4HANA Einführungen haben sich verändert:** War noch vor Jahresfrist in Umfragen der Greenfield-Ansatz favorisiert, zeichnet sich nun in Mitteleuropa ein differenzierteres Bild. Überschaubare, „verdaubare" Projekte, keine komplette Neudefinition von Templates, Nutzung von bewährten Lösungen, die auch zumeist nicht von SAP S/4HANA ablösbar sind, Bündelung von Projektpaketen, um die Projektanzahl und damit auch die Roadmap-Dauer zu kürzen. Bis auf SAP-Neukunden bestehen Bestandskunden derzeit auf einer Übernahme historischer Daten und geben sich nicht mit einer OP-Übernahme + Salden zufrieden. Diese Anforderungen lassen sich nur mit einem flexiblen Transformationsansatz unter einen Hut bringen.

- In der heutigen eng getakteten Business-Logik ist **kein Platz mehr für längere Business Downtimes**. Es sind daher Ansätze gefordert, die per se durch ihre direkte tabellenorientierte Migration ungleich schneller als transaktionsbasierte Verfahren sind – sie sind auch besser kombinierbar mit Near-Zero-Downtime-Ansätzen.

- **Beziehen Sie Ihre gesamte Systemlandschaft in den Untersuchungsfokus ein**: Die Notwendigkeit, SAP ERP auf S/4HANA zu heben, hört nicht an dieser Systemgrenze auf. Es gilt, Vorabentscheidungen für eine Zielarchitektur zu treffen und herauszufinden, wie hoch und wie schnell der Veränderungsbedarf pro System ist. Dies gilt insbesondere für die künftige Ausrichtung in den Bereichen Reporting und Planung oder die künftige Nutzung von Frontends, derzeit meist noch in der hybriden Nutzung von SAPGUI und SAP FIORI. Auch strategische Überlegungen, welche Prozesse/Applikationen künftig cloudbasiert laufen werden, sind eine notwendige Orientierung für die künftige Ausrichtung. Und: In fast allen SAP S/4HANA Projekten wird der SAP

Solution Manager als Dreh- und Angelpunkt verwendet: Dies reicht von der Nutzung als neue Projektdokumentationsplattform bis hin zur Abbildung der Prozesse.

5 Literaturhinweise

Eilers, SAP S/4HANA: Neue Funktionen, Einsatzszenarien und Auswirkungen auf das Finanzberichtswesen, in Gleich/Grönke/Kirchmann/Leyk (Hrsg.), Konzerncontrolling 2020 – Zukünftige Herausforderungen der Konzernsteuerung meistern, 2016, S. 183–200.

Ernst, Vortrag SAP FICO-Forum Köln, November 2017.

Koglin, SAP S/4HANA: Voraussetzungen – Nutzen – Erfolgsfaktoren, 2016.

SAP Analytics als Instrument zur Optimierung der Unternehmenssteuerung

- Der Artikel beschreibt 3 Technologien, die gemeinsam die Analytics-Praxis nachhaltig verbessern und die Digitalisierung vorantreiben können.

- Informationen aus unterschiedlichen Quellen werden automatisch im Kontext der aktuell zu treffenden operativen Entscheidungen kombiniert.

- Prädiktive und präskriptive Algorithmen sowie Simulationen steigern die Qualität der Entscheidungsunterstützung.

- SAP Embedded Analytics in S/4HANA, die neue Data-Warehousing-Lösung SAP BW/4HANA sowie deren gemeinsame Plattform SAP HANA werden in diesem Beitrag näher beschrieben.

◼ Der Autor

Thorsten Lüdtke, Geschäftsführender Gesellschafter der BIPortal GmbH. Er hat in den letzten 15 Jahren zahlreiche Projekte als SAP BI-Architekt in Großkonzernen in Europa und China begleitet.

1 Was bedeutet SAP Analytics?

Der Begriff Analytics wurde von Thomas H. Davenport, Professor an der Harvard Business School in Boston, USA, geprägt.[1] Insbesondere seine Veröffentlichung „Competing on Analytics – The New Science of Winning" (Harvard Business Review Press 2007) festigte Analytics als Disziplin für die Anwendung hochentwickelter quantitativer und statistischer Methoden für erklärende und vorhersagende Modelle zur Unterstützung der Unternehmensführung. „Analytics" ist ein Kunstwort, zusammengesetzt aus Analysis (Analyse) und Mathematics (Mathematik).

Herkunft des Begriffs Analytics

Unter dem Namen SAP Analytics wird das Analytics-Portfolio von SAP zusammengefasst. Die Grundlage von SAP Analytics ist – sowohl in der Cloud als auch On-Premise – die SAP HANA In-Memory-Datenbank. Da der aktive Datenbestand im Hauptspeicher gehalten wird, ergeben sich sehr kurze Zugriffszeiten auf diese Daten, so dass auch komplexe Analysen (Business Analytics) interaktiv möglich sind.

Aufgrund der geringen Latenzzeit kann auf Aggregate (Verdichtungen) und häufig auch auf die Datenreplikation verzichtet werden. Dadurch ergeben sich insbesondere für die interaktive Planung Vorteile, da neue Stammdaten, wie bspw. eine neue Kostenstelle, sofort als Planungsobjekt zur Verfügung stehen. Insgesamt ergibt sich somit eine beschleunigte operative Steuerung.

Dabei ist SAP Embedded Analytics, als Teil von SAP S/4HANA, von der neuen Data-Warehousing-Lösung SAP BW/4HANA zu unterscheiden.

Das Einsatzszenario für SAP BW/4HANA in Abb. 1 wird zwar als „Strategic Analytics" bezeichnet, jedoch verschwimmen mit SAP Analytics die Grenzen zwischen operativen und strategischen Analysen, da in der transaktionalen Fiori-Oberfläche von SAP S/4HANA beide Analyse-Ebenen zusammengeführt werden.

Zunächst sollen jedoch die Grundlagen der SAP HANA-Datenbank erläutert werden.

---

[1] Vgl. Lüdtke, 2017, S. 491.

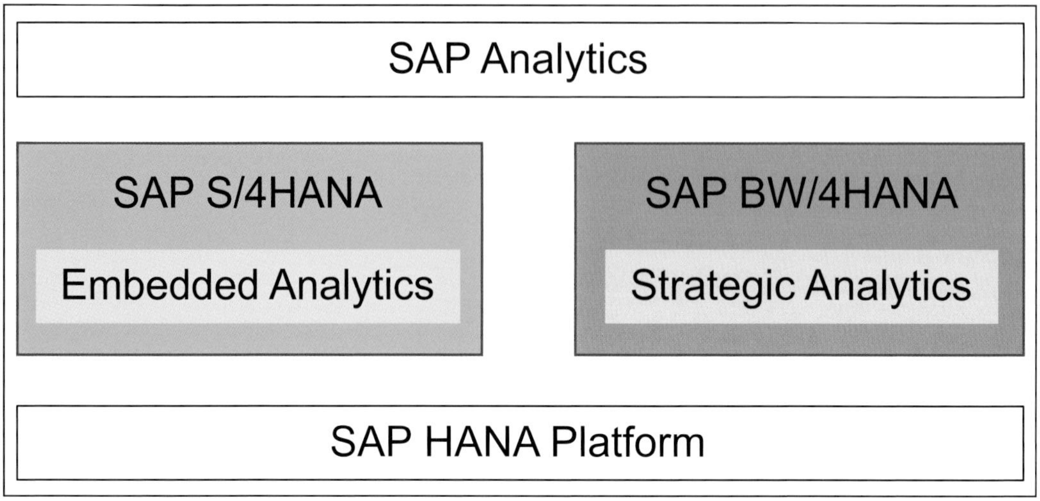

SAP Analytics	
SAP S/4HANA	**SAP BW/4HANA**
Embedded Analytics	Strategic Analytics
SAP HANA Platform	

Abb. 1: SAP Analytics: Architektur-Überblick[2]

2 SAP HANA-Plattform

2.1 SAP HANA als Abgrenzung zu klassischen Datenbanksystemen

SAP HANA ist als Plattform seit 2011 verfügbar und besteht aus der In-Memory-Datenbank selbst sowie dem Anwendungsserver XS (Extended Application Services).[3] Zumeist beinhaltet die HANA-Lizenz auch die Werkzeuge zur Datenakquise, die als Enterprise Information Management (EIM) bezeichnet werden.

> **Beispiel: Kompaktere Datenspeicherung**
> Liegt Ihre Zentrale bspw. in Deutschland mit Niederlassungen in Dänemark, Österreich und den Niederlanden, dann kann das Feld „Land" durch nur 2 Bits codiert werden (00, 01, 10 und 11), anstatt durch eine Zeichenkette der Länge 12 zu jeweils 8 Bits (= 96 Bits). Diese kompakte Datenhaltung erhöht zudem den Datendurchsatz, so dass komplexe Berechnungen schneller erfolgen können.

---

[2] Vgl. Butsmann/Fleckenstein/Kretschmer/Tenholte/Christ, 2017, S. 9.
[3] Vgl. Densborn et al., 2017, S. 43ff.

2.2 SAP HANA-Bibliotheken mit betriebswirtschaftlichen Standardfunktionen

Die HANA-Bibliotheken Predictive Analysis Library (PAL), Business Function Library (BFL) und Automated Predictive Library (APL) enthalten betriebswirtschaftliche sowie statistische Standardfunktionen, welche die Anwendungserstellung vereinfachen.[4]

Beim Anwendungsserver (XS) wird zwischen dem klassischen XSC (Extended Application Services Classic) und dem neuen XSA (Advanced) unterschieden.[5] Beide Varianten dienen der browserbasierten Anwendungserstellung mithilfe der Standardbibliothek SAPUI5, einem HTML5-Dialekt. Das Erscheinungsbild dieser Anwendungen wird durch die SAP Fiori-Bibliotheken standardisiert.

Die ursprünglich als XS und später als Abgrenzung zum neuen Anwendungsserver als XSC bezeichnete Plattform unterstützte nur ein einfaches, monolithisches Anwendungsmodell. XSA hingegen erlaubt eine Modularisierung der Anwendungen: Es basiert auf der Bibliothek Node.js sowie der V8-Engine zur Ausführung von JavaScript, einer OpenSource-Variante von Google. Datenbankobjekte und Anwendungslogik können in getrennten Modulen realisiert werden, wodurch die Leistungsfähigkeit und Stabilität des Gesamtsystems gesteigert werden.

Die erstellten Fiori-Anwendungen können von den Nutzern über das sog. Fiori-Launchpad gestartet werden, einem Unternehmensportal vergleichbar mit dem bisherigen SAP Enterprise Portal.[6] Wer seine Anwendungen nicht selbst programmieren möchte, kann zumindest im Bereich der Dashboards mit dem SAP Lumira Designer auf Templates zugreifen und das Layout mit dem Mauszeiger bestimmen und schließlich mit Queries und Grafiken ausgestalten.[7]

2.3 Enterprise Information Management

Das Enterprise Information Management (EIM) besteht aus den Komponenten Smart Data Access (SDA), Smart Data Integration (SDI), Smart Data Quality (SDQ) sowie Smart Data Streaming (SDS).[8] SDA ermöglicht den virtuellen Zugriff auf externe Datenbanken, deren Tabellen als sog. Remote Sources, wie lokale Tabellen ohne Replikation der Daten, in HANA verarbeitet werden können. SDI und SDQ dienen dagegen der

---

[4] Vgl. Lüdtke, 2017, S. 499ff.
[5] Vgl. Lüdtke, 2017, S. 330ff.
[6] Vgl. Baumgartl et al., 2016, S. 76ff.
[7] Vgl. Baumgartl et al., 2016, S. 380.
[8] Vgl. Lüdtke, 2017, S. 375ff.

Datenreplikation, wobei SDQ die Datenqualität sicherstellt. Im Vergleich dazu wird SDS zur Überwachung von Ereignissen in Echtzeit verwendet, wie bspw. dem Unterschreiten des Sicherheitsbestands in einem Lager.

3 SAP S/4HANA Embedded Analytics

3.1 Embedded Analytics zur optimierten Analyseunterstützung

SAP S/4HANA ist seit 2015 verfügbar und die jüngste ERP-Lösung der SAP.[9] Viele Funktionen wurden unter Ausnutzung der gesteigerten Leistungsfähigkeit der HANA-Datenbank neu entwickelt.

Durch die Kombination von transaktionalen und eingebetteten analytischen Funktionen wurden hybride Anwendungen möglich, die den Entscheider direkt in der Transaktion analytisch unterstützen. So kann bspw. der beste Lieferant für eine Bestellung vorgeschlagen werden (s. Abb. 2).

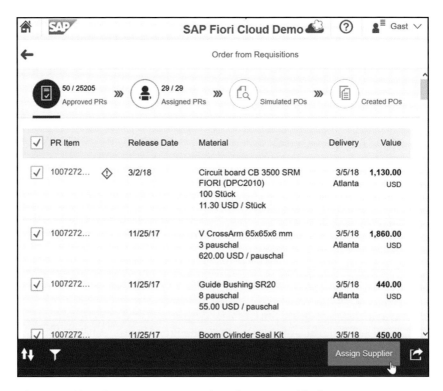

Abb. 2: Dashboard SAP Fiori am Beispiel „Lieferantenvorschlag"

---

[9] Vgl. Baumgartl et al., 2016, S. 19.

Im Fiori-Launchpad werden dazu dem Transaktionsfenster Analysen zur Seite gestellt, die sich aus dem Kontext ergeben. Aktuell stehen Analysen aus den Bereichen in Abb. 3 zur Verfügung.

Unternehmens-bereich	Analyse-Verfügbarkeiten
Vertrieb	<ul><li>Kundensegmentierung und -identifizierung</li><li>Cross-Selling- und Up-Selling-Potenziale</li><li>Kundenempfehlungen in Echtzeit</li><li>Abwanderungsanalysen zur verbesserten Kunden-bindung</li></ul>
Supply Chain	<ul><li>Ermittlung und Verhinderung von Out-of-Stock-Situationen</li><li>Verkaufs- und Logistikplanung</li><li>Bedarfsmodellierung und Forecasting</li><li>Lieferanten-Management und -Qualitätsanalyse</li></ul>
Finanzen	<ul><li>Cash- und Liquiditäts-Management</li><li>Budgetierung, Planung und Forecasting</li><li>Kosten- und Profitabilitätsanalysen</li><li>Finanz-Dashboards und -Reporting</li></ul>
Produktion	<ul><li>Produktionsplanung und -optimierung</li><li>Betriebliche Performance-Analyse</li><li>Ermittlung und Analyse von Qualitätsschwan-kungen</li><li>Vorbeugende Wartung</li></ul>

Abb. 3: Auszug der Analysemöglichkeiten im Fiori-Launchpad

3.2 Fiori-Applikationen und SAP Cloud-Plattform

Rund 30 sog. Fiori-Apps können unter https://www.sapfioritrial.com sowohl im Browser als auch auf dem Smartphone getestet werden. Für die mobile Version installiert man den „SAP Fiori Client" aus dem App Store und wählt anschließend das Demosystem aus. Diese Analysen sind generell in der S/4HANA-Lizenz enthalten. Interessant sind die sog. Analytical List Pages, die gekoppelt mit einer Übersichtskarte bspw. die Standorte oder Regionen im Ausschnitt anzeigen, die mit Zeilenelementen der Liste korrespondieren bzw. umgekehrt die Detaildaten zu einem Kartenausschnitt anzeigen. Durch Personalisierung können die verwendeten KPIs angepasst werden.

Testmöglichkeiten der Anwendungen

Tipp: Testversion von S/4HANA ist online verfügbar

Eine Testversion der S/4HANA-Cloud mit ausgewählten Szenarien der oben genannten analytischen Anwendungen (s. Abb. 3) sowie eine vollumfängliche On-Premise-Edition, können Sie unter http://www.sap.com/s4hana-trial testen. Letztere empfiehlt sich für Backend-Entwicklungen und wird über die SAP Cloud Appliance Library (CAL) zur Verfügung gestellt. Die S/4HANA-On-Premise-Edition können Sie auch in der HANA Enterprise Cloud (HEC) betreiben lassen.

Die SAP Cloud Platform (SCP) liefert in beiden Fällen (On-Premise oder HEC) die Möglichkeit der Erweiterung durch selbstentwickelte Applikationen. Sollen sonstige Cloud-Anwendungen angebunden werden, so empfiehlt sich die SAP S/4HANA Cloud-Edition, da hier die Integration generell weiter fortgeschritten ist.

Insbesondere integriert die Cloud-Edition die Anwendungen SAP Success-Factors (Personalwirtschaft), Ariba (Beschaffung), SAP Hybris (Marketing) und Fieldglass (Lieferanten-Management). Allerdings handelt es sich hier um ein Public-Cloud-Angebot, auf das man ausschließlich über den Webbrowser zugreifen kann. Falls das nicht akzeptabel ist, kann die Private Option genutzt werden.

3.3 Migration zu SAP S/4HANA mit SAP Activate

Zur Migration von bestehenden Installationen der SAP Business Suite zu SAP S/4HANA, wird eine Methodik namens SAP Activate angeboten und durch das Roadmap-Werkzeug unterstützt. Die Phasen „Discover" und „Prepare" nutzen hier explizit obige Cloud-Testinstallationen.

● Die Discover-Phase unterstützt Anwender bei der Einschätzung der Möglichkeiten einer Lösung und deren zukünftige Entwicklung.

● Die Prepare-Phase dagegen dient der ersten Projektplanung sowie dem On-Boarding der Projektmitglieder (Projekt-Kick-off, Einführung in S/4HANA und den Implementierungsansatz).

Im SAP-Learning-Hub können Projektmitglieder gezielt dazu geschult werden.

3.4 Konzeptionelle Änderungen durch SAP S/4HANA

Konzeptionell ergeben sich beim Umstieg von der SAP Business Suite auf S/4HANA zahlreiche Änderungen. So wurden bspw. Lieferanten und Kunden zu Geschäftspartnern zusammengelegt. Dieser Geschäftspartner nimmt nun verschiedene Rollen ein.[10] Im Bereich der Materialwirtschaft können Materialbestände mit S/4HANA in Echtzeit ermittelt werden, inklusive aller geplanten Zu- und Abgänge.[11]

Das vereinfachte Datenmodell in SAP S/4HANA Finance ersetzt mehrere unterschiedliche Transaktionstabellen. Darunter sind das Hauptbuch (General Ledger) sowie Tabellen der Profitabilitätsanalyse, Produktkostenplanung, der Anlagenbuchhaltung sowie des Material Ledger (Materialbewegungen).[12] Das Universal Journal (Einkreissystem, Tabelle ACDOCA) enthält die Einzelposten mit allen Details (alle Felder) sämtlicher Komponenten. Daten werden nur einmal gespeichert, so dass keine Daten-Synchronisation in dieser Architektur erforderlich ist.[13] Der Speicherbedarf wird durch die fehlende Redundanz signifikant reduziert und unterstützt somit insb. eine In-Memory-Datenbank wie HANA.

Ein sog. Soft Financial Close ermöglicht die Simulation des Quartals- oder Jahresabschlusses zu jedem Zeitpunkt.[14] Zudem ist ein einfacheres und schnelleres multidimensionales Reporting im Universal Journal möglich. Für den Fall, dass SAP BW genutzt wird, kann mit nur einem einzelnen SAP BW-Extraktor repliziert werden, anstatt jeweils einem je Anwendungsbereich.

3.5   Technische Änderungen durch SAP S/4HANA

Technisch basiert SAP S/4HANA weiterhin auf dem bekannten Applikationsserver SAP NetWeaver. Eine relativ junge Technologie, die Core Data Services (CDS), wurden dem sog. ABAPStack der NetWeaver-Plattform hinzugefügt, so dass nun das physische Datenmodell von der Anwendung getrennt ist. Dies hat den Vorteil, dass das alte ERP-Datenmodell durch das sog. Virtual Data Model (VDM) emuliert werden kann und somit bisherige ABAP-Programme weiterhin ausführbar bleiben.

VDM emuliert ERP-Datenmodell

Aggregate und Datenverknüpfungen können virtuell als Datenbank-View zur Verfügung gestellt werden, so dass hier Reporting und Planung nun in Echtzeit möglich sind. Die CDS Views in S/4HANA Embedded Analytics ersetzen somit die HANA Views (bezeichnet als HANA Live) der älteren Business Suite powered by HANA (verfügbar seit 2013).

[10]   Vgl. Pattanayak/Koppolu, 2016, S. 12.
[11]   Vgl. Densborn et al., 2017, S. 44.
[12]   Vgl. Pattanayak/Koppolu, 2016, S. 19ff.
[13]   Vgl. Ravipati, 2016, S. 18ff.
[14]   Vgl. Densborn et al., 2017, S. 113.

Schnittstelle
zwischen CDS
und Fiori

Zwischen den CDSViews und den Fiori-Anwendungen liegt eine Zugriffs-schicht. Diese stellt die Consumption CDS Views über Schnittstellen (OData) und sog. Transient Provider bzw. Analytical Queries der Fiori-Visualisierung im Query Browser (über den SAP Fiori Front End Server) bzw. den Konsumenten in der SAP Analytics Cloud und SAP Lumira (über den SAP NetWeaver-Anwendungsserver) zur Verfügung.

Dabei werden CDS Views hierarchisch aufgebaut und zwecks Wieder-verwendbarkeit unterschieden in Basic, Composite und Consumption Views, die von den Key-Usern im View Browser verwaltet werden. Von hier aus können Key-User zudem weitere CDS Views vom Typ Cube auf bestehenden CDS Views aufsetzen und veröffentlichen. Zudem können mit dem SAP Fiori Query Designer weitere analytische Queries erstellt werden. Über den KPI-Modeler können entsprechend weitere Kenn-zahlen zentral angelegt werden.

3.6 Embedded SAP BW

Aufgrund der NetWeaver-Plattform von S/4HANA, basiert auch das darin enthaltene SAP BW weiterhin auf der alten Produktlinie SAP BW 7.5. Es übernimmt die Funktion der analytischen Engine in S/4HANA.[15]

Somit können die Lumira Front Ends, wie in Standalone-Installationen von SAP BW, als Data-Warehouse-Reporting-Werkzeuge genutzt werden. Hierzu werden die CDS Views vom Typ Consumption als (transiente) InfoProvider zur Verfügung gestellt. Eine parallele Installation von SAP S/4HANA und BW/4HANA auf einem Applikationsserver ist jedoch nicht möglich, da BW/4HANA nicht auf dem NetWeaver, sondern einem verschlankten SAP BW/4HANA-Server basiert.

Aufgrund der unterschiedlichen Plattformen ergeben sich Implikationen für die Planung: Aktuell wird zwischen SAP BPC for S/4HANA und SAP BPC for BW/4HANA unterschieden. Die BPC-Variante im S/4HANA basiert auf dem Embedded SAP BW 7.5.[16] Letzteres basiert entsprechend auf dem neuen SAP BW/4HANA 1.0 (s. Kapitel 4).

Sobald der Datenanteil im Embedded BW mehr als 20 % des gesamten S/4HANA-Datenbestands ausmacht, zunehmend externe Quellen inte-griert werden oder modernere Technologie benötigt wird, sollte man mit dem Aufbau eines SAP BW/4HANA-Systems beginnen. SAP BW/4HANA wird im folgenden Kapitel beschrieben.

---

[15] Vgl. Pattanayak/Koppolu, 2016, S. 21.
[16] Vgl. Sharma et al., 2016, S. 6.

4 Data Warehousing mit SAP BW/4HANA

SAP BW/4HANA ist seit September 2016 verfügbar und stellt die neue Data-Warehousing-Lösung der SAP dar und muss gesondert lizensiert werden. Data Warehousing beschäftigt sich mit der Integration von Daten aus heterogenen Datenquellen und hält sie über lange Zeiträume (häufig 10-20 Jahre) vor, so dass u.a. Controller Veränderungen sowie Muster über die Zeit hinweg erkennen können. Aus diesem Mehrwert leitet sich der Nutzen von SAP BW/4HANA gegenüber S/4HANA Embedded Analytics ab.

4.1 Technische Grundlagen von SAP BW/4HANA

SAP BW/4HANA kann als CASE-Werkzeug (Computer-Aided Software Engineering) mit vordefinierten Datenmodellen, dem Business Content, verstanden werden. Somit ist es weniger statisch als CDS Views, die erst von Entwicklern programmiert werden müssen. Die Modellierung erfolgt stattdessen mit den BW-Modellierungswerkzeugen in einer eigenen Perspektive im SAP HANA Studio, das auf dem Werkzeug Eclipse basiert. Dort findet sich mit dem SAP HANA-Modeler zudem ein Werkzeug zur nativen HANA-Modellierung, so dass eine integrierte Entwicklungsumgebung für das Data Warehousing bereitsteht.

Über den neuen ODP-CDS-Quellsystemtyp (Operational Data Provisioning für Core Data Services) können Daten über CDS Views aus S/4HANA ins SAP BW/4HANA repliziert werden. Bei einer Migration von der SAP Business Suite auf HANA zu S/4HANA werden die bestehenden SAPI-Extraktoren (Service Application Interface) in den allermeisten Fällen weiterhin funktionieren. Allerdings nutzen sie dann noch nicht die S/4HANA-Möglichkeiten aus und sollten dementsprechend getestet und an die ggf. neuen Strukturen angepasst werden. Neuer Content hingegen basiert auf den CDS Views und spiegelt die Objekte des S/4HANA-VDM wieder (s. Abb. 4).

4.2 Zugriff von S/4HANA-Systemen auf BW/4HANA-Systeme

S/4HANA und BW/4HANA im Zusammenspiel

Interessanter ist der Zugriff in Echtzeit über sog. Open ODS Views (OOV). Sie basieren auf virtuellen Tabellen in der zugrundeliegenden SAP HANA-Datenbank. Die Verbindung zum S/4HANA-System wird über einen Adapter hergestellt.[17] Dies ermöglicht, dass Stammdaten aus S/4HANA in BW/4HANA mit Kontextinformationen wie Texten, Hierarchien und Attributen angereichert werden können.

Dieser Zugriff funktioniert auch umgekehrt, aus dem S/4HANA-System heraus auf das BW/4HANA-System. Dies ist insbesondere für die Planung nützlich, die ggf. auch auf externe Daten zugreifen muss. Nützlich hierbei ist, dass der neue Business Content im BW/4HANA zunehmend mit dem Content aus S/4HANA Embedded Analytics abgestimmt wird und die Abbildung dadurch vereinfacht wird.

Ein CompositeProvider kann genutzt werden, um S/4HANA- und BW/4HANA-Daten zu vereinen. Die Werkzeuge SAP Lumira bzw. SAP Fiori können jeweils als Oberfläche für Endbenutzer dienen (s. Abb. 4).

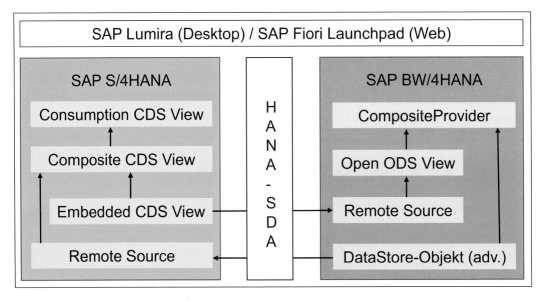

Abb. 4: Integration von SAP S/4HANA und SAP BW/4HANA

---

[17] Dieser Adapter basiert auf einer Technologie namens „Smart Data Access" (SDA), vgl. https://help.sap.com/saphelp_nw74/helpdata/en/bb/df686dc0d94f779b5c11d06753da95/frameset.htm, Abrufdatum 14.11.2017.

5 Fazit

Der Artikel beschreibt 3 Technologien, die im Konzert die Unternehmenssteuerung nachhaltig verbessern: Die analytische In-Memory-Datenbank und Anwendungsplattform SAP HANA, der Content des S/4HANA Embedded Analytics sowie die Data-Warehousing-Lösung SAP BW/4HANA.

Wird die Digitalisierung als algorithmische Implementierung von Abwägungen im Entscheidungsprozess begriffen, dann bildet die Kombination aus aktuellen S/4HANA Embedded Analytics mit historischen BW/4HANA-Daten die Grundlage zur digitalen Transformation operativer Entscheidungsprozesse. Diese digitale Transformation kann als das Business Process Re-Engineering (BPR) der 2. Generation betrachtet werden.

Der SAP Digital Boardroom gibt einen Vorgeschmack auf die Möglichkeiten der Integration von S/4HANA- und BW/4HANA-Plattformen.[18]

6 Literaturhinweise

Baumgartl/Chaadaev/Choi/Dudgeon/Lahiri/Meijerink/Worsley-Tonks, SAP S/4HANA – An Introduction, 2016.

Butsmann/Fleckenstein/Kretschmer/Tenholte/Christ, SAP S/4HANA embedded analytics & SAP BW/4HANA Data Integration – Overview and How to Guide, https://www.sap.com/documents/2016/06/a221357d-767c-0010-82c7-eda71af511fa.html, Abrufdatum 14.12.2017.

Datar, Introducing the SAP Digital Boardroom, 2017.

Densborn/Finkbohner/Freudenberg/Mathäß/Wagner, Migration nach SAP S/4HANA – Systemkonvertierung, Neuimplementierung und Landschaftstransformation, 2017.

Lüdtke, SAP BW/4HANA – Konzepte, Prozesse, Funktionen, 2017.

Pattanayak/Koppolu, Introducing SAP S/4HANA Embedded Analytics, 2016.

Ravipati, Introducing Profitability Analysis in SAP S/4HANA Finance, 2016.

Sharma/Ayuluri/Darla/Kilaru, Introducing SAP BPC for SAP S/4HANA Finance, 2016.

---

[18] Vgl. Datar, 2017, S. 51ff.

SAP S/4HANA in der Versicherungsindustrie: Die Lösung für eine moderne Unternehmenssteuerung?

■ Die Business Suite SAP S/4HANA ermöglicht Versicherungsunternehmen eine Unternehmenssteuerung der „nächsten Generation" und schafft damit gleichzeitig die Basis, um den Auswirkungen der Digitalisierung Stand zu halten.

■ Der Beitrag zeigt auf, wie SAP S/4HANA den Versicherungsunternehmen zu einer effizienteren, transparenteren und zukunftsorientierteren Unternehmenssteuerung verhelfen kann.

■ Ziel des Beitrages ist es, den Leser in die Funktionalitäten und Neuheiten von SAP S/4HANA einzuführen und anhand von verschiedenen Use Cases den Nutzen und die Vorteile der Business Suite für Versicherungsunternehmen aufzuzeigen.

■ **Die Autoren**

Dr. Christian Briem, Managing Consultant im Competence Center Financial Industries bei Horváth & Partners Management Consultants in Düsseldorf.

Martin Esch, Wissenschaftlicher Mitarbeiter und Doktorand im Forschungsbereich Controlling und Innovation am Strascheg Institute for Innovation, Transformation and Entrepreneurship (SITE) der EBS Universität für Wirtschaft und Recht in Oestrich-Winkel.

Mark René Hertting, Principal und Leiter Controlling & Finance für Versicherungen bei Horváth & Partners Management Consultants in München.

Marc Wiegard, Principal und Prokurist im Competence Center Financial Industries bei Horváth & Partners Management Consultants in Zürich.

1 Status-Quo: Unternehmenssteuerung in der Versicherungsbranche im Kontext der Digitalisierung

1.1 Auswirkungen der Digitalisierung auf die Steuerung von Versicherungsunternehmen

Durch die fortschreitende Digitalisierung ergeben sich neue Chancen für die Steuerung von Versicherungsunternehmen. Der technologische Fortschritt und die steigende zentrale Verfügbarkeit verschiedenster Datenarten und -formate ermöglichen die Sammlung und Berücksichtigung einer Vielzahl von Informationen in der Unternehmenssteuerung. In diesem Rahmen können auf Basis von stochastischen Modellen mehrdimensionale und nichtlineare Zusammenhänge abgebildet werden, die letztlich zu einer verbesserten und zukunftsorientierten Analyse und Prognose führen und einen wertvollen Bestandteil für Management-Entscheidungen darstellen (Advanced Analytics).

Digitalisierung von Steuerungsprozessen in Versicherungsbranche angekommen

Des Weiteren ermöglicht das In-Memory-Computing durch die Verlagerung von Datenbankprozessen von Festplatten in großdimensionierte Arbeitsspeicher die Beseitigung von performancebezogenen Engpässen in der Datenverarbeitung und erlaubt es somit, komplexe Analysen integriert und in einem Bruchteil der Zeit abzubilden.

Gleichzeitig ergeben sich durch die Digitalisierung aber auch Herausforderungen. Die immer komplexeren Ansätze in der Unternehmenssteuerung und -planung werden immer schwerer zu kontrollieren und die verschiedenen Zahlengrundlagen immer komplizierter überzuleiten. Die Bewältigung dieser Herausforderungen wird durch die heutzutage noch häufig fragmentierte IT-Landschaft von Versicherungsunternehmen zusätzlich erschwert.

Vor diesem Hintergrund sollte die zukünftige Steuerung von Versicherungsunternehmen folgende Aspekte ermöglichen:

- Sie soll stärker zukunftsorientiert ausgerichtet sein und eine dynamische Anpassung an sich ändernde (regulatorische) Rahmenbedingungen und Geschäftsmodelle ermöglichen.
- Sie soll integriert sein und insbesondere die Forecast-, und Simulationsprozesse auf einer einheitlichen Plattform und auf Basis vielfältiger Daten und Datenquellen ermöglichen.
- Sie sollte kollaborativ und interaktiv sein. Sie sollte einen direkten Austausch zwischen Entscheidern über alle Steuerungszyklen hinweg und innerhalb eines Systems ermöglichen und dabei auch mobile Dashboard-Lösungen und eine individuell konfigurierbare Selbstversorgung mit Informationen ermöglichen.

1.2 SAP R/3: Standard-Softwarelösung für Versicherungen im deutschsprachigen Raum – Eine Einschätzung

Accounting und
Controlling in
getrennten
Modulen
abgebildet

Derzeit kann SAP R/3 als Standardlösung für ERP Systeme in der Versicherungsbranche betrachtet werden. In der aktuellen Version ECC 6.0 stellt das Modul FI die Standardlösung für die Finanzbuchhaltung dar. Im Controlling hingegen wird – vor allem für die Kostenrechnung (Plan-/Ist-Kostenrechnung) – SAP-CO eingesetzt. Diese 2 Basiskomponenten können je nach Bedarf um versicherungsspezifische Anwendungen aus der Branchenlösung „Insurance" ergänzt werden.

Für einen Vergleich der klassischen Anwendungen im R/3 mit moderneren Anwendungen auf S/4HANA ist zunächst ein kurzer Exkurs zur Architektur notwendig. OLTP (Online Transaction Processing) bezeichnet ein Benutzungsparadigma von Datenbanksystemen und Geschäftsanwendungen, bei dem die Verarbeitung von Transaktionen ohne nennenswerte Zeitverzögerung stattfindet. OLAP (Online Analytical Processing) gehört zu den Methoden der analytischen Informationssysteme.

Während OLAP-Systeme in diesem Zusammenhang oft die technologische Grundlage für aktuelle Business-Intelligence-Anwendungen bilden, werden im OLTP grundlegende transaktionale Prozesse durchgeführt und abgebildet. Zur Analyse, Planung und Entscheidungsunterstützung werden Daten aus verschiedenen OLTP-Quellen im OLAP zur Verfügung gestellt und mehrdimensional aufbereitet. Diese Systemarchitektur bedingt in der Praxis den Einsatz von Staging-Datenbanken und den Einsatz von ETL-Prozessen (Extract, Transform, Load), in denen Daten für eine aggregierte Analyse aus verschiedenen Quelldatenbanken konsolidiert und anschließend in einer Zieldatenbank innerhalb des Business Warehouse abgelegt werden (s. Abb. 1).

Aus diesen Prozessen resultiert eine deutlich verzögerte Verfügbarkeit von Daten zu Analysezwecken. Vor diesem Hintergrund kann eine erste Bewertung der Anwendungen hinsichtlich ihrer Angemessenheit für eine moderne Unternehmenssteuerung im Kontext der Digitalisierung erfolgen.

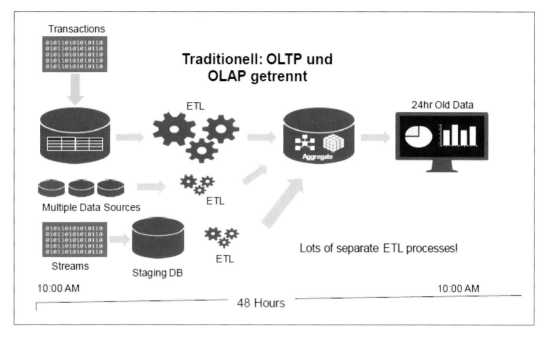

Abb. 1: Architektur SAP ERP

1.3 Fazit: SAP R/3 für eine moderne Unternehmenssteuerung nicht mehr zeitgemäß

Im Hinblick auf die fortschreitende Digitalisierung und die Anforderungen an eine moderne Steuerung in der Versicherungsindustrie kann festgehalten werden, dass die Systemarchitektur von SAP R/3 den Anforderungen der Branche nicht mehr gerecht wird. Im Wesentlichen bedingt die Systemarchitektur von SAP R/3 eine verminderte Integrationsfähigkeit verschiedener Datenquellen und dadurch auch eine mangelnde Agilität gegenüber dynamischen Rahmenbedingungen. Sie erschwert die durchgängige Zusammenfassung von Steuerungszyklen und -prozessen auf einer Plattform. Die strikte Trennung in OLTP und OLAP und die daraus resultierenden aufwendigen ETL-Prozesse reduzieren darüber hinaus die Datenverfügbarkeit für eine individuelle Informationsbeschaffung und verzögern die Datenbereitstellung für Dashboards und erlauben somit keine Analyse, Prognose und Simulation in Echtzeit.

Verminderte Integrationsfähigkeit und mangelnde Agilität

In Anbetracht der Herausforderungen, die sich Versicherungsunternehmen momentan stellen müssen, steigt nicht nur kontinuierlich der Anspruch, sondern auch die Notwendigkeit einer agilen, transparenten und progressiven Unternehmenssteuerung. Somit ist es an der Zeit, dass sich die Versicherungsindustrie mit der Modernisierung der (Steuerungs-)Systeme neue Chancen und Möglichkeiten eröffnet.

2 SAP S/4HANA als neue Technologie zur Unternehmenssteuerung: Eine Einführung

S/4HANA ermöglicht Echtzeit-Steuerung

Die zuvor beschriebenen Schwächen der etablierten Lösungen werden von SAP mit der Einführung der Business Suite 4 SAP HANA, kurz SAP S/4HANA, adressiert. SAP S/4HANA, eine Kombination des neuen ERP-Systems SAP S/4 mit der SAP HANA-Plattform, ist die neueste Generation von SAP und soll die SAP-ERP Business Suite (R/3) mittelfristig ablösen. Das Ende der Wartung von SAP R/3 ist derzeit für 2025 geplant.

Um die aktuell bestehenden Einschränkungen effektiv zu adressieren, benötigt SAP S/4HANA eine grundlegend neue System- und Datenbankarchitektur und verwendet daher ausschließlich die neue In-Memory-Datenbank HANA. Die Architektur von SAP S/4HANA bringt damit u. a. 2 grundlegende technische Veränderungen mit sich.

Einerseits werden die Datenbanken „In-Memory", also im Arbeitsspeicher abgelegt. Der Arbeitsspeicher eines Rechners bietet wesentlich höhere Zugriffsgeschwindigkeiten als Festplattenlaufwerke und die Algorithmen für den Zugriff sind weniger komplex. Deshalb sind In-Memory-Datenbanken wesentlich schneller und ihre Zugriffszeiten besser vorhersagbar als diejenigen Datenbankmanagementsysteme, die auf Festplatten zugreifen.

Andererseits vereinheitlicht SAP S/4HANA die OLTP und OLAP mittels eines durchgängigen Zugriffs auf Rohdaten für alle Belange der Steuerung, Analyse und Prognose. Daten können nun „on demand" im Hauptspeicher berechnet, und in voller Granularität in einer Tabelle zusammengefasst verarbeitet werden. Aufwendige ETL-Prozesse und die daraus resultierenden aggregierten Summentabellen in Analyseapplikationen entfallen daher. Dadurch sind die Daten in Analytics-Anwendungen durch eine höhere Aktualität gekennzeichnet, während gleichzeitig das benötigte Datenbankvolumen signifikant reduziert wird. Die Ausführung von OLTP- und Analytics-Anwendungen auf derselben Instanz ermöglicht nicht nur jegliche Art von Echtzeit-Abfragen und -Analysen, sondern sorgt auch für einen einheitlichen Datenbestand (s. Abb. 2).

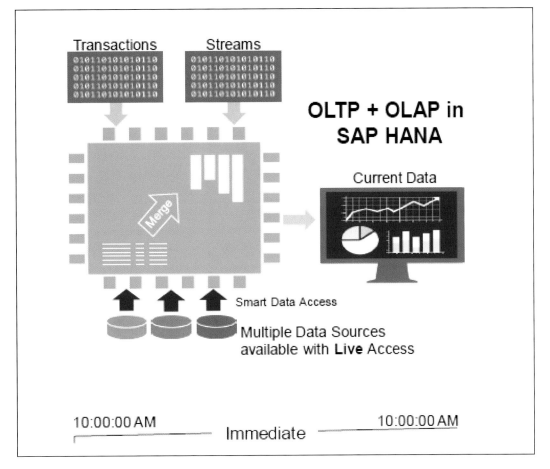

Abb. 2: Architektur SAP S/4HANA

Das aus dieser Architektur resultierende Einkreissystem ist ein wesentlicher Fortschritt von SAP S/4HANA. Der integrierte Buchungsbeleg vereint die vormals getrennten Komponenten Financial Accounting (FI) und Controlling (CO) in einem Pool relevanter Geschäftsdaten (s. Abb. 3). Dieser einheitliche Datenbestand als einzige „Quelle der Wahrheit" sammelt alle rechnungslegungsrelevanten Transaktionen und stellt sie allen relevanten Anwendungskomponenten zur Verfügung: Finanzbuchhaltung (Hauptbuch), Controlling, Anlagenbuchhaltung und Material Ledger.

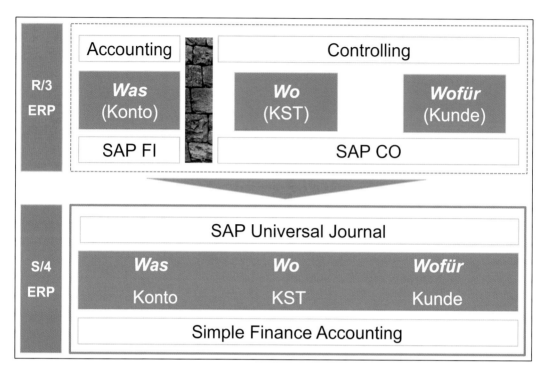

Abb. 3: Integration von Accounting und Controlling mit SAP S/4

Technisch gesehen kombiniert der integrierte Buchungsbeleg die wichtigsten Felder aus diesen Komponenten innerhalb einer einzelnen Positionstabelle, die es Anwendern letztlich ermöglicht, die für ihre Geschäftsprozesse benötigten Daten von einem Ort aus zu lesen und zu verarbeiten. Die Vorteile davon, dass diese Informationen alle an einem Ort vorhanden sind, sind offensichtlich: Es sind keine Abstimmungsaktivitäten erforderlich, Datenredundanzen werden eliminiert und Einzelposten müssen nur einmal eingegeben werden. In Summe wird dadurch der Speicherbedarf reduziert und der Durchsatz des Systems erhöht.

In Hinblick auf die klassischen FI- und Steuerungsprozesse ergeben sich dadurch klare Vereinfachungen und Optimierungspotenziale. Durch die Integration von Accounting und Controlling innerhalb der Architektur, werden Datenbestände vereinheitlicht und Abstimmungsaufgaben verringert. Somit ermöglicht der integrierte Buchungsbeleg einen schnelleren Monatsabschluss, da viele Abschlussaufgaben entfallen. Die freiwerdenden Kapazitäten können dann wertstiftend in Expertenanalysen und Bewertungen sowie die Beratung des Managements investiert werden.

Darüber hinaus erleichtert die HANA-Architektur den Echtzeitzugriff auf verschiedene externe Datenquellen und die Berücksichtigung dieser

Daten in allen Anwendungen. Dadurch werden neue Anwendungstypen wie Predictive Analytics und die verstärkte Berücksichtigung externer Daten, insbesondere auch non-FI Daten, ermöglicht.

3 SAP S/4HANA in der Versicherungsindustrie

3.1 Integrationsszenarien

Grundsätzlich kann zwischen 2 Einsatzszenarien von SAP S/4HANA unterschieden werden: On-Premise und Cloud.

On-Premise vs. Cloud-Lösung

Eine On-Premise-Lösung war lange Zeit die gebräuchliche Anwendungslösung einer Software. Bei dieser Lösung erwirbt der Lizenznehmer die Software und betreibt sie in seinem eigenen Rechenzentrum („On-Premise").

Im Gegensatz zu einem On-Premise-Betrieb erfolgt bei einer Cloud-Lösung keine Installation beim Kunden bzw. dem Versicherungsunternehmen vor Ort. Die Software wird vielmehr als Dienstleistung über das Internet angeboten. Programme und Daten werden auf einem Server von SAP gespeichert, wodurch sowohl die Beschaffung der Hardware als auch Teile der Wartung der Software entfallen. Mit dieser Variante erhalten die Kunden einen höheren Grad an Flexibilität und haben die Möglichkeit bei Bedarf inhaltliche Anpassungen an dem System durchführen zu lassen. Zudem bleibt der Kunde durch eine Softwareaktualisierung im Dreimonatstakt immer auf dem aktuellen Stand der Entwicklung. Während kostenintensive Upgrade-Projekte (bei entsprechender Implementierung im Standard oder nahe am Standard) mit einer Cloud-Lösung entfallen, bleibt die Möglichkeit einer passgenauen Skalierung der Software an das Unternehmenswachstum erhalten.

Jedoch sollte ein Versicherungsunternehmen individuell abwägen, ob eine Cloud-Strategie mit der Unternehmensstrategie zu vereinbaren ist. Cloud-Lösungen stehen bis dato aus verschiedenen Sicherheitsaspekten in der Kritik, insbesondere da die Administratoren des Cloud-Anbieters Zugriff auf die Nutzerdaten während der Verarbeitung haben. Hierfür sind entsprechende Vereinbarungen abzuschließen, um den strikten Datenschutzanforderungen in der Versicherungsbranche gerecht zu werden.

In Hinblick auf SAP S/4HANA muss ein Versicherungsunternehmen letztendlich entsprechend seiner Ansprüche an Innovationspotenzial, Flexibilität und Sicherheit sowie in Hinblick auf Kompatibilität mit bestehenden Systemen entscheiden, ob eine On-Premise-Installation oder ein Cloud-Service die richtige Lösung darstellen.

3.2 Anwendungsszenarien

Aktuell werden verschiedene Szenarien für die Nutzung von SAP S/4HANA in Versicherungsunternehmen diskutiert und weiterentwickelt. Im Folgenden werden 3 Szenarien vorgestellt, sowie deren Vorteile und Realisierbarkeit evaluiert.

3.2.1 SAP S/4HANA Finance „Stand-alone"

Massive Performance-verbesserung möglich

Die SAP HANA Datenbank wird in diesem Fall als zentrales Hauptbuch und SAP S/4HANA als Software-Lösung eingesetzt (s. Abb. 4). Zusätzliche SAP Insurance-Anwendungen laufen in diesem Fall nicht auf SAP HANA. Es erfolgen regelmäßige Replikationen aus Buchungsstoffen von anderen SAP oder non-SAP Anwendungen nach S/4HANA Finance. Planungsprozesse können wahlweise mit Integrated Business Planning abgebildet werden. Diese Anwendungslösung dient vor allem dem Accounting und zu Teilen auch der Planung.

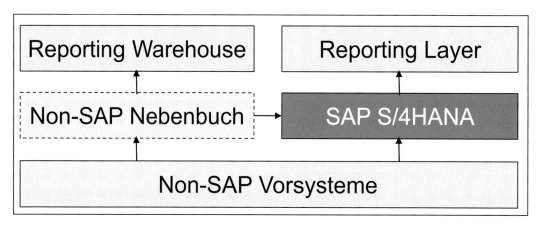

Abb. 4: Einsatz von SAP S/4HANA Finance „Stand-alone"

Abhängig von der Hardware, der Software-Architektur und dem Datenmodell ist eine massive Performanceverbesserung zu erwarten. Das Reporting ist direkt auf dem Rohdatenbestand und in Echtzeit möglich, sofern ein „dickes" Hauptbuch vorhanden ist. Auch Planung, Forecast, Simulationen und Periodenabschluss im Rechnungswesen sind direkt auf dem Rohdatenbestand und nahezu in Echtzeit realisierbar. Dieses Szenario erlaubt eine nahtlose Integration mit dem Risikomanagement, indem traditionelle und ökonomische Rechnungslegungsstandards gleichzeitig und ohne Überleitungsprobleme in parallelen Büchern geführt werden. Eine übergangslose Integration mit der Konsolidierung, die auch direkt auf den Datenbestand zugreift, ist ebenfalls gegeben.

3.2.2   SAP S/4HANA Finance & SAP FRDP

Der Ansatz für diese Anwendungslösung ist ein „dünnes" Hauptbuch mit einem „dicken" Nebenbuch im Insurance Analyzer. Detaildaten zur Versicherungstechnik befinden sich nicht im Hauptbuch S/4HANA Finance, sondern im Insurance Analyzer Nebenbuch (FRDP). Wie auch im „Stand-alone"-Szenario laufen SAP Insurance Anwendungen nicht auf SAP HANA Die regelmäßige Replikation der Daten von transaktionalen non-SAP Insurance-Anwendungen wiederum erfolgt in SAP HANA bzw. im SAP Insurance Analyzer (s. Abb. 5)

Lösung für Berichtswesen nahezu in Echtzeit

SAP FRDP ist die zentrale Quelle für buchhalterische Informationen über Versicherungsverträge und deren Bewertung. Aggregierte Buchungen werden auf Hauptbuchebene geliefert, die permanenten Zugriff auf die Details haben. Der Zugriff auf die FRDP und auf die Hauptbuch-Belege erfolgt ohne Replikation, sodass das Berichtswesen vor der Datenlatenz zwischen FRDP und Hauptbuch geschützt ist. Daraus resultiert ein stets aktuelles Berichtswesen. Des Weiteren können aufgrund von HANA VIEWS Berichte per Smart Data Access erzeugt werden.

Wie im ersten Szenario ergeben sich daraus erhebliche Performanceverbesserungen, ein Reporting auf Rohbestandsdaten in Echtzeit, sowie Planungs- und Steuerungsaktivitäten in beinahe Echtzeit. Die Integrationsmöglichkeiten mit dem Risikomanagement, dem Controlling und der Konsolidierung sind in diesem Szenario noch besser realisierbar als im Szenario 1.

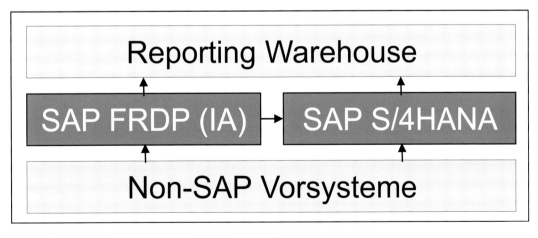

Abb. 5: Einsatz von SAP S/4HANA Finance & SAP FRDP

3.2.3 SAP S/4HANA „fully-fledged"

Plan-Verrechnung elementarer Baustein einer Abweichungs-analyse

Die Zukunftsvision der Einsatzszenarien von SAP S/4HANA für Versicherungsunternehmen ist die Integration von SAP S/4HANA mit SAP FRDP (s. Abb. 6). In diesem Szenario können alle relevanten Finanz- und Meldedaten per Einzelvertrag und Gesellschaften vollständig integriert werden. Das Reporting wird komplett über HANA Views realisiert und Konsolidierung, Planung und Predictive Analytics sind vollständig integriert.

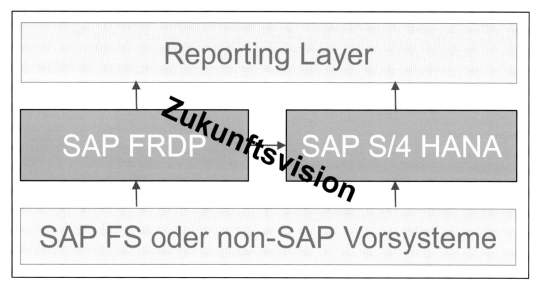

Abb. 6: Einsatz von SAP S/4HANA „fully-fledged"

Aus der „fully-fledged"-Lösung kann die volle Nutzenmaximierung gezogen werden, da granulare Echtzeitdaten die benötigte Basis für eine qualitativ hochwertige Planung und Steuerung bilden. Ein weiterer Vorteil sind die vollständig abgestimmten Finanz- und Meldedaten für das Controlling, Rechnungswesen und Risikomanagement, die die Erfüllung aller aufsichtsrechtlichen Anforderungen sicherstellen. Des Weiteren können in HANA VIEWS die Daten aufbereitet und in Berichten wiedergegeben werden. Folglich erreicht man durch die „fully-fledged"-Lösung eine vollständig abgestimmte IT-Landschaft der CFO Bereiche. Abb. 7 fasst die ausgeführten Aspekte zusammen und gibt einen Überblick über die jeweiligen Vorteile der 3 vorgestellten Szenarien.

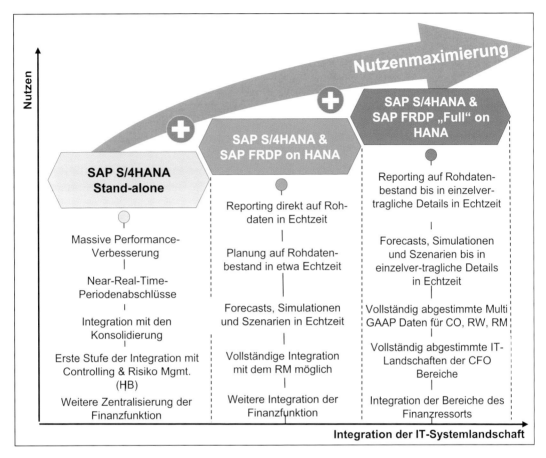

Abb. 7: Übersicht über die identifizierten Nutzenpotenziale in Abhängigkeit von der Integration der IT-Systemlandschaft

4 Use Cases und Nutzen für den CFO-Bereich von Versicherungsunternehmen

Das technische Migrationsprojekt zu SAP S/4HANA verspricht jede Menge Performance, welche allein im Finanzressort wenig Nutzen erzeugt. Über konkrete Ansätze zur fachlichen Nutzung der Digitalisierung in den Finanz- und Risikobereichen von Versicherungen kann diese Performance allerdings fachlich nutzbar gemacht werden. Zur praktischen Darstellung dieses Nutzens werden im Folgenden 5 Use Cases für SAP S/4HANA vorgestellt.

4.1 Use Case 1: Effiziente und flexible Erfüllung der regulatorischen Anforderungen

Echtzeit-Daten-
produktion
essenziell für
Erfüllung regula-
torischer Anfor-
derungen

Dank des integrierten Buchungsbelegs, ggf. ergänzt um die aktuell in Entwicklung befindliche SAP FRDP als Nebenbuch, bietet SAP S/4HANA Versicherungsunternehmen die Möglichkeit, Finanzdaten auch von non-SAP Anwendungen effektiv in den globalen Finanzhaushalt des Unternehmens und in das Reporting zu integrieren. Dies ist insbesondere in Anbetracht von IFRS 17 von Relevanz.

Durch die Automatisierung der Datenproduktion für Accounting, Controlling und Risikomanagement sowie die Berechnung von Szenarien auf Einzelgeschäftsebene, können in nahezu Echtzeit alle relevanten Finanz- und Meldedaten einer Versicherung im Hauptbuch (Finance) und ggf. im Nebenbuch (FRDP) detailliert übergeleitet abgebildet werden. Dies betrifft die Bereitstellung von Input-Daten für traditionelle Rechnungslegungsstandards (OR, FER, IFRS 4) und ökonomische Standards (IFRS 17, SST, SII). Die automatisierte Datenproduktion in beinahe Echtzeit bewirkt eine kosteneffiziente und somit gewinnmaximierende Erfüllung der regulatorischen Anforderungen sowie hohe Flexibilität bei der Erfüllung von neuen Vorschriften. Die Konsistenz und die optimierte Arbeitsteilung ermöglichen ein maßgebliches Effizienzpotenzial durch erhebliche Kostensenkungen des Finanzressorts.

4.2 Use Case 2: Globale Integration von Finanzdaten

Zentraler
Datenpool
bedient
verschiedene
Berichte mit
Informationen

SAP S/4HANA bietet den Versicherern über den integrierten Buchungsbeleg die Möglichkeit, mittels Replikation Finanzdaten auch von Non-SAP Anwendungen und neu akquirierten Gesellschaften effektiv in den globalen Finanzdatenhaushalt und das Reporting zu integrieren. Es entsteht ein zentraler Datenpool in Form von FI-Belegen mit einer sehr hohen Anzahl an Dimensionen, der neben dem externen Reporting auch das Management Reporting vollständig bedienen kann. Das wirkt sich nicht nur erleichternd auf die Erstellung von Szenario-basierten Analysen von zukünftigen Entwicklungen aus, sondern auch auf den Integrationsprozess von neuen Entitäten und/oder Systemen in die Konzernsteuerung.

Aus der schrittweisen Migration aller Gesellschaften in einen integrierten Buchungsbeleg ergeben sich deutliche Vorteile bei Qualität, Einheitlichkeit und Effizienz. Die tägliche Verfügbarkeit abgestimmter Finanzzahlen im Konzern ermöglicht wiederum eine Konsolidierung der Zahlen in Echtzeit und darauf aufbauend Echtzeitanalysen und -reports auf Hauptbuchgranularität und auf Basis ganzheitlicher Szenarien unter Berücksichtigung von Accounting- und Controllingaspekten. Demnach kann mit SAP S/4HANA eine bedeutende Effizienzsteigerung in der Konzernrechnungslegung erreicht werden.

4.3 Use Case 3: Gesteigerte Transparenz durch Digital Planning & Forecasting

SAP S/4HANA bietet durch die In-Memory-Technik sehr granulare Datenmodelle, die in der operativen Steuerung von Versicherungsunternehmen eine hohe Kosten- und Ertragstransparenz auf Kunden-, Produkt- und Organisationsebene schaffen. Des Weiteren ermöglichen detaillierte Kosteninformationen eine effektive Kostenanalyse, die zu einer potenziellen Reduzierung der Kostenbasis und einer Optimierung der Kosten- und Ertragsstrukturen führen kann.

Verlässliche Prognosen bauen auf granularen Daten auf

Accounting (ACDOCA) und Planung (ACDOCP) erfolgen auf einem einheitlichen Datenmodell, wodurch alle Planungsaufgaben in SAP BPC automatisiert und treiberbasiert berechnet werden können. So können Kosteninformationen in einem integrierten Treibermodell für Simulationen herangezogen werden, die eine verlässliche Prognose der zukünftigen Kostenentwicklung ermöglichen. Die gewonnene Simulations- und Szenario-Fähigkeit befähigt Unternehmen sich effektiv auf Schocks vorzubereiten und regulatorische Anforderungen sicher zu erfüllen. Die daraus resultierende bessere, schnellere und effizientere Planung führt insgesamt zu einer transparenteren und agileren (Profitabilitäts-)Steuerung.

4.4 Use Case 4: Vorausschauende Steuerung durch Predictive Analytics

Auf Basis einer integrierten Datenbasis bieten FRDP und S/4HANA eine effektive Simulationsmöglichkeit auf aggregierter und auf Einzelgeschäftsebene und damit eine erhöhte Prognosequalität. Insbesondere ermöglichen die Modi „Automated Analytics" und „Expert Analytics" verbesserte und zukunftsorientierte stochastische Analysen und Prognosen im SAP S/4HANA Umfeld. Diese prädikativen Analysen können mit automatisch integrierbaren externen Parametern Auswirkungen von aktuellen und voraussichtlichen Marktentwicklungen aufzeigen.

Modellgestützte Simulationen sind Basis für eine zukunftsorientierte Steuerung

Dies führt zu schnelleren Reaktionszeiten bei den Versicherungsunternehmen, die wiederum eine effektive proaktive Steuerung ermöglichen. Insbesondere erhöhen die frühzeitigen Informationen das Wissen über potenzielle Auswirkungen auf die Ertrags- und Risiko-Positionen des

Unternehmens, verbessern somit die Entscheidungsqualität und erlauben einen effizienteren Einsatz ihres gebundenen Kapitals.

4.5   Use Case 5: Echtzeit–Reporting

SAP S/4HANA
sorgt für optimale
Datenversorgung

Der gravierende Unterschied zwischen SAP R/3 und SAP S/4HANA wird insbesondere im Reporting deutlich. Sofern das Reporting direkt auf SAP S/4HANA aufsetzt (Core Data Services), ist ein direkter Zugriff bis auf den Einzelbeleg und eine Verfügbarkeit der Berichtsdaten in Echtzeit möglich, sodass standardisierte und auch individuelle Reports generiert werden können. Durch diese integrierte Datenbasis können selbst Ad-Hoc Reports auf aktuellstem Datenmaterial aufgebaut werden.

5   Fazit und Ausblick

SAP S/4HANA
konstituiert
moderne Unter-
nehmens-
steuerung

Nachdem SAP S/4HANA in Versicherungsunternehmen theoretisch und praktisch beleuchtet wurde, ist der eindeutige Nutzen des neusten SAP-Systems hervorzuheben: Einerseits stehen durch die In-Memory-Technik und die Vereinheitlichung der OLTP und OLAP alle Daten nun in voller Granularität und in Echtzeit zur Verfügung. Andererseits sind dank des integrierten Buchungsbelegs als einzige „Quelle der Wahrheit" alle Datenredundanzen eliminiert. Für die Unternehmenssteuerung ist dies sowohl die Basis für qualitativ hochwertige und aussagekräftige Planungen und Analysen als auch für die Fähigkeit, flexibel und vorwärtsgerichtet zu steuern. Die Nutzung von SAP S/4HANA bietet erhebliche Effizienz-steigerungspotenziale und fördert durch die Granularität und Transparenz von Kostengrößen eine stetige Optimierung der Unternehmensprozesse.

Die Herausforderung für Versicherungsunternehmen besteht darin, den für sie richtigen Ansatz für eine Migration zu finden. Entsprechend der Unternehmens- und IT-Strategie sowie der Ansprüche an die flexible Ausbaufähigkeit der Applikationen muss entschieden werden, ob mit einer On-Premise- oder einer Cloud-Lösung gearbeitet werden soll. Da SAP langfristig das R/3 System durch SAP S/4HANA ersetzen möchte, ist eine Umstellung auf die vierte Systemgeneration auf Dauer für Versicherungs-unternehmen unumgänglich.

Die Veränderungen und Möglichkeiten von S/4HANA haben durch die Integration der verschiedenen Accounting- und Controlling-Sichten auch Auswirkungen auf die organisatorische Aufstellung des Finanzbereichs, das sog. Finance Target Operating Model (TOM). Welche konkreten Auswirkungen zu erwarten sind und wie diesen begegnet werden kann, ist ein weiteres Handlungsfeld, das im Kontext einer Einführung von SAP S/4HANA zu betrachten ist. Modelle wie das Simulation Game für die

CFO Organisation 4.0 von Horváth & Partners helfen bei der Einschätzung des Veränderungsbedarfs durch den CFO.

SAP S/4HANA bringt die notwendige Transparenz und Effizienz für den CEO und CFO, die die Versicherungsunternehmen in Anbetracht der fortschreitenden Digitalisierung, der anhaltenden regulatorischen Anforderungen und des steigenden Wettbewerbsdrucks dringend benötigen, um mit einer modernen Steuerung marktfähig zu bleiben, und mittelfristig wieder an die Stärken aus ihrer früheren Vorreiterrolle in puncto IT-Innovation anknüpfen zu können.

Kapitel 4: Literaturanalyse

Literaturanalyse zum Thema „In-Memory-Technologien"

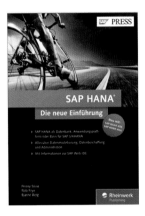

Titel: SAP HANA – Die neue Einführung
Autoren: Penny Silvia, Rob Frye, Bjarne Berg
Jahr: 2017
Verlag: Rheinwerk Verlag
Kosten: 69,90 Euro
Umfang: 583 Seiten
ISBN: 978-3-8362-4507-4

Inhalt:

Das Buch, verfasst von Penny Silvia, Rob Frye und Bjarne Berg, setzt sich effektiv mit der Datenbank SAP HANA auseinander und bereitet dem Leser eine fundierte Grundlage für den Einstieg in die In-Memory-Datenbank. Neben einer Einführung in die In-Memory-Technologie werden dem Leser SAP HANA als Datenbank, als Anwendungsplattform sowie als Grundlage für die SAP Business Suite 4 SAP HANA nähergebracht. Die Autoren erläutern verschiedene Implementierungsmöglichkeiten und beleuchten die Themen Datenmodellierung und -beschaffung umfänglich. Zudem werden die wesentlichsten administrativen Aufgaben der HANA Datenbank wie z.B. System-Monitoring vorgestellt und SAP als Cloud Plattform eingeführt.

Im Speziellen widmet sich das Buch dem Thema Reporting mit SAP HANA und stellt dabei explizite SAP BusinessObjects-Werkzeuge vor, die ein Echtzeit-Reporting unterstützen und somit zu einer schnellen Entscheidungsfindung beitragen.

Das Buch ist in insgesamt 10 Kapitel gegliedert.

Das erste Kapitel führt den Leser an das Thema In-Memory-Computing heran und erläutert dessen neue, differenzierte Art der Datenspeicherung. Die Autoren führen hierbei SAP HANA als Anwendungsbeispiel an.

Im zweiten Kapitel werden die Datenbank SAP HANA sowie ihre Analysefunktionen detailliert erläutert. Der Leser erfährt, wie SAP HANA als Instrument zur Bewältigung von Big-Data herangezogen werden kann und welche Implementierungsmöglichkeiten von SAP HANA zur Verfügung stehen. Das Kapitel behandelt u.a. SAP Business Warehouse und SAP S/4HANA und geht abschließend auf weitere Funktionalitäten der Datenbank ein.

Das dritte Kapitel erläutert SAP als Anwendungsplattform und geht hierbei über die bekannteren Implementierungsmöglichkeiten hinaus. Im Speziellen widmet sich das Kapitel dem Werkzeug SAP HANA XS Classic und der darauf aufbauenden Anwendungsplattform SAP HANA XSA. Neben deren architektonischem Aufbau erfährt der Leser mehr über die Anwendungen mit der SAP Web IDE.

Das vierte Kapitel beschäftigt sich mit SAP als Cloud-Lösung. Im Mittelpunkt stehen die verschiedenen Funktionsmöglichkeiten sowie das SAP Cloud Platform Cockpit und das SAP Cloud Platform Portal. Zudem wird der Leser mit den ersten Schritten zur Vorgehensweise hinsichtlich der SAP HANA Cloud Platform vertraut gemacht.

Kapitel 5 setzt sich detailliert mit der überarbeiteten SAP ERP-Version, auch SAP S/4HANA genannt, auseinander. Hierzu werden zunächst SAP S/4HANA Finance und SAP S/4HANA Materials Management and Operations näher betrachtet. Abgerundet wird das Kapitel mit wertvollen Informationen hinsichtlich einer Migration auf SAP S/4HANA.

In Kapitel 6 wird erklärt, wie eine SAP HANA-Implementierung geplant werden kann. Hierzu werden zunächst einige allgemeine technische Grundlagen sowie Hardwarespezifikationen betrachtet. Die Autoren setzen sich ausführlich mit SAP HANA als Data Warehouse auseinander und beleuchten die SAP Business Suite powered by SAP HANA. Der Leser erhält fundierte Informationen über diverse Implementierungsmöglichkeiten sowie zur Vorbereitung, Durchführung und Optimierung einer Migration.

Kapitel 7 befasst sich mit dem Thema Reporting im Zusammenhang mit SAP HANA und fokussiert sich gesamtheitlich auf Business-Intelligence-Lösungen. Die zur Verfügung stehenden Werkzeuge werden vorgestellt und erläutert, wie diese mit SAP HANA verbunden werden können. Abgerundet wird das Kapitel mit einem Einblick in SAP HANA Live, das ein Echtzeit-Reporting ermöglicht.

Kapitel 8 beschäftigt sich mit dem Modellieren von Daten mithilfe von SAP HANA. Hierzu werden verschiedene Möglichkeiten zur Modellierung aufgezeigt. Im Mittelpunkt des Kapitels stehen die beiden Calculation Views „dimensionale Views" und „Cube-Views". Es werden zusätzlich fundierte Kenntnisse zu SAP-BW-Modellierungswerkzeugen vermittelt, die für SAP HANA Studio angewandt werden können. Abschließend wird SAP HANA Web-Based Developed Workbench beleuchtet, die browserbasierte Option zu SAP HANA Studio.

In Kapitel 9 werden essenzielle Datenbeschaffungswerkzeuge für SAP HANA detailliert vorgestellt. So kann der Leser die für ihn und sein Unternehmen passendste Methode auswählen. Neben wichtigen Unterscheidungsmerkmalen wird ein mögliches Vorgehen zur Installation dieser Werkzeuge beschrieben.

Das letzte Kapitel macht den Leser mit der administrativen Seite von SAP HANA vertraut. U. a. fallen kontinuierlich Aktualisierungen der Software an oder Berechtigungsvergaben müssen geändert werden, wenn neue Benutzer zum System hinzugefügt werden. Zudem werden wichtige Werkzeuge wie die Administration Console sowie das SAP HANA Cockpit vorgestellt. Abschließend erhält der Leser wertvolle Informationen hinsichtlich der bedeutendsten administrativen Aufgaben in SAP HANA, u.a. zu den Themen System Monitoring und Sicherheit.

▦ Fazit:

Das Buch von Penny Silvia, Rob Frye und Bjarne Berg bietet dem Leser eine fundierte Einführung in die Welt der SAP HANA-Datenbank und deckt das komplexe Themenfeld sowohl von seiner technologischen als auch von seiner praktischen Seite ab. Für all diejenigen, die die In-Memory-Technologie verstehen lernen oder ihr Wissen vertiefen möchten, ist dieses Buch ein absolutes Must-have.

▦ Verfasserin der Rezension:

Laura Schlecht, Wissenschaftliche Mitarbeiterin und Doktorandin im Forschungsbereich Digitale Transformation am Strascheg Institute for Innovation, Transformation and Entrepreneurship (SITE) der EBS Universität für Wirtschaft und Recht in Oestrich-Winkel.

Titel: Lehrbuch In-Memory Data Management – Grundlagen der In-Memory-Technologie
Autor: Hasso Plattner
Jahr: 2013
Verlag: Springer Gabler
Kosten: 49,99 Euro
Umfang: 291 Seiten
ISBN: 978-3-658-03212-8

Inhalt:

Das Buch, verfasst von Hasso Plattner, setzt sich intensiv mit der In-Memory-Technologie, sprich mit spaltenorientierten Hauptspeicherdatenbanken auseinander. Zunächst erhält der Leser ein grundlegendes Verständnis über die neuen Anforderungen an ein Enterprise-Computing und die daraus resultierende Entwicklung des neuen In-Memory-Systems, um Daten sowohl aus unterschiedlichen Quellen als auch in Echtzeit zu analysieren. Zudem werden die klassischen, zeilenorientierten Datenbanken von den neuen, spaltenorientierten Datenbanken abgegrenzt und die Hauptunterscheidungsmerkmale herausgearbeitet. Der Leser erhält fundierte Informationen zu In-Memory-Mechanismen und u.a. spezifisch zur physischen Datenspeicherung sowie deren Zugriffsmöglichkeiten. Dieses Buch eignet sich besonders für diejenigen, die mehr über die Auswirkungen und Entwicklungen der spaltenorientierten Datenbanken sowie deren Implementierung in bereits bestehende IT-Infrastrukturen, erfahren wollen. Selbsttest-Fragen zum Abschluss der Kapitel erlauben, das Erlernte zu überprüfen.

Das Buch ist in 5 Lerneinheiten mit Unterkapiteln gegliedert:

- Die Zukunft von Enterprise-Computing
- Grundlagen der Datenbankspeichertechniken
- In-Memory-Datenbank-Operatoren
- Fortgeschrittene Datenbank-Speichertechniken
- Grundlagen für die Entwicklung neuer Enterprise-Anwendungen

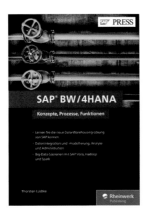

Titel: SAP BW / 4HANA: Konzepte, Prozesse, Funktionen
Autor: Thorsten Lüdtke
Jahr: 2017
Verlag: Rheinwerk Verlag
Kosten: 69,90 Euro
Umfang: 610 Seiten
ISBN: 978-3-8362-4551-7

Inhalt:

Das Herausgeberwerk von Thorsten Lüdtke befasst sich umfassend mit der von SAP neu entwickelten Business-Warehouse-Lösung SAP BW/ 4HANA und konzentriert sich auf entscheidende Prozesse und Funktionen. Dem Leser werden u.a. die Vorteile aufgezeigt, die sich durch die neue Lösung ergeben. Konkret thematisiert das Buch die Integration, Modellierung und Analyse von Daten mithilfe von SAP BW/4HANA und setzt sich mit den administrativen Aufwendungen auseinander, die mit einer Installation in der Cloud einhergehen. Hierbei wird explizit die Benutzerverwaltung als essenzieller Punkt für das Berichtswesen mithilfe von Drittanbieterwerkzeugen hervorgehoben.

Das Werk beleuchtet zudem verschiedene Wege zu der neuen Business-Warehouse-Lösung und setzt sich intensiv mit Änderungen bei einer Migration auf SAP BW/4 HANA auseinander. Hierbei wird besonders auf Änderungen auf der Reportingebene eingegangen. Zusätzlich erhält der Leser wichtige Informationen, wie eine Migration durchgeführt werden kann. Das Buch zeichnet sich durch ein Fallbeispiel aus, das sich durch das gesamte Werk zieht und dem Leser veranschaulicht, wie SAP BW/4HANA Unternehmen in Zeiten der Digitalisierung unterstützen kann.

Das Buch ist in 10 Abschnitte gegliedert:

- Motivation und Zielsetzung von SAP BW/4HANA
- Skalierbare Architektur für Business Intelligence
- Administration
- Datenmodellierung
- Frontend-Tools für Business Intelligence
- Datenintegration
- Data Lakes

- Advanced Analytics
- Wege zu SAP BW/4HANA
- Ausblick: Roadmap für SAP BW/4HANA

Dem Leser wird ein fundiertes Verständnis der Datenmodellierung und Datenintegration vermittelt und es werden verschiedene Datenbeschaffungsmöglichkeiten mithilfe von SAP HANA aufgezeigt.

Titel: Implementing SAP S/4HANA Finance
Autor: Anup Maheshwari
Jahr: 2016
Verlag: Rheinwerk Verlag
Kosten: 64,99 EUR
Umfang: 535 Seiten
ISBN: 978-1-4932-1350-4

Inhalt:

Das Buch, verfasst von Anup Maheshwari, liefert eine gesamtheitliche Einführung in SAP S/4HANA Finance und konzentriert sich hierbei auf Konzepte, Konfigurationen, Funktionalitäten sowie die Implementierung der SAP-Lösung. Dabei werden dem Leser sowohl Best Practices als auch Lessons Learned im Hinblick auf eine Migration nach SAP S/4HANA Finance mitgegeben. Zudem wird näher auf diverse, mit einer Migration einhergehende technische Aktivitäten eingegangen. Der Leser erhält ein konzeptionelles Verständnis neuer Funktionalitäten wie z.B. SAP Cash Management und SAP BPC für SAP S/4HANA Finance. Er erfährt zudem, welche Auswirkungen SAP S/4HANA gesamtheitlich auf das Finanz-und Rechnungswesen (FI und CO) hat. Das Buch wird durch einen detaillierten Projekt-Plan einer SAP S/4HANA Finance-Migration aufgewertet.

Das Werk von Anup Maheshwari bearbeitet insbesondere folgende Schwerpunkte:

• Migration nach SAP S/4HANA Finance
• Neue Funktionalitäten in SAP S/4HANA Finance
• Auswirkungen von SAP S/4HANA Finance

Stichwortverzeichnis